基于土地精明利用的城乡统筹系统调控

曹 伟 著

科学出版社

北 京

内 容 简 介

本书较为系统地分析、总结和归纳了城乡统筹发展下的土地精明利用研究成果,对城乡统筹界面进行了理论分析,并借鉴城市精明增长理论,提出了基于土地精明利用调控城乡统筹界面要素实现城乡统筹发展的思想。以南京市浦口区为例,在深入分析研究区城乡现实和农户意愿的基础上,进行区域土地精明利用运作模式的构建与土地精明利用实现模式的设计,提出了基于城乡统筹发展的土地精明利用运作体系。本书在以下方面具有特色与创新:①系统地研究了土地精明利用调控城乡统筹界面要素的机理;②利用"农地整治、村镇改造、要素配置"3个工具,提出了基于"现实+意愿+政策"的土地精明利用运作体系。

本书可作为高等院校及科研院所地理学、区域经济学、土地资源管理、城乡规划等专业的教学参考书目,也可供国土资源、村镇规划、城乡发展、社会经济等领域的科技人员和政府部门管理人员使用。

图书在版编目(CIP)数据

基于土地精明利用的城乡统筹系统调控/曹伟著. —北京:科学出版社,2017.01
ISBN 978-7-03-051572-8

Ⅰ. ①基⋯ Ⅱ. ①曹⋯ Ⅲ. ①城乡建设–研究–中国 Ⅳ. ①F299.21

中国版本图书馆 CIP 数据核字(2017)第 014241 号

责任编辑:万 峰 朱海燕/责任校对:张小霞
责任印制:张 伟/封面设计:北京图阅盛世文化传媒有限公司

科 学 出 版 社 出版
北京东黄城根北街 16 号
邮政编码:100717
http://www.sciencep.com

北京建宏印刷有限公司 印刷
科学出版社发行 各地新华书店经销
*

2017 年 1 月第 一 版 开本:787×1092 1/16
2018 年 4 月第三次印刷 印张:11 3/4
字数:220 000

定价:79.00 元

(如有印装质量问题,我社负责调换)

本书受如下项目资助出版

重庆市博士后科研项目特别资助（Xm2015082）

重庆市博士后日常经费资助（Rc201519）

中国博士后科学基金面上资助（2015M582724）

中国博士后科学基金特别资助（2016T90962）

国家自然科学基金青年资助项目（41501079）

前　言

当前，我国社会经济高速发展，在城市化与工业化进程不断加快的同时，城乡居民收入差距却不断被拉大。日益严重的城乡差距和"三农"问题已严重制约着我国社会主义的现代化进程。因而，解决好城乡发展不平衡和"三农"问题，缩小城乡差距，对于我国社会经济可持续发展来说尤为重要。针对上述问题，本书在对城乡地域系统进行分析的基础上，应用突变理论对城乡统筹界面进行理论分析，并借鉴城市精明增长理论，提出基于土地精明利用调控城乡统筹界面要素实现城乡统筹发展的思想。基于上述思想，以南京市浦口区为例，在深入分析研究区城乡现实和调查农户意愿的基础上，进行不同地域类型下区域土地精明利用运作模式的构建与不同工具下区域土地精明利用实现模式的设计，围绕"理论分析–实证研究"和"客观因素–主观因素–政策因素"两条主线，利用"农地整治、村镇改造、要素配置"3个工具，提出了基于"现实+意愿+政策"的土地精明利用运作体系，通过"分区引导–意愿驱动–模式选择–差别化工具"推动区域城乡统筹发展。研究取得的主要成果如下。

1）本书通过理论分析，提出了调控城乡统筹界面要素及实现城乡统筹发展的方法与路径。影响城乡统筹界面的主要因素有城乡现实、农户意愿、政府政策，其中城乡现实是城乡统筹发展的基础平台，农户意愿是城乡统筹发展自下而上的内在动力，政府政策是城乡统筹发展自上而下的外部引力。借鉴城市精明增长理论，以土地为桥梁与纽带，利用"农地整治、村镇改造、要素配置"3个土地精明工具，通过土地利用数量、结构与利用方式的调整与优化，消除城乡界面之间要素流动的障碍，促进土地、劳动力等要素在城乡之间双向流动，达到增强农村经济活力、保障城市经济发展、缩小城乡差距的目的，最终实现包括"生活殷实、生产繁荣、福利共享、生态优美"在内的城乡统筹发展目标。

2）实证分析了研究区城乡社会经济现实与土地利用现实。城乡社会经济发展突变分析表明，当前研究区城乡发展还处在量变积累的过程，还没有达到突变的阶段，城乡之间处于统筹阶段。从各项社会经济指标来看，研究区已进入工业化中期阶段，城乡之间处于良性互动阶段，具备了城乡统筹发展的前提与条件。从土地数量控制、土地形态紧凑、土地利用效益3个方面测度研究区土地精明利用水平，1999年、2002年、2008年的土地利用精明度分别为38.05、49.51、62.44，研究区土地精明程度呈逐年上升趋势，但仍有待于进一步提高。依据资源环境–开发强度–发展潜力组合特征，研究区可划分为优化整合区、重点拓展区、都市农业区、生态旅游区4个土地利用功能区，通过引导区域内现有城镇体系及产业布局的调整与优化，为城乡地域系统内的劳动力、土地、资本等各种要素流动提供有效载体。

3）调查分析了研究区农户城乡统筹意愿的影响因素及农户意愿对城乡统筹实现的影响。从研究区农户意愿调查与分析结果来看，大部分农户对现状满意度较低，城乡统筹意愿较强烈，但同时恋土情结又影响着农户城乡统筹意愿。通过二分类逻辑回归 Logit 模型分析农户城乡统筹意愿的影响因素，其中影响农地整治意愿的因素主要为农户文化水平、种田意愿、人均年收入；影响村镇改造意愿的因素主要为农户文化水平、家庭生活设施满意度、人均年收入；影响要素配置意愿的因素主要为农户种田意愿、城乡生活喜好、人均耕地面积。利用 BP 神经网络模型研究不同功能区农户意愿对城乡统筹实现目标的影响规律，其中搬迁意愿度、社会保险满意度是影响优化整合区城乡统筹发展的主要因素；土地规模化经营意愿度、养老担心程度、搬迁意愿度是影响重点拓展区城乡统筹发展的主要因素；养老担心程度、土地规模化经营意愿度、搬迁意愿度是影响都市农业区和生态旅游区城乡统筹发展的主要因素。

4）提出了基于"现实+意愿+政策"的土地精明利用运作体系，构建了不同地域类型下区域土地精明利用的运作模式，设计了不同工具下区域土地精明利用的实现模式。在土地利用功能分区结果的指导下，不同区域可结合典型农村地域特色，重点以"农地整治、村镇改造、要素配置"3 个土地精明利用工具为手段，分别选择工业企业带动型、村改居城市发展型、飞地经济跨越型、乡村旅游激发型、特色农业开发型、跨村整合捆绑型 6 种土地精明利用的地域类型与运作模式。同时，针对土地精明利用工具的不同实现方式，应采取差别化的模式，具体而言，①"拆村并居"模式：从保障农民权益的角度，采用"两制并存"的模式较为理想；②居民点整理模式：通过 GIS 结合突变级数法，居民点整理的先后次序为整村搬迁模式>空心村整治模式>中心村建设模式；③搬迁安置模式：通过 GIS 结合灰色物元分析，在居民搬迁安置模式中应优先采用就近农民集中居住的安置方式。

5）模拟分析了土地精明利用调控城乡统筹发展的实际效果，提出了通过土地精明利用促进城乡统筹发展的政策建议。根据 BP 神经网络不同情景下城乡统筹调控模拟结果，城乡统筹发展是一项系统工程，要实现生活殷实、生产繁荣、福利共享、生态优美的城乡统筹目标，必须综合考虑影响城乡统筹发展的农户城乡统筹意愿、城乡土地利用现实、城乡社会经济发展现状三大因素。最后，提出了基于土地精明利用调控城乡统筹发展的政策建议：①尊重农民意愿，有序推进城乡统筹发展；②完善农村土地集体所有制，稳固推进城乡统筹发展；③增强土地调控功能，积极助推城乡统筹发展；④完善土地法律法规，依法推进城乡统筹发展；⑤发挥政府在城乡统筹发展中的主导作用。

本书是作者在南京大学攻读博士学位时所完成的博士论文的基础上进行完善、拓展、提炼完成的。它得以顺利出版，首先得益于南京市国土资源局浦口分局与南京大学合作申请的江苏省国土资源科技项目"城乡统筹发展下区域土地精明利用研究——以南京市浦口区为例"，在项目申请、资料收集、政策设计等方面非常感谢南京市规划局王军组长，南京市国土资源局浦口分局的刘勇局长、张忠金副局长、陈理凤科长、江保庭主任、许秋月主任对本书写作的帮助。其次，本书是在其南京大学周生路教授的指导下完成的，从本书的选题与开展到本书的写作与修改，都倾注了导师大量的心血，同时感谢周生路教授带领的"土地利用与土地质量变化"课题研究小组全体成员的共同努力，吴绍华副教授、任奎博士、郑光辉博士、陆春峰博士、隋雪艳博士、周华博士、李志博士、林晨博士、吴巍博士、魏宗强博士、王晓瑞博士、李京涛博士、郑群英硕士、金巨刚硕士、王亚坤硕士、顾芗硕士、皮啸菲硕士、李达硕士、何佳硕士、汪婧硕士、徐昌瑜硕士、任金华硕士、戴靓硕士、易昊旻硕士、周兵兵硕士、符巍学士、孙金学士等在外业调查、数据处理、思路构建、书稿写作、后期编辑等方面都对本书的出版作出了很大贡献；再次，本书也是作者在重庆市国土资源和房屋勘测规划院工作期间对城乡统筹与土地利用研究进一步的思考与总结，感谢重庆市国土资源和房屋勘测规划院张孝成院长、袁霄主任对本书出版的鼓励与帮助，本书的出版主要得到了重庆市博士后科研项目特别资助（Xm2015082）与重庆市博士后日常经费资助（Rc201519）以及中国博士后科学基金、国家自然科学基金的资助，在此一并表示感谢；此外，本书的出版恰逢作者在重庆市国土资源和房屋勘测规划院博士后工作站与中国科学院西北生态环境资源研究院（筹）博士后流动站联合从事博士后研究期间完成，感谢中国科学院西北生态环境资源研究院（筹）冻土工程国家重点实验室及合作导师盛煜研究员对本书出版的帮助。最后，特别感谢科学出版社资环分社万峰编辑在选题论证、文稿编辑、出版发行中对本书所做的贡献。本书在编写过程中，也广泛参考了国内外学术前辈和同仁的研究成果，在此表示衷心的感谢！

由于编写时间紧，加之作者水平有限，疏漏之处在所难免，衷心希望各位专家及广大读者批评指正。

曹 伟
2016 年 7 月 10 日

目 录

前言
第1章 绪论······1
  1.1 研究背景······1
  1.2 国内外研究概况······2
    1.2.1 城乡统筹发展研究概况······2
    1.2.2 城市精明增长研究概况······5
    1.2.3 土地利用与城乡统筹研究概况······8
    1.2.4 土地利用与精明增长研究概况······13
  1.3 研究目的与意义······17
    1.3.1 研究目的······17
    1.3.2 研究意义······17
  1.4 研究内容与技术路线······17
    1.4.1 研究内容······17
    1.4.2 研究技术路线······18
第2章 城乡统筹界面要素调控分析······19
  2.1 城乡统筹界面的概念······19
    2.1.1 城乡系统分析······19
    2.1.2 城乡统筹界面的定义······19
    2.1.3 城乡统筹界面的类型······20
    2.1.4 城乡统筹界面的性质······20
  2.2 城乡统筹界面的影响要素······21
    2.2.1 城乡现实——城乡统筹发展的基础平台······22
    2.2.2 农户意愿——城乡统筹发展自下而上的内在动力······22
    2.2.3 政府政策——城乡统筹发展自上而下的外部引力······23
  2.3 城乡统筹的实现机制与目标······23
    2.3.1 突变理论······23
    2.3.2 城乡统筹突变特性······25
    2.3.3 城乡统筹突变区域······26
    2.3.4 城乡统筹的目标······28
  2.4 城乡统筹界面的调控工具······29
    2.4.1 城市精明增长理论······29
    2.4.2 基于土地精明利用的城乡统筹界面调控······30

第3章 城乡统筹基础现实分析 ··· 34
2.4.3 土地精明利用的实现工具 ··· 31
3.1 研究区概况 ·· 34
3.1.1 自然概况 ·· 34
3.1.2 社会经济概况 ·· 36
3.2 城乡社会经济现实 ·· 37
3.2.1 城乡统筹发展现状 ·· 37
3.2.2 城乡统筹突变分析 ·· 41
3.2.3 城乡统筹发展阶段 ·· 42
3.3 城乡土地利用现实 ·· 48
3.3.1 土地利用现状与变化 ·· 48
3.3.2 土地精明利用测度 ·· 51
3.3.3 土地利用功能分区 ·· 57

第4章 城乡统筹内在驱动意愿调查与分析 ··································· 68
4.1 代表村概况 ·· 68
4.1.1 江浦街道五里村 ··· 69
4.1.2 桥林街道福音社区 ·· 69
4.1.3 桥林街道双庙村 ··· 70
4.1.4 乌江镇茶棚村 ·· 70
4.1.5 永宁镇侯冲村 ·· 71
4.1.6 永宁镇张圩村 ·· 71
4.2 问卷设计与数据获取 ··· 72
4.2.1 问卷设计 ··· 72
4.2.2 数据获取 ··· 72
4.3 问卷统计分析 ··· 72
4.3.1 调查农户基本情况 ·· 72
4.3.2 调查农户现状满意程度分析 ·· 74
4.3.3 调查农户城乡统筹意愿分析 ·· 78
4.4 农户城乡统筹意愿的影响因素分析 ··· 85
4.4.1 理论分析 ··· 85
4.4.2 研究模型与变量设置 ··· 87
4.4.3 研究结果分析 ·· 88
4.5 农户意愿对城乡统筹实现的影响分析 ····································· 94
4.5.1 人工神经网络模型 ·· 94
4.5.2 模型设计与参数设置 ··· 97
4.5.3 结果分析 ··· 101

第5章 城乡统筹下土地精明利用模式构建与设计 ·························· 108
5.1 基于"现实+意愿+政策"的土地精明利用运作体系构建 ············· 108

5.1.1 研究区土地精明利用的"现实+意愿+政策"状况 108
5.1.2 基于"现实+意愿+政策"的土地精明利用运作体系构成 109
5.1.3 土地精明利用的地域类型 111
5.1.4 区域土地精明利用的实现工具 113
5.2 不同地域类型下区域土地精明利用运作模式的构建 114
5.2.1 工业企业带动型运作模式 114
5.2.2 村改居城市发展型运作模式 115
5.2.3 飞地经济跨越型运作模式 118
5.2.4 乡村旅游激发型运作模式 119
5.2.5 特色农业开发型运作模式 121
5.2.6 跨村整合捆绑型运作模式 123
5.3 不同工具下区域土地精明利用实现模式的设计 124
5.3.1 "拆村并居"实现模式 124
5.3.2 居民点整理实现模式 128
5.3.3 搬迁安置实现模式 135

第6章 基于土地精明利用的城乡统筹调控模拟 140
6.1 不用功能区城乡土地精明利用测度 140
6.1.1 土地利用数量 140
6.1.2 土地利用形态 141
6.1.3 土地利用效益 142
6.2 基于土地精明利用的城乡统筹调控模拟方法 144
6.2.1 城乡统筹调控指标与目标 144
6.2.2 指标数据获取与简化 145
6.2.3 BP神经网络设计 147
6.2.4 BP神经网络模型的训练与检验 148
6.3 基于土地精明利用的城乡统筹调控模拟结果分析 150
6.3.1 农户城乡统筹意愿 150
6.3.2 城乡土地利用现实 151
6.3.3 城乡社会经济发展现状 152
6.3.4 城乡统筹综合调控 154

第7章 结论与建议 155
7.1 主要结论 155
7.1.1 土地精明利用是浦口区城乡统筹发展的必然选择 155
7.1.2 土地功能分区是搭建浦口区城乡统筹发展基础平台的重要手段 155
7.1.3 浦口区农户城乡统筹意愿强烈,但恋土情结依然浓重 155
7.1.4 土地精明利用模式是引导浦口区城乡统筹发展的有效途径 156
7.1.5 土地精明利用运作体系是调控浦口区城乡统筹发展的有力工具 156
7.1.6 土地精明利用调控城乡统筹发展是一项系统工程 156

7.2 存在的问题 ··· 157
7.3 下一步研究工作 ··· 157
7.4 主要创新点 ··· 158
7.5 措施与建议 ··· 158
  7.5.1 尊重农民意愿，有序推进城乡统筹发展 ······························· 158
  7.5.2 完善农村土地集体所有制，稳固推进城乡统筹发展 ················ 159
  7.5.3 增强土地调控功能，积极助推城乡统筹发展 ························ 161
  7.5.4 完善土地法律法规，依法推进城乡统筹发展 ························ 162
  7.5.5 发挥政府在城乡统筹发展中的主导作用 ······························· 163

参考文献 ·· 165

第 1 章 绪 论

1.1 研究背景

自改革开放以来,我国社会经济高速发展,城市化与工业化进程不断加快。然而,在快速城市化与工业化的同时,我国城乡居民的收入差距却不断被拉大(周少甫等,2010)。2010 年,全国城镇居民人均可支配收入为 19 109 元,农村居民人均纯收入为 5919 元,城乡居民收入比为 3.2∶1。中国已经成为全世界范围内收入不均等状况最为严重的国家之一(夏传文和刘亦文,2010)。由于我国城乡二元结构突出,日益严重的城乡差距和"三农"问题不仅有损社会公平与公正,不利于效率的发挥,影响经济的可持续发展,而且还是社会与政治不稳定的潜在因素,严重制约着我国社会主义现代化进程(杨国安和徐勇,2010)。因此,如何解决好城乡发展不平衡和"三农"问题,缩小城乡差距,对于当前我国社会经济可持续发展来说显得尤为重要。

针对上述问题,党中央不失时机地于 21 世纪伊始提出了科学发展观的执政理念,并在"五个统筹"中突出了"统筹城乡发展",将其放在首位。2004~2010 年又连续 7 年出台了以"三农"为主题的中央一号文件,特别是 2010 年首次突出了"城乡统筹发展"概念,强调了以统筹城乡发展解决"三农"问题的思路(杨国安和徐勇,2010)。在此之前的 2007 年,国务院先后批准成都市和重庆市成为全国统筹城乡综合配套改革试验区,探索改变城乡二元结构体制的机制和实现城乡统筹发展的模式。当前,随着第二产业经济份额与非农人口比重的不断增加,我国经济发展已处于工业化中期阶段,已经具备了"以工促农、以城带乡"的基础与条件。统筹城乡发展是工业化进程中的必然要求,也是我国社会主义现代化建设的必由之路。统筹城乡发展在我国经济发展过程中具有重要的战略意义。

20 世纪末,针对城市蔓延问题,城市精明增长理论在美国兴起,它通过采取分区引导、土地混合使用、废弃地再利用、保护开敞空间等精明增长措施,来达到控制城市蔓延、促进城市再发展、保护城市资源与环境的目的,并取得了良好的效果(刘冬华,2007)。城市精明增长理论采取不同策略对城市扩展的总量、结构、位置、时序和效率进行约束或引导,来抑制城市蔓延,特别是精明增长理论提出的有关提高土地利用效率的原则与措施,引导城市内部各要素流动,最终实现资源环境的有效配置与社会经济的协调发展,其对于解决区域发展问题具有极强的借鉴意义。对于城乡统筹发展来说,关键是要将城乡看作一个整体,统筹解决好城乡之间的人地关系问题,而城市精明增长理论则是统筹考虑城市内部各要素的流动与优化配置问题,二者的思想与内涵是相似的。因而,将城市精明增长理论引入到城乡统筹发展研究中,将精明增长理念从城市系统扩展到城乡地域系统，对于丰富精明增长理论的内涵、把握城乡统筹发展的实质将起到积极作用。

位于经济发达的长江三角洲的江苏省南京市，近年来城乡社会经济发展迅速，但由于历史的原因和受城乡二元体制的影响，目前仍然呈现出"城强郊弱""大城市、大农村"的特点。2000年，南京市城市居民人均可支配收入为8233元，农民人均纯收入为4062元，城乡居民收入比为2.0∶1；而2009年，南京市城市居民人均可支配收入、农民人均纯收入和城乡居民收入比分别为25 504元、9858元和2.6∶1，城乡居民收入差距被逐渐拉大（图1-1），城乡二元结构已严重制约了南京市的发展。由于土地是城乡关系的桥梁与纽带，因而如何激活城乡土地要素，特别是借鉴土地精明增长策略，探讨土地精明利用，实现城乡统筹发展的途径与路径，对于改变城乡二元结构、缩小城乡差距、促进城乡经济协调发展、最终实现南京市城乡统筹发展来说显得尤为迫切。

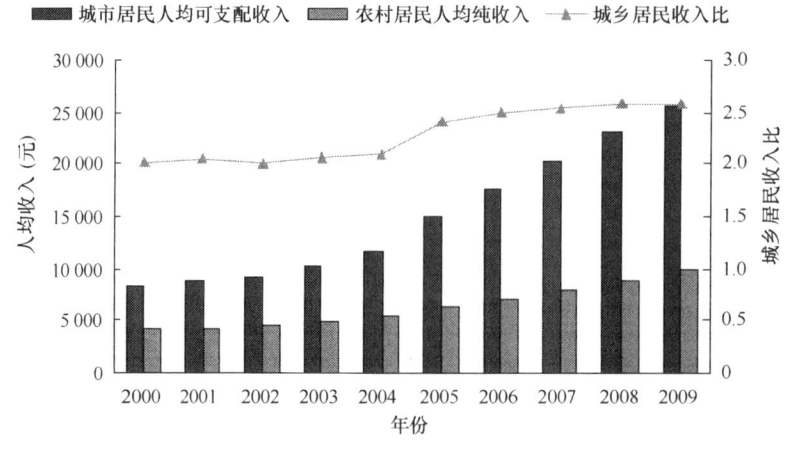

图1-1 历年南京市城乡居民收入差距

1.2 国内外研究概况

1.2.1 城乡统筹发展研究概况

（1）城乡统筹理论的演进

西方城乡统筹理论最早起源于空想社会主义思想家对城乡协调发展的思考（柳思维等，2007）。16世纪初，英国空想社会主义创始人莫尔在《乌托邦》一书中提出了一个理想的城乡方案（吴永生，2005）。恩格斯在《共产主义原理》中首次提及了"城乡融合"的概念（袁敏，2009）。德国地理学家杜能的"农业区位论"也对城乡关系进行了研究（袁敏，2009）。城市规划理论的重要奠基者霍华德提出的"田园城市"思想主张城乡发展应采取整体的、有机的、协调的模式（柳思维等，2007；吴永生，2005）。进入20世纪50年代，围绕城乡发展关系，刘易斯提出了发展中国家"二元经济"模型，它是经典的"刘易斯-拉尼斯-费景汉"模型的雏形（柳思维等，2007；袁敏，2009）。1957年，缪尔达尔在《经济理论和不发达地区》一书中，提出了"地理上的二元结构"理论，其成为城市化理论中城乡协调发展的经典理论（袁敏，2009）。70年代后期，部分研究者对"城市偏向"倾向理论的批判引发了对自下而上城乡发展战略的探索。80年代后，各种统筹城乡发展思潮涌现。进入21世纪后，新的理论更注重城乡之间的联系（柳思维等，2007）。我国城乡关系研究起步较晚，自改革开放以来，先后经历了城乡协调关系、城乡一体化、城乡融合等研究阶段，并初步形成了城乡统筹的思想（马远军等，2006a；袁敏，2009）。

（2）城乡关系研究

在城乡关系研究上，由于国外发达国家城市化水平较高，城乡关系已变得相当模糊，因而目前城乡关系的研究重点集中于一些发展中国家，涉及城乡差异、城乡联系等城乡社会经济方面的研究较多，涉及城乡自然生态方面的研究相对较少。关于城乡相互作用研究，在城乡要素流动方面，主要包括人口流动、资本运动、经济联系、社会连接、技术交流、服务传递、组织联系等多种要素的双向流动（马远军等，2006b）。张占录（2000）将我国城乡相互作用的动力归为"自上而下的扩散力机制"、"自下而上的集聚力机制"、外资驱动机制、自然生态动力学机制4类。苏俏云（2002）将中国城乡关系演进划分为城乡低水平发展、城乡两极化发展、城乡一体化发展3个阶段。Lin（2001）以中国珠江三角洲地区为例，探讨了城乡相互作用的空间演化模式。Rigg（1998）从东南亚人的视角，分析了城市与乡村之间的互补关系。曾磊等（2002）运用层次分析法，建立了一套城乡关联度评价指标体系，利用2000年31个省（直辖市）数据，评价了我国城乡关系发展状态。此外，城乡关系研究还主要集中于城乡人口迁移（Chant，1998；Lindstrom，2003；Lucas，2004；Mullan et al.，2011；Renkow and Hoover，2000；Stephenson and Matthews，2003；Zhang and Song，2003）、城乡居民健康（Branas et al.，2004；King et al.，2006；Liu et al.，2008；Macpherson et al.，2004；Odhiambo et al.，1998；Paykel et al.，2000）等方面。

（3）城乡发展差距研究

针对我国城乡发展不平衡的现状，陈红霞和李国平（2009）对1985~2007年北京市城乡居民收入差距进行了分析，并利用计量模型，分析了影响城乡收入差距的主要因素。李小丽等（2003）、彭真善（2009）比较分析了我国不同区域间的城乡收入差距，探讨了城乡收入差距的主要影响因素。杨国安和徐勇（2010）、周少甫等（2010）通过计量经济分析方法，探讨了我国城乡收入差距与城镇化发展之间的关系。张国（2004）分析了造成我国城乡差距过大的7个城乡二元社会经济体制原因：①二元公共品供给体制；②二元融资体制；③二元财税体制；④二元户籍管理体制；⑤地方行政管理体制；⑥土地征用制度；⑦社会决策体制。钟春艳等（2007）分析指出了造成我国城乡差距日趋扩大的直接原因为"剪刀差"的长期存在；而城乡二元经济结构是造成城乡差距的根本原因。此外，不同学者也研究了金融发展对城乡收入差距的影响（曹广喜等，2007；夏传文和刘亦文，2010；夏冠军，2010）。

（4）城乡统筹发展的内涵

关于城乡统筹发展，大部分学者强调城乡统筹发展是将城市与农村的经济社会发展作为整体统一筹划，对城市和乡村存在的问题及其相互关系进行综合研究，逐步改变城乡二元结构，建立社会主义市场经济体制下平等、和谐、协调发展的工农关系和城乡关系，实现城乡经济社会统筹发展（武慧，2009；吴建楠等，2010；徐承红等，2010；钟春艳等，2007）。姜太碧（2005）、孙林和李岳云（2004）指出，城乡统筹发展的内涵包括城乡制度统筹、城乡要素统筹、城乡关系统筹3个方面。马远军（2006）认为，城乡统筹发展是城市和乡村在资源利用、自然生态、地域空间、政策制度上的统一。黎苑楚等（2010）总结城乡统筹发展的内涵如下：①承认城乡差距不断扩大是统筹城乡发展的前提；②促进城乡"各具特色，共同发展"是统筹城乡发展的基本出发点；③缩小城乡差距、突破"二元结构"制约、实现城乡居民平等发展是统筹城乡发展的实质与核心；④"提升农村三个文明、促进城乡协调发展、全面建设小康社会"是统筹城乡发展的主要目标；⑤加快推进县域新型工业化和城市化是统筹城乡发展的关键举措；⑥建立促进城乡资源双向流动机制和农村"内生"发展动力是统筹城乡发展的突破口；⑦政府促进、市场推动是统筹城乡发展的主要模式。总体来说，城乡统筹发展是针对城乡发展不平衡问题，将城市与农村看作一个整体，通过"以工促农、以城带乡"等城乡发展措施，实现城乡在经济、社会、环境上协调发展的一种增长目标。

（5）城乡统筹发展的实现策略

黄伯勇（2007）认为，实施城市化发展战略是城乡统筹发展的前提；新农村建设是城乡统筹发展的有效载体；深化农村改革是城乡统筹发展的关键。姜太碧（2005）则指出城乡统筹发展的动力主要有3种模式：自上而下型、自下而上型、自上自下混合型。李兵弟（2004）则认为城乡统筹发展的主要途径有6种：①城镇化发展；②城市反哺农村；③发挥政府的主导作用；④推进相关法律法规的改革；⑤探索城乡联动的农业产业化发展；⑥逐步更新农民的生活与生产观念。徐勇（2010）提出了实现统筹城乡发展的4项措施：多予少取、国民待遇、城乡互动、城乡一体。曾福生等（2010）指出，城镇化和新农村建设协调发展是我国目前城乡统筹发展的实现形式。周潮等（2010）提出实现城乡统筹发展的三大途径：①工业化和城镇化；②新农村建设；③发挥市场机制的调节作用。结合不同典型区域城乡发展特征，房艳刚和刘继生（2005）、宋福忠等（2010）分别提出了实现城乡统筹发展的措施与模式。此外，其他学者也分别从城市化发展、劳动力转移、二元体制改革等方面阐述了实现城乡统筹发展的具体路径与方式（黄河等，2009；李建建，2004；彭静和许鲜苗，2009；夏周青，2010；徐承红等，2010；钟春艳等，2007）。

（6）城乡统筹发展的目标

在城乡统筹发展的目标方面，陈书卿等（2009）指出，统筹城乡发展的最终目标是要使农村居民与城市居民一样，享有各方面平等的权利、均等化的公共服务和同质化的生活条件。杜军等（2010）指出，统筹城乡发展的总目标是打破城乡分割体制、缩小城乡差距、构建城乡和谐社会。刘成玉等（2010）强调城乡统筹发展的终极目标就是城乡一体化。黄国胜等（2009）、黄伟雄（2002）、刘晨阳等（2005）、罗雅丽和李同升（2005）、王开泳等（2007）、修春亮等（2004）、姚士谋等（2004）、战金艳和鲁奇（2003）、张果等（2006）、朱磊（2000）等则分别探讨了典型区域城乡一体化发展模式与策略。周潮等（2010）认为，统筹城乡发展的近期目标为以增加农民收入为重点，缩小城乡间的收入差距，逐步解决我国城乡发展严重失衡的问题；中长期目标为加快农业现代化，逐步建立有利于削弱城乡二元结构的体制与机制，为实现整个县域国民经济现代化和建立和谐、平等、互助的城乡关系提供保障。通过上述分析，城乡统筹发展的目标为缩小城乡差距，促进城乡协调发展，最终实现城乡一体化。

（7）城乡统筹发展评价研究

关于城乡统筹发展水平研究方面，孙林和李岳云（2004）建立了城乡统筹发展水平评价指标体系，利用层次分析法确定指标权重，对南京市城乡统筹发展水平进行了实证分析。吴建楠等（2010）以长江三角洲地区为研究对象，建立了城乡统筹发展水平综合评价指标体系，采用全局主成分分析方法，定量评价了 2000 年、2008 年各城市的城乡统筹水平，并分析了长江三角洲地区城乡统筹发展水平的主要影响因素。吴先华等（2010）通过建立城乡统筹发展综合评价指标体系，构建城乡统筹度模型，对 2006 年山东省城乡统筹发展水平进行了评价。吴永生等（2007）在构建城乡统筹发展指标体系的基础上，分析了 1990~2003 年江苏省城乡统筹空间演变动态。

（8）城乡统筹发展研究不足

从上述研究概况来看，城乡统筹发展研究主要涉及城乡统筹发展的原因、内涵、发展策略、实现目标等方面，针对城乡社会经济发展展开了定性与定量分析。从总体上看，目前对城乡统筹发展背景的分析较为深入，大部分研究关注于城乡二元体制造成的城乡差距问题和城乡不平衡现象，在城乡统筹发展的实现目标上，城乡一体化研究较多。但关于城乡统筹发展内涵、发展策略与实现方式，当前的研究只是从管理与政策的角度进行阐述，且定性研究较多，从资源环境或区域发展的角度定量研究城乡统筹发展的文献较少，而且与城乡统筹发展结合得不紧密。因而，从资源环境或区域发展的角度开展城乡统筹发展定量化研究显得较为迫切。

1.2.2 城市精明增长研究概况

（1）城市蔓延问题

19 世纪末至 20 世纪初，伴随着小汽车在家庭中的普及和高速公路的大规模建设，美国出现了城市郊区化的趋势（马强和徐循初，2004）。第二次世界大战后，美国进入城市郊区化加速阶段，而郊区城市化趋势则在西方各发达国家蔓延（马强和徐循初，2004；唐相龙，2009）。特别是自 20 世纪 70 年代后，以小汽车为导向的土地利用模式导致了"郊区化"和"城市蔓延"现象（马强和徐循初，2004）。城市蔓延主要表现为以小汽车为导向的低密度的土地开发、土地空间的分离、"蛙跳式"的扩展、公路沿线带状商业区的开发、生活居住区的分散、城区的没落和郊区的扩张、城市开放空间的消失、政府管理的零散等（Daniels，2001；Johnson，2001；Lopez 和 Hynes，2003）。Galster 等（2001）、Lopez 和 Hynes（2003）探讨了城市蔓延的测度方法，针对不同国家和地区城市蔓延问题，不同学者采用了不同的评价指标（Bhatta et al.，2010；Frenkel and Ashkenazi，2008；Hasse and Lathrop，2003；Jiang et al.，2007；Terzi and Bolen，2009）。Deng 等（2004）、Fang 等（2005）、Pendall（1999）、Wassmer（2008）则分析了不同国家和地区城市蔓延的形成机制。关于城市蔓延所造成的影响主要表现在社会经济影响（Brueckner and Largey，2008；Haase and Nuissl，2007；Kahn，2001；Nguyen，2010）和自然环境影响（Doygun，2009；Stone，2008；Su et al.，2010；Tu et al.，2007；Zhang et al.，2007）两个方面。

（2）城市精明增长的提出

1961 年，美国夏威夷州首先出台了一个针对城市蔓延的城市规划方案（Daniels，2001）。1970~1990 年，不同城市与地区还通过增加公共设施条例、设置城市增长边界来抑制城市蔓延（Daniels，2001；马强和徐循初，2004；Pendall，1999）。基于可持续发展及对传统价值观的认同与回归，美国环境学者和城市规划师提出了"城市精明增长"的思想（冯科等，2008）。1997 年，美国马里兰州首次提出了"精明增长"法案（Daniels，2001）。自"精明增长"理论被提出后，该理论被美国联邦政府、州和地方政府广泛采纳并应用于城市发展中（王朝晖，2000；张雯，2001）。1998 年，马里兰州州长格伦德宁颁布了"精明增长与区域保护"条例；2000 年和 2001 年，马里兰州议会分别通过和颁布了"精明法案"和"绿色蓝图"议程（Daniels，2001）。在美国波特兰市交通与土地利用远期规划（Portland Region 2040）中提出了 5 项促进城市发展的主要策略（马强和徐循初，2004）。波特兰市实施的精明增长策略已获得了巨大成功并得到城市居民的广泛支持（Jun，2008；O'Toole，2004）。1998 年，美国奥斯汀市委员会颁布了"奥斯汀市精明增长提案"，并提出了精明增长措施（Adams and Gerard，2000）。

（3）城市精明增长的内涵

不同领域的学者主要从规划、环保、经济、管理等角度，对"城市精明增长"的定义进行了阐述。美国规划协会（APA）认为，精明增长是为了体现社会公平、创造地方特色、保护自然景观、改善生活质量，通过扩大财政投入、发展轨道交通、增加就业岗位等方式，对城市、郊区、农村进行的规划设计与再开发（付海英，2007；张雯，2001）。美国环境保护署（USEPA）则认为，"精明增长"是协调社会经济与环境保护、促进社区发展的一种城市增长模式。美国农业土地信托（AFT）强调，"精明增长"是通过对现有城镇的再开发来保护城市边缘区农田的一种有效方式（付海英，2007；王朝晖，2000）。Daniels 和 Lapping（2005）认为，精明增长的实质就是土地保护。梁鹤年（2005）分析指出，"精明增长"是在城市基础设施和开发管理中，城乡政府以最低的基础设施成本创造出最高的土地开发收益。Smart Growth BC 将精明增长定义为一种以提高生活质量、保护自然环境、减少资本投入为目标的土地利用模式与城市增长准则（Behan et al.，2008）。诸大建和刘冬华（2006）则认为，"精明增长"是一种协调城市发展的新型理论工具,它通过土地混合使用、控制城市增长边界、提高土地利用效率、保护自然环境、大力发展公共交通、加强旧城区改造等方式,来解决城市蔓延中出现的经济、社会、环境问题。总体来说,"精明增长"是针对城市蔓延问题,在提高土地利用效率基础上,通过城市管理措施,实现经济、社会、环境协调发展的一种紧凑、集约、高效的城市增长模式。

(4) 城市精明增长的原则与策略

针对城市精明增长,美国精明增长协会(Smart Growth Network)提出了"城市精明增长"的十大原则:①土地的混合利用;②营造适宜步行的邻里社区;③垂直紧凑型住宅的设计;④多元化交通方式的选择;⑤保护开敞空间、农田、自然景观及重要的环境区域;⑥引导和增强现有社区的发展与效用;⑦创造有特色和富有吸引力的居住场所;⑧多元化住宅样式的选择;⑨提高城市发展决策的可预见性、公平性、效益性;⑩鼓励公众参与(Krueger and Gibbs, 2008;马强和徐循初,2004;尹奇和吴次芳,2005)。

在精明增长实现策略方面,美国奥斯汀市提出了规划分区引导、刺激旧城区再发展、废弃地再利用、开敞空间保护、大力发展公共交通等精明增长措施(Adams and Gerard, 2000)。美国马里兰州提出的精明增长的5项策略如下:建设优先发展区、废弃地再利用、创造就业机会所得税减免、鼓励就近工作与生活、农村遗产保护(Daniels, 2001)。Greenberg等(2001)认为,精明增长有五大实现方式:政府购买环境敏感区域土地的开发权;限制农田、森林、绿色空间等区域的发展;通过交通政策改变控制城市蔓延;促成紧凑法案的通过;加强区域政府对城市的管理。蒋芳等(2007)、金晓云和冯科(2008)、尹奇和吴次芳(2005)详细总结了精明增长的四大政策工具:①刚性政策控制,包括设立城市绿带、城市增长边界、公共土地征用、暂停开发、建筑许可等;②基础设施引导,如配套公共设施建设、公交导向型开发等;③区域差别化措施,如开发权的转移或购买、土地利用分区等;④经济手段调节,如征收土地开发影响费、开敞空间保护税赋减免、不同价值土地实行双轨税率等。此外,Bochner(2000)总结了精明增长在交通方面的策略;Filion(2009)分析提出了精明增长在城市网点方面的实现手段。

(5) 城市精明增长实现目标

在精明增长的实现目标方面,Doyle等(2002)将精明增长的主要目标概括如下:①协调城市资源环境保护与社会经济发展;②限制城市增长边界;③保护城市开敞空间;④促进城市社区再发展。付海英(2007)进一步将精明增长目标划分为直接目标、初级目标、终极目标3个层次,其中,控制城市蔓延、提高资源利用效率、促进社会经济发展、保护生态环境为直接目标;在实现城市增长的同时,提高居民生活质量为初级目标;其终极目标为促进社会、经济、环境的协调发展,最终实现城市的可持续发展。李彦军(2009)、诸大建和刘冬华(2006)分析指出,精明增长具体包括四大目标:城市空间紧凑增长;有利于城市资源环境保护;促进城市经济健康运行;提高城市适宜性与生活质量。Miller 和 Hoel(2002)提出精明增长的主要目标为维护社会公平;提供多元化的交通方式与居住选择;保护开敞空间;促进社区发展。Moglen 等(2003)认为,精明增长的目标为保护城市开敞空间与环境敏感区域；促进城市的复兴与发展。唐相龙（2009）和王朝晖（2000）认为，"精明增长"的目标包括 3 个方面：提高城市居民生活质量；实现社会、经济、环境公平；新旧城区协调发展。张明等（2005）总结了精明增长的六大目标：邻里可居性；交通可达性；城乡共同繁荣；社会利益共享；低公共设施成本；保护开敞空间。从上述分析中可以看出，精明增长的主要目标为控制城市蔓延；促进城市复兴与再发展；保护城市资源与环境；提高城市居民生活质量；协调城市社会、经济、环境发展；最终实现城市的可持续发展。

（6）城市精明增长实施效果

大部分学者关注精明增长的实施效果，Brown 和 Southworth（2008）、Stone 等（2009）探讨了精明增长在减少 CO_2 排放、应对全球气候变化问题方面的积极作用。Filion（2009）以加拿大多伦多市为例，分析了城市网点作为精明增长规划策略的有效性。Frenkel（2004）应用土地消费模型，以以色列为例，分析了城市精明增长在控制城市蔓延、保护开敞空间和农田上的作用。Geller（2003）介绍了精明增长在建设宜居型城市方面的效用。Preuss 和 Vemuri（2004）利用 1960~2000 年美国马里兰州蒙哥马利县人口、土地利用、社会经济数据，选取环境、经济、社会等生活质量评价指标，采用 STELLA 模型，通过不同情景模拟，分析精明增长策略对城市生活质量的影响，研究结果表明，环境保护型发展模式对生活质量的提高有着积极的影响。此外，Filion 和 McSpurren（2007）、Handy（2005）、Talen 和 Knaap（2003）等分别探讨精明增长策略的不足之处。

（7）城市精明增长研究不足

目前，国内外研究主要关注城市精明增长理论的提出背景、理论内涵、实现策略与实施效果。在城市精明增长理论提出的背景下，这部分研究主要集中在城市蔓延的测度、形成机制和影响后果上，且研究得较为深入；为了实现城市的精明增长，美国精明增长协会提出了"城市精明增长"的十大原则，其他学者则提出了城市精明增长的实现策略，并针对城市精明增长的实施效果展开了一系列研究。从总体上看，精明增长实现策略主要采用法律、行政、经济手段，从城市立法、规章制度、金融税收等角度，提出了一系列宏观城市管理政策与措施。精明增长策略对抑制城市蔓延、促进城市发展发挥了重要作用，但同时由于这些实现工具与手段更偏重于宏观且需要发挥政府的主导作用，因而这些策略运用于其他国家与地区时存在一定的局限性，同时精明增长研究系统性、综合性不足，定性研究较多，定量化研究较少。

1.2.3 土地利用与城乡统筹研究概况

（1）城乡土地利用研究

土地既是城乡存在的载体，又是城乡发展的动力与源泉。土地利用在统筹城乡发展中扮演着越来越重要的角色，因而众多学者关注于城乡土地利用研究。Bell 和 Irwin

(2002)分析了微观经济模型应用于美国城乡土地利用变化研究的可适用性,并详细分析了该模型在空间数据管理上的优劣。陈玉福等(2007)针对海南城乡土地利用低效问题,在进行土地利用效率评价和区域差异分析的基础上,提出了促进城乡统筹发展和优化城乡土地利用的措施与建议:①探索统筹城乡发展的土地管理模式;②完善土地市场配置机制;③加大农村土地整理力度。Currit 和 Easterling(2009)以墨西哥奇瓦瓦市为例,利用 1970~2000 年人口和收入数据,分析了影响城乡土地利用变化的全球化和人口驱动因素。Huang 等(2009)以美国特拉华州新赛市为例,结合地理信息系统(GIS)与 Logistic 回归模型和指数滤波技术,通过土地利用时空变化分析,影响城乡土地利用变化的主要驱动因素为人口密度、坡度、道路接近度、周围的土地利用类型。刘彦随和卢艳霞(2007)在分析我国沿海城乡土地利用特点的基础上,预测了基准增长和高增长两种情景下,沿海地区 2010 年、2020 年建设用地的需求规模,并提出了促进城乡统筹发展的土地利用优化措施。杨山和陈升(2009)利用无锡市 30 年遥感影像数据,通过建立嬗变模型,分析了城乡过渡地域用地演变特征及影响因素。张衍毓和刘彦随(2010)以天津市东丽区为例,系统分析了大城市边缘区城市化与工业化进程中的城乡土地利用问题,提出了大城市边缘区城乡土地利用措施与建议。郑伟元(2008)在分析当前我国城乡土地利用中存在的问题和原因的基础上,通过情景分析方法,预测了 3 种不同情景下 2010 年、2020 年、2030 年、2050 年我国城乡建设用地利用状况,并提出了统筹城乡土地利用的对策建议。

(2)城乡土地利用规划

陈斌等(2009)分析了当前城乡土地利用规划管理体制现状,建立了土地利用规划管理体制建设指标体系,并以重庆市为例,通过城乡土地利用规划管理体制建设比较评价,提出了促进统筹城乡发展,推进土地利用规划管理体制建设的对策与建议。刘向南和许丹艳(2010)研究了城乡统筹发展背景下的集体建设用地规划管理问题,通过分析当前集体建设用地规划管理存在的问题及其制度根源,并结合我国不同地区规划管理改革实践,从规划编制的思路、内容、实施管理等角度,提出了系统的政策建议。王万茂等(2002)在分别论述城乡发展、城市化、粮食生产与土地利用相互作用关系的基础上,从土地利用规划角度,提出了科学估算城市用地和耕地,通过逐步逼近、综合协调的方法,实现城乡土地可持续利用的新思路。于亚滨和潘玮(2006)在分析哈尔滨市城乡土地利用存在城市用地供需矛盾突出、城乡土地利用协调不足、城市公共空间缺乏、土地集约利用水平偏低等问题的基础上,提出了优化城乡土地利用布局、创造城市宜居生活空间、集约高效利用土地的规划思路。袁敏(2009)以重庆市北碚区静观镇陡梯、集真、和睦、金堂 4 个村为例,在对城乡统筹背景下的村级土地利用空间格局、规划空间布局、规划弹性空间、规划效益评价进行分析的基础上,探讨了通过村级土地利用规划破解城乡二元结构、促进城乡统筹发展的路径。

(3)城乡土地资源优化配置

杜军等(2010)采用灰色线性规划方法,对重庆市长寿区土地资源进行优化配置,构建了包括城市发展核心区、城镇综合拓展区、现代生态农业区、旅游休闲观光区、生态屏障保护区在内的土地资源宏观分区，提出了优化配置土地资源、促进统筹城乡发展的政策建议。Fleischer 和 Tsur（2009）从农业景观适宜的角度，分析了城乡土地利用配置问题，并以以色列为例，分析了人口、收入等因素对土地优化配置的影响。江福秀（2008）以南宁市为例，分析了城乡土地利用结构的时空特征，在对土地利用安全进行评价的基础上，采用线性规划方法和 GIS 二次开发对南宁市城乡土地利用数量结构和空间布局进行了优化，并提出了城乡土地安全利用的措施与建议。王胜武（2008）在分析 1997~2006 年济南市城乡建设用地利用特征与演变规律的基础上，运用 GIS 空间分析方法，对济南市城乡建设用地数量结构和空间布局进行了统筹分析，提出了优化城乡建设用地的具体措施。朱雪欣等（2009）以广东省佛冈县为例，选取了影响居民点空间布局的限制因子，运用 GIS 空间分析方法，划分了居民点用地的优先等级，结合人口数量和用地规模，对佛冈县 2020 年城乡居民点空间格局进行了优化。此外，陈玮（2010）、刘雪（2007）、武慧（2009）也分别以典型地区为例，在分析城乡土地利用特征与演变规律的基础上，对城乡土地利用结构和布局进行了优化，并提出了统筹城乡土地利用的措施与建议。

（4）城乡土地要素流动

付光辉等（2008）在分析建立城乡统一土地市场面临的制度障碍的基础上，提出了构建城乡统一土地市场的策略：改革集体土地制度，建设和完善土地征用、废弃地流转、集体土地使用权出让、宅基地流转制度。胡存智（2009）认为，要素自由流动是破解城乡二元结构的根本途径，在分析城乡统筹发展中阻碍土地要素流动的原因的基础上，提出了换地权益书作为城乡土地要素流动政策工具的设想。李启宇（2010）在分析成渝区农地流转改革实践的基础上，通过 Logistic 模型分析了影响农户农地流转意愿的主要因素，对农地流转涉及的相关利益主体进行了博弈分析，并判断分析了现行农地流转制度的缺陷，最后对农地流转制度进行了创新设计。陆铭（2010）在分析当前我国在城乡和区域统筹发展过程中面临的诸多问题的基础上，提出了跨地区建设用地指标交易是城乡与区域统筹发展的突破口。倪维秋和俞滨洋（2010）提出，通过统一城乡建设用地市场来保障农民的经济利益，进而实现城乡统筹发展，具体而言是建立"两种产权、一个市场"，即允许集体建设用地入市后继续保留集体土地所有权，设立集体出让土地使用权，从而建立基于集体出让土地使用权和国有出让土地使用权两种产权的统一市场。王梦麟（2009）对我国农村土地流转政策进行了系统梳理，分析了当前农村土地流转存在的问题，并探索了城乡统筹背景下的农村土地流转机制，最后提出了相关政策建议。张丽芳（2010）在分析我国农村宅基地产权特征及制度缺陷的基础上，调查分析了重庆市永川区农村宅基地使用权流转现状，并通过计量经济学 Probit 模型和农民期望值模型，分析了影响农村宅基地使用权流转的障碍因素，最后提出了完善农村宅基地使用权制度、允许宅基地入市流转、界定宅基地使用权流转范围等方面的措施与建议。

（5）城乡土地利用政策研究

高洁等（2009）探讨了影响我国城乡统筹发展的城乡二元土地制度，并就农村土地产权制度改革,实现统筹城乡发展提出了相应的政策建议。Kelly(1998)和Long等(2008)分别以菲律宾马尼拉和中国重庆为例,重点分析了土地政策在城乡关系和土地利用变化中的作用。吕月珍(2009)基于浙江省嘉善县、缙云县两地农户意愿调查,分析了农户参与城乡建设用地增减挂钩的意愿,运用Logit模型,从农户搬迁意愿和补偿意愿两个方面分析了影响农户意愿的主要因素,并提出了针对性的建议。买晓森(2008)在对重庆市沙坪坝区城乡建设用地增减挂钩的基础条件与潜力进行分析的基础上,通过投入-产出分析,对"挂钩"的经济效益和风险进行了评价,并从行政、经济、技术方面提出了完善城乡建设用地增减挂钩政策的措施与建议。阎红(2006)以江苏省南通市为例,对南通市农村建设用地整理潜力、区位选择、整理模式进行了系统分析,并对城乡建设用地增减挂钩的项目管理、资金管理、周转指标管理、周转指标的用地报批进行了深入分析。张静(2010)以四川省乐山市为例,在对城乡建设用地增减挂钩进行需求预测分析与整理潜力分析的基础上,进行了城乡建设用地增减挂钩空间布局分析,并提出了完善"挂钩"政策的措施与建议。周小平等(2010)在分析城乡建设用地增减挂钩规划原理的基础上,提出了构建供需区域级差地租评价指标体系,通过级差区域指数指导挂钩规划的方法,并以山东省东明县为例进行了实证研究。朱琳(2010)在对城乡建设用地增减挂钩的内涵与合理性进行分析与评价的基础上,评价了重庆市九龙坡区白市驿镇海龙村城乡建设用地增减挂钩的可行性、社会满意度和合理性,提出了完善城乡建设用地增减挂钩政策的建议。

(6) 城乡土地利用模式

陈玉福等(2010)在对山东省禹城市典型空心村整治潜力和农户整治意愿进行调查与分析的基础上,提出了优化城乡土地资源配置的3种空心村整治模式:城镇化引领型、中心村整合型、村内集约型,并对整治模式的内涵与保障机制进行了分析。高明秀(2008)分析了土地整理与新农村建设之间的耦合关系,提出了现代农业发展型、生态环境治理型、基础设施改进型、适应城镇发展型、适应工矿发展型、协调人地关系型6种土地整理模式,并结合GIS空间分析功能,以山东省泰安市岱岳区为例,实现了土地整理模式的空间配置。关小克等(2010)将北京市农村居民点用地分为城乡交错区、远郊平原区、生态山区3个整理区,针对不同区域特征与功能定位,分别提出了不同区域居民点整理模式。谷晓坤等(2007)以浙江省嵊州市为例,通过对1996~2004年农村居民点用地变化和居民点整理驱动力进行分析,提出了农村居民点整理的"三方共建"模式,即由政府、村集体、村民三方共同出资共同实施,以此优化城乡用地结构,促进城乡统筹发展。何格(2009)结合成都市城乡统筹改革实践,分析了不同统筹城乡土地利用模式,并进行了绩效评价,提出了创新土地制度的措施与建议。孙虎和刘彦随(2009)以内蒙古乌审旗嘎鲁图镇为例,探讨了组团式土地利用布局模式,通过土地弹性利用促进城乡产业发展,为其他地区城乡发展提供了借鉴。杨庆媛等(2004)针对西南丘陵山区农村居民点用地特点,提出了农林综合开发和新村建设两种居民点整治模式,并以重庆市渝北区悦来镇新春村为例,进行了实证分析。张衍毓等(2009)在分析村庄整治为实现统筹城乡发展重要途径的基础上,以海南省三亚市为例,提出了统筹城乡背景下村庄整治建设的 8 项原则和 4 种模式（城镇扩展模式、项目带动模式、中心村集聚模式、移民拆建模式），并探讨了村庄整治建设的机制与途径。张占录和张远索（2010）通过对北京郊区宅基地进行耕地挖潜测算、需求量调查、需求原因分析、搬迁意愿调查，提出"宅基地换房"模式是当前居民点整理的最佳模式，并就该模式的特点、实施步骤、实施效果进行了分析与评价。此外，张黎（2008）、赵雲泰（2009）也分别探讨了推进城乡统筹发展的土地整理模式。

（7）土地利用与城乡统筹研究不足

由于土地是城乡统筹发展的切入点，破解土地二元结构，创新土地利用模式是实现城乡统筹发展的有效途径，因而从土地利用的角度阐述城乡统筹发展的研究文献较多，但是目前的研究主要集中在土地管理与土地利用模式上，以土地政策研究为主，大多停留在定性分析层面上，而且与城乡统筹发展结合得不紧密，提出的促进城乡统筹发展的土地利用模式的系统性与综合性研究不足，未能就土地利用中的具体问题展开深入讨论。由于城乡统筹发展的社会复杂性，城乡土地利用的地域综合性，使得这一领域尚未得到全面、充分的研究，因而需要了解和认清目前研究的不足，并明确下一步研究的方向。

1）综合考虑自然因素和人为因素在城乡统筹与土地利用研究中的作用。对于城乡统筹发展来说，关键是要将城乡看作一个整体，统筹解决好城乡地域系统内部的人地关系问题。而城乡地域系统是一个复杂的巨系统，不仅包括城乡资源环境方面的因素，还包括城乡社会经济方面的因素，涉及土地、体制、农户等诸多要素，因而应从系统论的角度加强对城乡地域系统的研究。

2）加强城乡统筹与土地利用机制机理的研究。目前，关于城乡统筹发展和城乡土地利用的研究，只是从管理与政策的角度进行阐述，大多停留在定性分析层面上，而且与城乡统筹发展结合得不紧密，因而需要加强城乡统筹实现机制、土地调控机理等方面的研究。

3）注重遥感（RS）与 GIS 技术在城乡统筹与土地利用研究中的应用。城乡统筹发展应将城乡地域系统作为研究对象，进一步挖掘 RS 与 GIS 技术在城乡土地利用研究中的应用潜力，分析城乡土地利用的时空变异规律、城乡地域景观格局特征、城乡之间不同土地利用类型演变机制，从而更好地为城乡统筹发展服务。

4）创新城乡统筹发展下的土地利用模式。为了解决城乡发展不平衡和"三农"问题，提出了促进城乡统筹发展的土地利用模式，但是这些模式系统性与综合性研究不足，未能就土地利用中的具体问题展开深入讨论。因而，应借鉴相关理论，创新城乡土地利用模式，提出具体的土地利用模式与实施步骤，以此优化城乡土地配置，推动区域城乡统筹发展。

5）完善城乡统筹与土地利用政策。城乡建设用地增减挂钩政策，以及重庆市的"地票"制度、户籍制度改革，都是促进城乡统筹发展的有效方式和手段，应进一步完善相关城乡统筹与土地利用政策，以加强其对城乡统筹发展实践的指导作用。

因而，以土地资源利用为实现城乡统筹发展的突破口和切入点，开展城乡统筹发展下的土地利用研究,借鉴相关理论,创新城乡土地利用模式,提出具体的土地利用模式与实施步骤,以此优化城乡土地配置,推动区域城乡统筹发展,其有着很强的现实意义。

1.2.4 土地利用与精明增长研究概况

(1) 城市土地利用研究

由于精明增长采取土地混合使用、废弃地再开发、土地保护等措施,达到提高土地利用效率、抑制城市蔓延、促进城市精明增长的目的,因而精明增长关注于城市土地利用研究。鲍海君等(2009)、李王鸣和潘蓉(2006)在分析浙江省城镇发展过程中存在的主要问题的基础上,提出浙江省应借鉴精明增长理论走集约型城市空间增长道路,从实践方面来说,一是倡导紧凑式开发与填充式发展相结合,提高土地集约利用水平;二是有机结合土地利用规划与交通规划,提倡公交优先发展;三是运用逆向思维划定城市增长边界。刘克华(2010)以福建省泉州市为例,采用 SLEUTH 元胞自动机模型等方法,在对中心城区土地利用现状、未来增长趋势、供需平衡进行分析的基础上,借鉴精明增长理论,提出了中心城区用地扩展的调控措施。孙小群等(2009)借鉴精明增长理念,针对重庆"1 小时经济圈"发展规划,提出了构建与生态城市建设相适应的土地利用格局;重视城市边缘带的土地利用总体规划;充分利用地下空间,促进土地节约集约利用;优先发展公共交通,节约交通用地,优化交通路线旁的土地利用等城市内部土地利用措施。Shen 和 Zhang(2007)以美国马里兰州部分城市为例,运用二元 Logit 模型,预测了精明增长实施前后土地利用的变化,分析结果表明,政府策略在促进城市发展方面发挥了积极作用。付海英等(2007)以山东省泰安市为例,利用 2004 年土地利用现状图、地形图、土壤图等数据,采用城市发展偏好模型和耕地损耗模型,研究城市精明空间扩展方向,并分析不同城市发展方向上的景观变异与耕地损失问题,提出泰安市的空间扩展应从东北东方向逐步向西西南和南东南方向转移,倡导紧凑型的城市发展模式。李雪梅和张志斌(2008)、雒占福(2009)在分析兰州市城市拓展中出现的问题的基础上,结合"精明增长"理念,提出了城市空间精明发展战略:构建多中心有序的紧凑型城市空间结构;加大城中村改造力度;大力发展公交系统,提供多样化的出行选择;设置城市增长边界;保护绿色开敞空间;有重点地选择开发地区,引导城市有序发展。张静和魏春雨(2007)也分别从经济动因和现实意义两个方面,分析了理性增长理念应用于新城镇开发研究的必要性和重要性。

(2) 土地利用规划

精明增长理论在土地利用规划中的研究方面,付海英(2007)借鉴城市精明增长理论,构建了包括城乡统筹关联分析、城乡用地规模关联分析、城乡用地空间布局关联分析在内的城乡用地精明规划方法体系,并以山东省泰安市为例,在进行城乡统筹发展与土地利用分析、城乡用地规模关联分析的基础上,结合 GIS 空间技术,对泰安市城镇用地、乡村用地空间布局进行了精明规划。李景刚等（2005）在介绍美国城市精明增长理念的基础上，提出了城市精明增长可为新一轮土地利用规划修编工作提供新的视角和思路，其在规划评价、规划引导、发展公共交通系统、公众参与、城市增长边界设立、土地监控系统建立、土地发展权等方面都有极强的借鉴意义。谭忠诚（2006）在介绍城市精明增长理论的基础上，将其引入我国土地利用规划中，分析了精明增长与土地结构变化、土地集约利用、土地市场和管制之间的关系，并以徐州市为例，从结构优化、用地集约、市场监控、管制有效4个方面构建了城市土地利用规划引导城市精明增长模式。精明增长土地利用规划一直寻求人口增长和环境保护之间在基础设施上的平衡，由于目前没有将资源管理部门提供的生物多样性数据应用于精明增长规划中的具体方法，因而规划人员很难在土地利用规划中利用生态保护方面的数据，针对此问题，Underwood等（2011）提出了一种将分散于国家、省、州资源管理部门生态保护方面的数据应用于当地土地利用规划中的方法，该方法运用物种多样性数据识别优先保护区域，以此为未来发展提供决策依据。王治新（2005）在分析城市交通与土地利用相互作用关系的基础上，提出了精明增长的城市交通与土地利用规划的内涵与模式，并从规划模式的影响因素、操作导则、适用策略3个方面阐述了具体内容。

（3）土地集约利用

陈双（2006）介绍了精明增长理论在促进美国土地集约利用方面的措施与经验：设置城市增长边界、土地约束分区、购买土地开发权、征收土地开发税。在此基础上，从政策法律、市场管理、协调机制3个方面提出了促进我国城市土地集约利用的措施与建议。李冬冬等（2008）结合城市精明增长理论，提出了促进我国土地集约利用的措施与建议：确定土地利用边界，加强土地分时序分区利用，采取以公共交通为导向的混合土地利用模式，强化政府的引导作用。李珊珊（2007）以湖北省武汉市为例，借鉴精明增长理论，在分析武汉市城市土地集约利用中存在的主要问题的基础上，提出了相应的策略与措施：制定合理科学的土地利用规划；划定城市增长边界；加强旧城存量土地的再开发，建设紧凑型城市；提倡结合交通的土地开发，特别是要加强地铁沿线的开发；保护城市开敞空间资源；提高城市土地集约利用水平。刘冬华（2007）引入城市精明增长理论，在建立了包括城市增长总量、城市增长强度、城市增长循环、城市增长效益在内的面向土地低消耗的城市精明增长指标框架的基础上，以上海市为例，通过情景分析方法，预测了上海市未来城市增长的趋势，并提出了政府政策、市场约束性政策和公众参与性政策等方面的策略与建议。刘洪彪和甘辉（2006）结合重庆市城市地下空间利用特点，以精明增长为指导，提出合理高效利用城市地下空间的设想，从而达到抑制城市过度蔓延、促进土地节约集约利用、实现城市可持续发展的目的。麻海峰（2010）在分析精明增长与土地集约利用之间相互关系的基础上，将精明增长理念引入到开发区土地集约利用评价中，建立了基于精明增长的开发区土地集约利用评价指标体系，以陕西岐山蔡家坡经济技术开发区为例，采用基于层次分析法（AHP）的模糊综合评价方法，对开发区土地集约利用水平进行了评价，并提出了促进土地集约利用的对策与建议。

(4) 土地优化配置

Gabriel 等（2006）在考虑政府管理者、环境保护者、资源保护者、土地开发者等相关利益主体的基础上，应用多目标优化模型，研究美国马里兰州蒙哥马利县精明增长问题，结合 GIS 空间分析技术，最终得到了土地优化配置结果。Moglen 等（2003）将精明增长定义为不同利益主体实现价值最大化的一种城市发展模式，并从政府管理者、土地开发者、水文学者、资源保护者的角度，建立了 4 种不同的目标函数，以美国马里兰州蒙哥马利县为例，分析得到了不同目标下的土地优化配置结果，从而为城市精明增长提供了科学依据。任奎等（2008）、申伟（2009）将城市精明增长理论引入到土地利用结构优化配置中，在分析精明增长理论指导下的区域土地利用结构优化配置内涵的基础上，分别以江苏省宜兴市和山东省济宁市为例，利用土地利用、社会经济等方面的数据，采用灰色多目标动态规划模型，对区域土地利用结构优化配置问题进行研究，最终确定土地利用结构优化方案，并提出了促进土地利用实现精明增长的措施：优化土地利用结构、强化土地管理、加大土地开发复垦整理力度、加强土地资源保护等。任奎（2009）将城市精明增长理论引入到区域发展中，在构建土地资源约束下区域精明发展研究体系和调控体系的基础上，分别以江苏省和宜兴市为例，从省域和县域两个尺度，进行土地资源精明利用评价与优化配置，并在空间布局上对区域精明发展进行了布设与调控。

(5) 土地精明增长策略

Behan 等（2008）综合利用城市交通与土地利用模型，以加拿大安大略省汉密尔顿市为例，从交通的角度分析了城市紧凑型居住对控制城市蔓延所产生的作用，模拟结果显示，增强城市居住紧凑度将会显著减少汽车尾气排放和交通拥挤，降低汽油消耗。Daniels 和 Lapping（2005）从土地保护使用权和土地购买权的角度，重点分析了乡村景观、野生动植物栖息地、城市公园、休闲场所、水源地等土地资源保护在解决城市蔓延、促进城市精明增长中的作用。Edwards 和 Haines（2007）对美国威斯康星州 30 个与精明增长策略有关的综合规划进行了统计分析，从社区尺度，对包括保护开敞空间、农田和环境敏感区域、城市的复兴与再开发等在内的 6 项精明增长策略进行了对比评价。苟小江（2008）在对西安市"城中村"改造进行博弈分析的基础上，借鉴城市精明增长理论，重点探讨了"城中村"改造阻力因素、房地产市场、规划设计问题，并提出了基于精明增长的"城中村"改造对策。Greenberg 等（2001）指出，废弃地再利用可通过 6 种方式实现：①明确废弃地再开发的目的；②政府完善废弃地的基础设施建设；③为投资者提供资金、税收减免、法律保护等方面的激励措施；④增加原投资者保留废弃地的难度；⑤为废弃地的基础设施提供资金保障；⑥通过各种途径宣传政府为废弃地再开发提供的优惠政策，并比较分析废弃地再利用作为精明增长策略与土地开发权的购买、限制性增长政策、交通导向类型的转变、大都市边缘区紧凑型发展、提高政府管理能力等其他措施之间的优劣：在环境保护、道德利益、政府与特殊利益间的权衡方面，废弃地再利用措施有着明显的优势。Jun（2008）利用美国 1999~2000 年人口普查数据和交通规划数据，采用 Logistic 回归模型，分析了波特兰市城市增长边界、扩大公共交通服务范围、公交导向型开发等精明增长策略在限制小汽车导向的土地利用模式发展方面的积极作用，研究结果表明，土地混合使用、延伸公共交通服务、降低高速公路交叉口的可达性等措施将会有助于降低城市增长对于小汽车的依赖。王俊玲（2008）将精明增长理论引入到城市存量土地填充利用研究中，以河南省驻马店市为例，采用 RS 和 GIS 技术，基于存量土地调查与分析，对存量土地填充容量进行测算，并对存量土地填充前后土地集约利用水平、城市增长规模和城市增长边界进行了对比分析。

（6）土地利用与精明增长研究不足

土地利用结合城市精明增长理论研究方面，大部分研究都认同精明增长理论在控制城市蔓延、提高土地利用效率、促进城市精明增长方面发挥的作用，其对于土地集约利用、土地资源优化配置、土地利用规划都有极强的借鉴意义，因而众多学者借鉴城市精明增长理论，将其引入土地利用研究中，提出了有针对性的建议与措施。但从总体上看，这部分研究仅仅将精明增长理论的一些原则与策略引入到土地利用研究中，没有深入挖掘精明增长理论的内涵，只是从土地政策上提出了一些建议或措施，定量化研究不足，与精明增长结合不紧密。同时，精明增长理论提出了一些有关土地利用的策略，如城市增长边界、分区引导、土地的混合使用、废弃地再利用等，大部分研究只是从宏观土地管理的角度进行阐述，并将其应用于城市土地利用与区域土地资源优化配置中，而有关土地精明利用的具体措施与模式研究较少，特别是将土地精明增长策略从城市空间拓展到城乡区域，以土地精明利用解决城乡人地关系问题的研究并不多见，而且这部分研究定量化较少，综合性和系统性研究不足。为此，需要进一步明确下一步研究的方向。

1）加强城市精明增长理论内涵的研究。目前，尽管不同学者从不同角度与侧面对城市精明增长的定义进行了阐述，但未就城市精明增长的内涵与外延达成统一共识，而且尚未从综合的角度对城市精明增长的概念进行准确定义。因此，应从城市精明增长理论提出的背景、涉及的国家体制、研究范畴等方面，进一步加强对城市精明增长的定义、原则、策略、目标等内容的研究。

2）注重城市精明增长与土地利用定量化研究。从总体上看，目前这部分研究仅仅将精明增长理论的一些原则与策略引入到土地利用研究中，没有深入挖掘精明增长理论的内涵与实质，只是从土地政策上提出了一些建议或措施，定量化研究不足，与精明增长结合不紧密。因而，应借助"3S[①]"技术加强这方面的定量化研究。

3）深化土地精明利用模式与策略研究。精明增长理论提出了一些有关土地利用的策略，如城市增长边界、分区引导、土地的混合使用、废弃地再利用等，但大部分研究只是从宏观土地管理的角度进行阐述，并将其应用于城市土地利用与区域土地资源优化配置中，而有关土地精明利用的具体措施与模式研究较少，综合性和系统性研究不足。因而，应进一步加强这方面的研究，提出可操作性的土地精明利用模式与实施步骤，以此优化土地资源配置，推动城市精明增长。

因此，借鉴精明增长土地利用措施，以土地精明利用作为调控城乡统筹发展的工具与手段，开展城乡统筹发展下区域土地精明利用综合性与系统性研究，提出具体的土地

---

① 3S，即遥感（RS）、地理信息系统（GIS）、全球定位系统（GPS）。

精明利用措施与模式，这对于实现土地资源可持续利用与城乡统筹发展有着很强的理论价值与实践意义。

1.3 研究目的与意义

1.3.1 研究目的

浦口区地处长江三角洲南京市西北部、扬子江北岸，属于典型的城乡交错地带。自改革开放以来，社会经济发展迅速，城市化进程不断加快，但与南京主城之间的城乡差距依然十分突出。当前，该区已进入到区域城乡统筹发展的关键阶段，作为南京市"一主三副"的城市副中心，其应根据南京市"城乡统筹、南北联动、跨江发展"的发展思路，加快统筹城乡发展，缩小与南京市主城之间的差距。本书将借鉴城市精明增长理论，将其应用于城乡统筹发展中，结合区域城乡发展实践，研究城乡统筹发展下的土地精明利用问题，其目的在于以下几点。

1）在对城乡系统进行分析的基础上，通过城乡统筹界面研究，从土地资源利用的角度，提出调控城乡统筹界面要素并实现城乡统筹发展的方法与路径。

2）借鉴城市精明增长理论，分析提出通过土地精明利用实现城乡统筹发展的具体措施与模式。

1.3.2 研究意义

本书以南京市浦口区为例，基于城乡统筹界面研究，结合城市精明增长理论，探求土地精明利用调控区域城乡统筹发展问题，有着非常重要的理论与现实意义。

1）开展城乡统筹界面研究，将为当前我国城乡统筹发展研究提供理论参考与科学依据；

2）城市精明增长理论应用于城乡统筹发展研究中，将进一步丰富城市精明增长理论的内涵与外延；

3）为通过土地资源利用解决我国城乡统筹发展问题提供借鉴与参考；

4）研究提出的城乡统筹发展下的土地精明利用模式，将为研究区生产建设服务。

1.4 研究内容与技术路线

1.4.1 研究内容

（1）城乡统筹界面要素调控分析

通过城乡系统分析，提出城乡统筹界面的概念，分析城乡统筹界面影响要素，应用突变理论探讨城乡统筹发展实现机制，并借鉴城市精明增长理论，挖掘其内涵与实质，提出基于土地精明利用的城乡统筹界面调控机理。

（2）城乡统筹基础现实分析

以南京市浦口区为例，从城乡统筹界面的客观影响要素方面，分析研究区城乡发展现实差距，深入剖析当前城乡统筹发展现状和所处的历史阶段，了解研究区当前土地利用现状与精明利用水平，并划分土地利用功能分区。

（3）城乡统筹内在驱动意愿调查与分析

从城乡统筹界面的主观影响要素方面，通过调查不同功能区农户现状满意程度及城乡统筹发展意愿，分析农户城乡统筹意愿的主要影响因素和农户意愿对城乡统筹发展的影响。

（4）城乡统筹下土地精明利用模式构建与设计

基于城乡统筹基础现实与内在驱动意愿分析，针对不同区域特征，探讨不同地域类型下，区域土地精明利用运作模式与差别化的土地精明利用工具的实现模式，构建基于城乡统筹发展的土地精明利用运作体系。

（5）基于土地精明利用的城乡统筹调控模拟

建立基于土地精明利用的城乡统筹调控模型，围绕不同土地精明利用工具，通过不同城乡统筹发展情景设计与构建，模拟分析土地精明利用调控城乡统筹发展的实际效果。

1.4.2 研究技术路线

本书主要围绕两条主线展开："理论分析–实证研究"和"客观因素–主观因素–政策因素"，在应用突变理论对城乡统筹界面进行理论研究的基础上，通过实证研究，分析影响城乡统筹界面的客观、主观、政策因素，基于研究区城乡现实与农户意愿的调查与分析，提出实现城乡统筹发展的土地精明利用模式，模拟分析土地精明利用调控城乡统筹发展的实际效果，最终提出通过土地精明利用促进城乡统筹发展的政策建议，具体研究技术路线如图 1-2 所示。

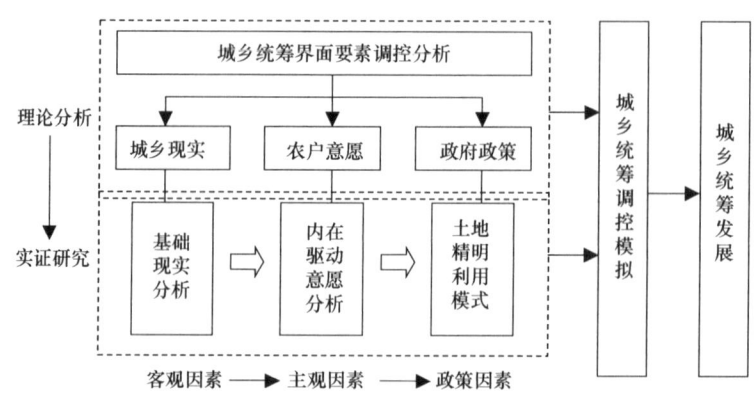

图 1-2　研究技术路线

第 2 章　城乡统筹界面要素调控分析

2.1　城乡统筹界面的概念

2.1.1　城乡系统分析

由于自然地理条件、社会经济发展状况及城乡二元体制等原因，一个区域系统被分为城市系统和乡村系统两个子系统。同时，由于城乡两个子系统之间相互作用、相互联系，各种物质流、能量流、信息流交织在一起，在城市与乡村系统之间又衍生出一个新型过渡区域，即城乡交错系统（张富刚和刘彦随，2008）。由此形成了以村镇空间体系–城乡空间体系–城市空间体系为格局的区域空间体系，其中村镇空间体系由村庄、中心村、小集镇、中心镇组成；城乡空间体系包括农村、城镇、城市；城市空间体系主要包括小城市、中等城市、大城市（图2-1）。作为整个区域系统来说，当社会经济发展进入到工业化中期阶段后，城乡发展不平衡问题将成为阻碍城乡区域发展的主要影响因素，要实现区域社会经济又好又快发展，必须依靠城乡统筹发展来实现。具体而言，乡村系统需要依靠农村城镇化，加快农村剩余劳动力向非农产业的快速转移，实行土地规模化经营，实现农业的专业化和产业化；城市系统则需要通过区域的城市化，优化产业结构与布局，加快新型工业化进程，提升区域经济的综合实力，吸纳更多的农村剩余劳动力，实现以工业反哺农业、以城市带动农村的城乡统筹发展目标。

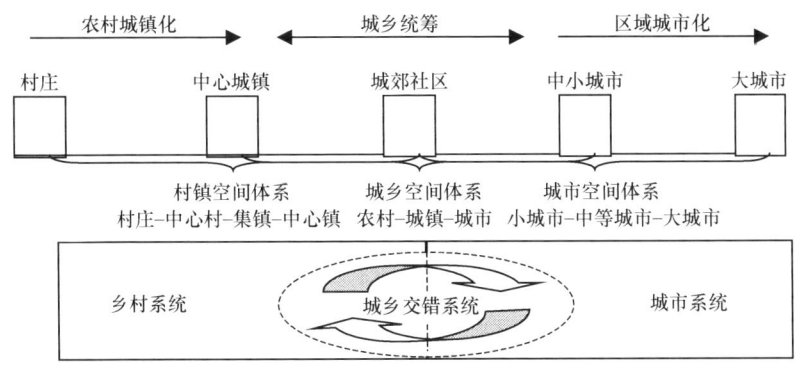

图 2-1　区域城乡系统分析（张富刚和刘彦随，2008）

2.1.2　城乡统筹界面的定义

从上述分析来看，通过城乡统筹发展解决城乡发展不平衡问题，实际上是要处理好和协调好一个城乡地域系统内城市与乡村之间的关系。但是由于社会经济发展差距和城乡二元结构，城市与乡村之间实际上存在着一个界面，边界内外（城市与农村）的社会经济发展程度存在明显差距，城市内的社会经济发展状况高于农村内的社会经济发展状况。这个边界可能是有形的，如行政区划、地域景观等，也可能是无形的，如户籍制度、二元观念等；边界的位置与影响城乡社会经济发展水平的诸多因素有关，这些因素有些是有形的，可以直接度量，有些则是无形的，它们共同组成了一个因素集 F（卞正富，1999）。因此，定义由一系列城乡社会、经济、环境要素组成的因素集 F 所决定的城市与乡村两个系统的边界称为城乡统筹界面。城乡统筹发展的目的就是要通过一系列调控措施与政策优化集合 F 中各元素的取值范围，打破割裂在城市与乡村之间的壁垒，促进各种要素在城乡之间双向流动，缩小城乡差距，最终达到城乡和谐共生，实现城乡一体化的目的。

2.1.3 城乡统筹界面的类型

从上面的定义和分析可以看出，城乡统筹界面又可分为以下 3 种类型。

1）城市与乡村之间的界面：如图 2-2（a）所示，城市系统与乡村系统之间存在着一个明显的界面；

2）城乡统筹前后的界面：从图 2-2（b）中可以看出，当把城乡看作一个整体时，城乡统筹前是一个系统，城乡统筹后是另一个系统，两个系统之间存在着一个界面；

3）城乡系统间的界面：城乡作为一个整体，一个城乡系统与相邻的另外一个城乡系统之间也存在着一个界面，如图 2-2（c）所示。

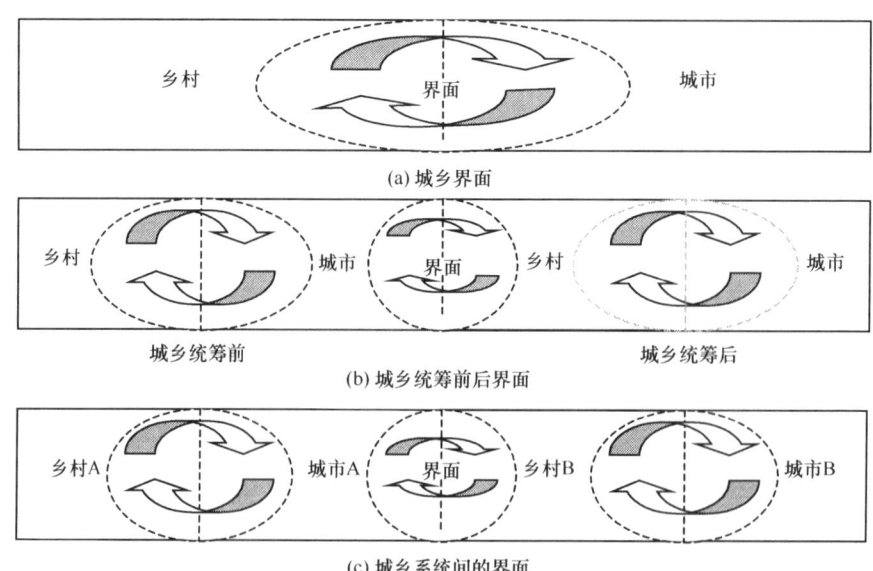

图 2-2 城乡统筹界面类型

2.1.4 城乡统筹界面的性质

总体而言，城乡统筹界面具有以下一些性质。

1)界面要素的复杂性:影响城乡统筹界面的要素众多,不仅包括城乡资源环境方面的因素,还包括城乡社会经济方面的因素。这些要素有些是无形的,有些是有形的,而且它们之间相互作用,相互影响,共同组成城乡统筹界面要素集 F。

2)界面范围的有限性:虽然影响城乡统筹界面的要素众多,而且相互作用复杂,但是各个要素的取值有一定范围,即各个要素的影响范围有限,因而在各种因素共同作用下的城乡统筹界面的范围也是有限的。

3)界面系统的动态性:由于影响城乡统筹界面的要素处于动态变化之中,各种物质流、能量流、信息流在城乡两个系统之间相互流动,因而决定了城乡统筹界面的动态性。

4)界面系统的突变性:城乡界面要素集 F 中的各个因素总是处于不断变化之中,并处于一种稳定状态。当在内外因相互作用下不超出城乡地域系统保持稳定的允许范围时,其仍将处于稳定状态;一旦超出了稳定的许可范围,城乡系统将会从稳定状态演变为不稳定状态。这种演变过程是一种由渐变到突变,或由量变到质变的过程。城乡统筹发展的目的就是要通过各种要素取值范围的改变来缩小城乡差距,实现城乡协调发展。

2.2 城乡统筹界面的影响要素

城乡统筹发展所要关注的实际上是一个由城市与乡村各种因素相互作用的复杂的社会经济地域系统。城乡之间各种物质流、能量流、信息流相互交织在一起,共同作用于这一城乡地域系统。城乡统筹发展的目的就是要破解当前由于我国城乡二元结构造成城乡差距的现实问题,其中影响城乡统筹发展、阻碍城乡统筹界面过程的主要因素不仅有城乡发展现实的客观因素,还有农户城乡统筹发展的主观因素,也有人为政府政策的体制因素(田新文和曹攀峰,2007)。3 种城乡统筹界面要素相互之间的内在联系如图 2-3 所示,造成城乡差距过大的各种资源环境、社会经济等城乡现实和农户对于城乡统筹的意愿提供给政府必要的信息,它们是政府制定相关城乡统筹政策的依据,政府政策反过来又会影响城乡现实与农户意愿,政府制定政策的主要目的是为了促进城乡社会经济发展,提高农民收入,缩小城乡差距,最终实现城乡统筹发展。农户意愿是农民对于城乡社会经济发展现实的具体反映,而城乡现实反过来又会影响农户的意愿,农民对

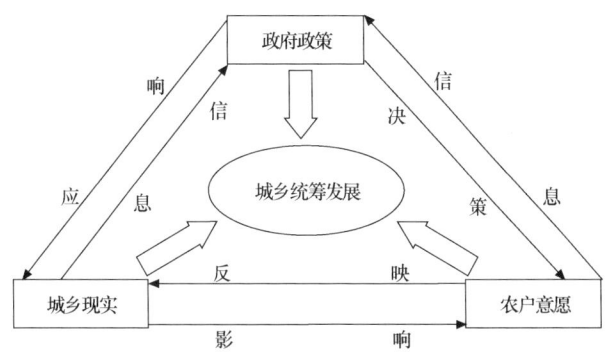

图 2-3 城乡统筹界面要素相互作用关系

城乡现实的满意度越低,他们城乡统筹的意愿越强烈。三者共同作用于城乡统筹发展这一目标,即通过农户意愿的提高、城乡现实的改变和政府政策的调整,最终实现城乡统筹发展。

实现城乡统筹发展,总体来说,可以通过两种途径来实现,第一种途径是通过政府"自上而下"采取一系列政策,制定相关城乡统筹的措施来消除城乡二元结构,最终实现城乡统筹发展;第二种途径是农户自发地通过农业承包经营、自办企业等"自下而上"地方式实现城乡统筹发展,此类方式以"温州模式""苏南模式"较为典型。温州模式主要通过家庭企业发家致富,而苏南人主要依靠乡镇企业走上脱贫致富的道路(姜太碧,2005)。

2.2.1 城乡现实——城乡统筹发展的基础平台

影响城乡统筹发展的客观因素主要涵盖了资源禀赋、基础设施、社会经济发展等方面的内容(张振杰等,2007)。这些影响因素是实现城乡统筹发展的基础平台,也是实现城乡统筹发展的着力点。只有搭建好城乡统筹发展的基础平台,完善城乡统筹发展的各项配套设施,才能切实缩小城乡差距,实现城乡统筹发展的目的。我国人多地少,2009年我国人均耕地面积为1.38亩[①],仅为世界平均水平的40%。紧张的人地关系严重制约着我国城乡统筹发展,一方面,耕地面积偏少限制了农业发展空间,增加了农地规模化经营的难度;另一方面,在城乡统筹发展过程中,如何将大量的农业人口转移成城镇人口,这些农民失去土地后,他们的生活保障、社会保障等问题都将影响到城乡统筹发展的实现。邮电通信、交通运输等城乡基础设施也是影响城乡统筹发展的重要因素,它们是城乡要素双向流动的通道。完善的城乡基础设施将会促进区域社会经济的可持续发展,并为城乡统筹发展提供基础支撑与保障。城市化水平、城乡工农业关联度、城镇人口比重、非农从业人员比重等社会经济因素在一定程度上也将影响到城乡统筹发展进程。自改革开放以来,我国城市化水平不断提高,但与发达国家相比,我国城市化水平仍然偏低,没有城市化水平的不断提高,农村人口的转移就将失去载体与平台。长期以来,我国"重工轻农",一直把工业放到主导地位,把农业放到次要地位,造成了城市工业与乡村农业关联度偏低,没有形成互补机制,农业的产业化过程也受到很大阻碍;同时,由于我国在推进工业化进程中走的是新型工业化道路,新型工业的发展及原有产业的更新换代,需要的是文化水平较高的技术工人,劳动生产率的提高又不断释放大量的剩余劳动力,然而农业规模化、产业化将会转移出大量的富余劳动力,而且农村劳动力素质不高,这种现实矛盾将长期存在并严重影响着农村人口的转移与消化。

2.2.2 农户意愿——城乡统筹发展自下而上的内在动力

评价城乡统筹好坏的关键在于城乡统筹发展是否增加了农民收入、是否改善了农民的福利水平、是否增强了农民的幸福感,因而在城乡统筹发展过程中要坚持"以人为本",

---

① 1 亩≈666.7 m^2。

尊重农民的意愿。农户对当前生活、生产、社会福利、生态环境的现状感受，对城乡差距的认识，对城乡生活的喜好等都将影响着城乡统筹发展的进程与实施难度；同时，农民作为城乡统筹实施的载体，他们对城乡统筹政策与措施的认知程度、支持程度也将影响着城乡统筹发展。农户意愿对城乡统筹发展的实施及其模式的选择将产生根本性影响，它是城乡统筹发展自下而上的内在动力。由于农户意愿受不同资源禀赋、区位条件、社会经济发展水平的影响，因而在城乡统筹发展过程中，针对不同类型农村的统筹模式与政策也应该有所区别。城乡统筹发展只有在农户意愿的内在驱动下才能有效实施，并最终缩小城乡差距、实现城乡协调发展。

2.2.3 政府政策——城乡统筹发展自上而下的外部引力

在计划经济体制下，我国长期以来追求经济的高速增长，以政府为主导，集中优势资源，以重工业为重心，加速工业化进程，由此形成了与之相适应的城乡二元经济体制，"重城轻农"，城市成为经济发展的重心，农村则是经济发展的配角，各种资金、技术、劳动力都流向了城市（孔祥敏，2004）。在传统计划经济时代，这种体制在一定程度上促进了经济发展和社会进步；但自改革开放以来，我国市场化进程不断加快，原有城乡二元经济结构已不能满足当前我国社会经济的快速发展，并成为造成城乡差距过大的根本原因。农民在户籍、就业、社会保障等方面不能与城市居民享受相同的国民待遇，由于户籍身份的限制，农民在农村享受不到改革开放的成果，农村教育、养老、医疗等社会福利水平仍然较低。农民工进城也面临着就业困难、享受不到基本的社会保障等方面的问题。在城乡统筹发展过程中，政府所要扮演的角色一方面是要通过制定和采取一系列富民惠民的政策与措施逐步引导农民致富，改善他们的生活条件，提高他们的福利水平，增强他们的幸福感；另一方面要通过政策引导城乡社会经济发展，提高城市化水平，优化产业结构，为城乡统筹发展搭建好平台。因而，政府是城乡统筹发展自上而下的外部引力。

2.3 城乡统筹的实现机制与目标

2.3.1 突变理论

1972年，法国数学家Rene Thom创立了突变理论，它以拓扑学为工具，以结构稳定性理论为基础，研究动态系统从一种稳定组态跳跃到另一种稳定组态的数学理论，它与耗散结构理论、协同学理论一起被称为新三论（彭越和樊宏，2004；史志富等，2006）。

突变理论用包括状态变量和控制变量的势函数$V(x)$（x为状态变量）来描述一个动态系统，令$V'(x)=0$可以得到势函数所有临界点集合成的平衡曲面方程，令$V''(x)=0$得到该平衡曲面的奇点集，联立$V'(x)=0$和$V''(x)=0$得到分叉集（何金平和李珍照，1997；周容义等，2006）。当状态变量不多于2个，控制变量不多于4个时，突变共有7种基本形式：折叠突变、尖点突变、燕尾突变、蝴蝶突变、椭圆脐点突变、双曲脐点突变和抛物脐点突变，常用的突变模型见表 2-1。

表 2-1　突变模型及势函数

突变模型	状态变量	控制变量	势函数
折叠突变	1	1	$V(x)=x^3+ux$
尖点突变	1	2	$V(x)=x^4+ux^2+vx$
燕尾突变	1	3	$V(x)=x^5+ux^3+vx^2+wx$
蝴蝶突变	1	4	$V(x)=x^6+tx^4+ux^3+vx^2+wx$

资料来源：陈云峰等，2006。

以尖点突变为例，尖点突变是指只有两个控制变量 u、v 和一个状态变量 x 的突变形式。势函数：

$$V(x)=x^4+ux^2+vx \qquad (2\text{-}1)$$

突变流形 M：

$$V'(x)=4x^3+2ux+v=0 \qquad (2\text{-}2)$$

奇点集，即突变流形 M 的一个子集 S：

$$V''(x)=12x^2+2u=0 \qquad (2\text{-}3)$$

式（2-2）和式（2-3）联立消去 x，得到分叉集 B：

$$8u^3+27v^2=0 \qquad (2\text{-}4)$$

如图 2-4 所示，突变流形 M 为 $V'(x)=0$ 所确定的褶皱曲面；奇点集 S 为 $V''(x)=0$ 所得到的突变流形 M（褶皱曲面）上尖点形褶皱的两条折痕；分叉集 B 是由 $V'(x)=0$ 和 $V''(x)=0$ 联立消去 x，得到的突变流形 M（褶皱曲面）的皱折在 u-v 平面上的投影曲线。如图 2-4 所示，突变流形 M（褶皱曲面）上有 3 个可能的平衡位置，即上叶、中叶、下叶，其中上叶和下叶表示系统处于稳定的平衡状态，中叶则表示系统处于不稳定的平衡状态，系统如果在上下叶相互转换的过程中跨越了折叠线，则表示系统的状态发生了突变（突跳）。

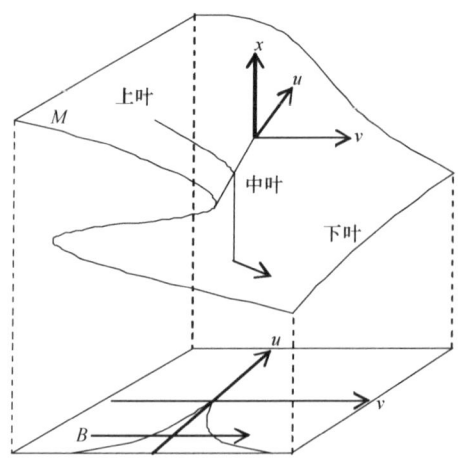

图 2-4　尖点突变模型（凌复华，1987）

2.3.2 城乡统筹突变特性

在一定的时期和特定的区域内,随着城乡区位条件、社会经济发展状况的不同,城乡系统总是处于动态变化之中,在城乡系统内外因相互作用下,其内在机制将会发生重大变化,城乡系统会从一种状态转化为另一种状态。当城乡系统处于稳定状态,外界的作用不超出其保持稳定的允许范围,系统仍将处于稳定状态;外界的作用一旦超出了稳定的许可范围,城乡系统将会从稳定状态演变为不稳定状态。这种演变过程是一种由渐变到突变、由量变到质变的过程。

一般来说,影响系统的主要因素可以分为内部因素和外部因素。以城乡统筹状态作为状态变量(x),两个控制变量分别为内部因素(u)和外部因素(v),其中内部因素 $u = f(u_1, u_2, u_3, \cdots)$ 包括农民人均纯收入、工农业产值比、农用地单位面积产值、非农产业人口比重等,外部因素 $v = f(v_1, v_2, v_3, \cdots)$ 涵盖城市化率、人均 GDP、二三产值比重、交通通达性等方面,建立起来的城乡统筹尖点突变模型如图 2-5 所示。从图 2-5 中可以看出,突变流形 M(褶皱曲面)表示在内外因控制下的城乡系统统筹状态,突变流形 M(褶皱曲面)的褶皱在 u-v 平面上的投影,即城乡统筹系统发生突变的各状态值的投影组成了分叉集 B。突变流形 M(褶皱曲面)的上叶表示城乡系统在统筹之前的城乡发展不均衡状态,如图 2-5 中的状态点 A、E、F。中叶表示城乡系统处于不稳定的状态,如果城乡统筹系统的变化经过分叉集,跨越折叠线,说明城乡系统在内外因的作用下发生了突变,城乡系统的统筹状态发展了质变,将从城乡发展不平衡阶段进入城乡统筹阶段,图 2-5 中的城乡发展不均衡状态点 A 经过状态点 P 和 C 到达城乡统筹状态点 D;如果城乡系统状态的变化不经过分叉集,城乡系统的统筹状态将不会发展突变,图 2-5 中的城乡发展不均衡状态点 F 到达状态点 G,尽管系统发生了变化,但不会有突变性产生,实现不了城乡统筹发展。突变流形 M(褶皱曲面)的下叶也表示城乡系统处于稳定状态,但表示城乡系统处于城乡统筹后的稳定状态,在内外因的作用下,城乡系统处于良好状态,社会经济发展和生态环境都达到较好状态,如图 2-5 中的城乡统筹状态点 D。

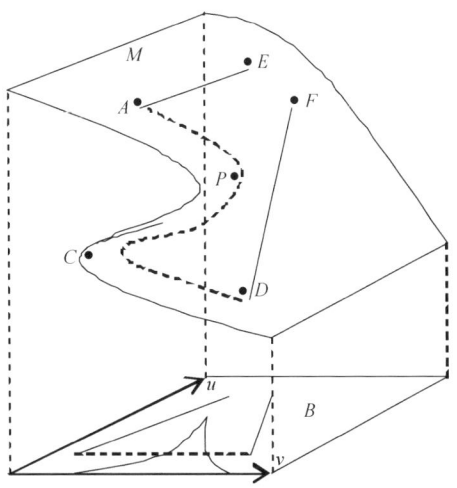

图 2-5 城乡统筹尖点突变模型

总体来看，城乡统筹尖点突变模型具有双模态性、不可达性、突跳性、发散性和滞后性等突变特性。

1）双模态性：城乡统筹的双模态性表现在处于突变流形 M（褶皱曲面）中叶的状态点（如状态点 P）存在着两种可能的状态或位置，即对于处于突变区的状态点 P，有可能在内外因的作用下，经过状态点 C 到达城乡统筹状态点 D，实现生活、生产、福利、生态等方面的全面统筹；也可能尚不会实现城乡统筹发展，但处于潜在的城乡统筹状态，两种状态也易相互转化。

2）不可达性：城乡统筹的不可达性是指城乡系统在实现统筹的过程中存在一个突变点，这个突变点处于不稳定的平衡状态，由于城乡系统在这个位置发生了突变，向实现城乡统筹发展方向发展，因而这个位置或状态是不可达到的。

3）突跳性：城乡系统的突跳性是显而易见的，当城乡社会经济发展到一定阶段，在各级政府自上而下和农民自下而上的推动下，各种推动因素达到一定程度，超出了城乡系统自身的承受能力，系统将发生突变现象，实现城乡统筹发展，城乡系统就会达到城乡统筹后的稳定阶段，这是系统内外因相互作用的结果。

4）发散性：物理过程中对控制参数路径摄动的不稳定性称为发散。对于处于突变流形 M（褶皱曲面）上叶稳定状态的 A 点（图 2-5），城乡系统处于城乡发展不均衡的稳定状态，控制变量（如城乡社会经济发展）微小的变化或浮动只会引起状态变量（城乡系统）微小的变化，这种变化尚不能改变系统的稳定性，系统不会发生突变，城乡系统仍处于城乡发展不均衡状态；而对于处于突变流形 M（褶皱曲面）中叶的状态点 P，控制变量（如城乡社会经济发展）微小的变化或浮动将会引起城乡系统发生巨大变化，系统将会发生质变，最终实现城乡统筹发展。

5）滞后性：滞后性是指当动态系统在连续变化过程中发生突变现象，系统由一种不稳定平衡位置突跳到另一种不稳定平衡位置时，控制参数位置与相反的变化过程的控制参数位置不同。如果城乡社会经济发展水平尚不足以使城乡系统发生突变，对于接近发生突变的状态点 C（图 2-5），城乡系统将会进入城乡未统筹的稳定状态点 A，这时如果要使城乡系统实现城乡统筹发展，就要加快城乡社会经济的发展，当内外因作用达到一定程度时，系统将会发生突变，城乡系统将会从城乡发展不均衡状态点 A 进入城乡统筹稳定状态点 D，但系统在发生突变的过程中必须经过突变区的状态点 P，状态点 P 处的城乡社会经济状况必然与状态点 C 处的城乡社会经济状况不同，这就是滞后性。

2.3.3 城乡统筹突变区域

由式（2-2）可进一步得到系统的状态曲面 $x^3 + ux + v = 0$，式（2-4）为状态曲面的判别式：$\Delta = 8u^3 + 27v^2$。对于该判别式有以下 3 种情况。

1）当 $\Delta = 8u^3 + 27v^2 > 0$ 时，方程有 1 个实根和 1 对共轭虚根。满足该条件仅有一个 x 值与 u、v 相对应，此时 u、v 在尖点型区域外，系统处于稳定状态。

2）当 $\Delta = 8u^3 + 27v^2 < 0$ 时，方程有 3 个不相等的实根。满足该条件有 3 个不同的 x

值与 u、v 相对应，此时 u、v 在尖点型区域内，系统处于不稳定状态。

3）当 $\Delta = 8u^3 + 27v^2 = 0$ 时，方程有 3 个实根，其中有 1 个两重根。若 $u = v = 0$，则 $x = 0$，此时 u、v 在尖点上；在 u-v 平面上的两条曲线即是突变区域的边界。

令 $8u^3 + 27v^2 = 0$，得 $v = \pm\sqrt{-\dfrac{8}{27}u^3}$，由此式可知 $u < 0$，即尖点型突变的位置在 v 轴的下方（图 2-6），而且尖点型突变区域的边界曲线对称于 u 轴。因而，将整个尖点突变区域分为稳定区、潜在突变区和突变区 3 个区域。

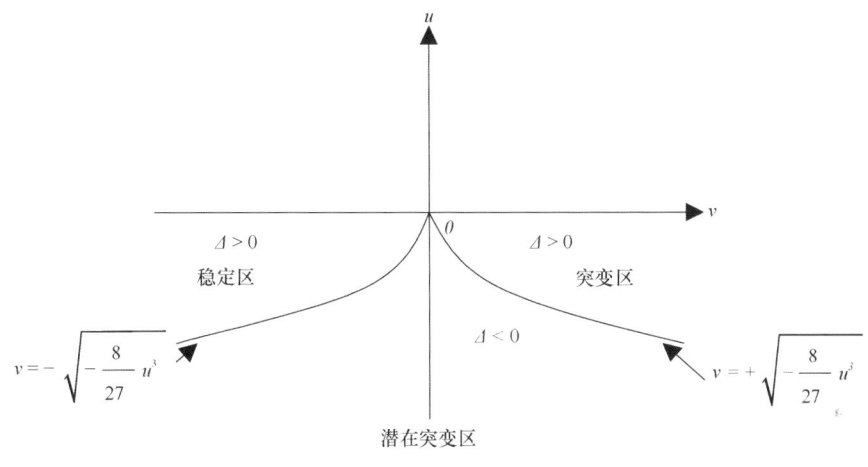

图 2-6　尖点突变区域

由此分析，可以根据建立起来的城乡统筹尖点突变模型，将城乡统筹突变区域划分为城乡未统筹区、城乡统筹区、城乡已统筹区 3 个区域，如图 2-7 所示。

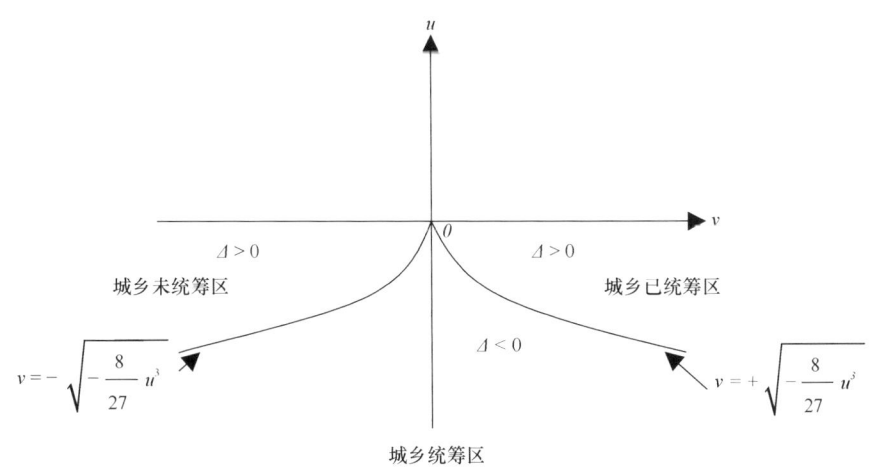

图 2-7　城乡统筹突变区域

1）城乡未统筹区：$\Delta > 0$，城乡社会经济发展水平较低，城市化、工业化水平较低，城市化、工业化发展对农村经济的带动作用不强，没有形成辐射效应；城乡各生产要素流通存在障碍，没能得到有效配置，在传统的城乡二元体制下，乡村内在的发展机制还不完善，缺乏自身发展的动力，乡村自身的造血功能较弱，农村经济落后，基础设施不完善，农民生活水平较低，农业生产落后，农村生态环境质量较差。

2）城乡统筹区：$\Delta<0$，城乡社会经济发展水平达到一定阶段，城市化、工业化水平较高，其发展对农村经济的带动作用逐渐增强，并形成一定的辐射效应；城乡各生产要素在一定程度上得到有效配置，乡村正在逐步完善内在的发展机制，其自身的造血功能正在逐步增强，农村经济综合实力较强，基础设施趋于完善，农民生活水平较高，农业生产得到发展，农村生态环境质量较好。

3）城乡已统筹区：$\Delta>0$，城乡社会经济发展水平较高，城市化、工业化水平发达，其发展对农村经济具有明显的辐射带动作用；城乡各生产要素得到有效配置，乡村内在的发展机制完善，乡村自身的造血功能较强，农村经济发达，基础设施完善，农民生活水平殷实，农业生产发达，农村生态环境质量较高。

2.3.4 城乡统筹的目标

城乡统筹发展以改变城乡二元结构为目的，通过政府政策引导城乡两个系统之间的要素优化配置，消除城乡两个系统之间明显的界限，促进城乡良性互动，实现城乡资源环境的有效配置与社会经济的协调发展。总体而言，城乡统筹发展最终要实现生活殷实、生产繁荣、福利共享、生态优美四大目标。

（1）生活殷实

城乡统筹发展的关键在农村，衡量城乡统筹发展好坏的关键在于农民的生活质量是否得到了提高与改善。只有农民收入提高，生活得到改善，农民的幸福感才会增强。城乡统筹发展就是要改变城乡差距过大的局面，通过农村城镇化与工业化，加快农村剩余人口向非农产业转移，壮大农村实体经济实力，促进农村增收，改善农村生活水平，最终达到农民生活殷实的目的。

（2）生产繁荣

农村经济的发展壮大是实现城乡统筹发展的根本保障，只有农村经济的持续繁荣，农民收入才能得到提高，农村各项社会事业的发展才能得到保障。农村经济的发展不仅需要持续不断地"输血"，更需要通过农村非农产业的快速发展实现其"造血"功能，只有这样才能实现真正意义上的城乡统筹发展。通过土地流转，大力调整农业种植结构，实行农地规模化经营，发展现代农业，促进农业专业化与产业化发展，活跃农村经济，实现生产繁荣。

（3）福利共享

当前城乡差距不仅仅在很大程度上体现在城乡居民收入差距上，更大程度上体现在城乡社会保障的差异上。城乡居民在教育、卫生、文化、就业等方面享受了不同的"国民待遇"，这种差异造成了社会不公，农村居民享受不到改革开放带来的成果。因而，在城乡统筹发展过程中,应彻底打破城乡壁垒,积极引导政府投入,鼓励多渠道投资,加大农村基础设施建设力度,大力发展农村社会保障事业,提高农民社会福利待遇,实现城乡社会福利共享。

(4) 生态优美

由于城乡二元经济体制,农村经济发展落后,农村的面貌脏、乱、差,农村环境卫生条件也较差。而城乡统筹发展的目的就是要通过旧村改造,新居建设,农村基础设施和公共服务配套设施一起规划、一起建设、一起更新,建设现代新村,改善农民的居住环境和村落面貌,提高农民的生活质量,加快农村现代化建设的步伐,达到农村生态环境优美的目的。

2.4 城乡统筹界面的调控工具

当前我国城乡社会经济发展存在明显的二元性,城乡统筹发展的目的是要消除割裂在城乡两个系统之间的明显界限,这也是城乡统筹界面调控的基本思想,即通过一系列政策、措施的调控,消除割裂在城乡两个系统之间明显的界限,从而达到城乡协调发展的目的。

2.4.1 城市精明增长理论

精明增长理论起源于美国城市增长管理研究。它是针对城市蔓延问题,在提高土地利用效率基础上通过城市管理措施,实现经济、社会、环境协调发展的一种紧凑、集约、高效的城市增长模式。由城市精明增长调控机理(图 2-8)可以看出,精明增长主要是针对 20 世纪中后期美国出现的"郊区化"和"城市蔓延"等现象而提出的一种城市发展模式。它通过采取多种手段和措施对城市增长进行约束或引导,来抑制城市蔓延,达到城市空间紧凑、经济健康发展、资源有效保护、城市生活宜居等城市发展目标,最终实现城市的可持续发展。精明增长理论主要采取划定城市增长边界、公共交通引导、实行区域差别化政策、发挥经济杠杆调节作用、废弃地再利用等调控工具。

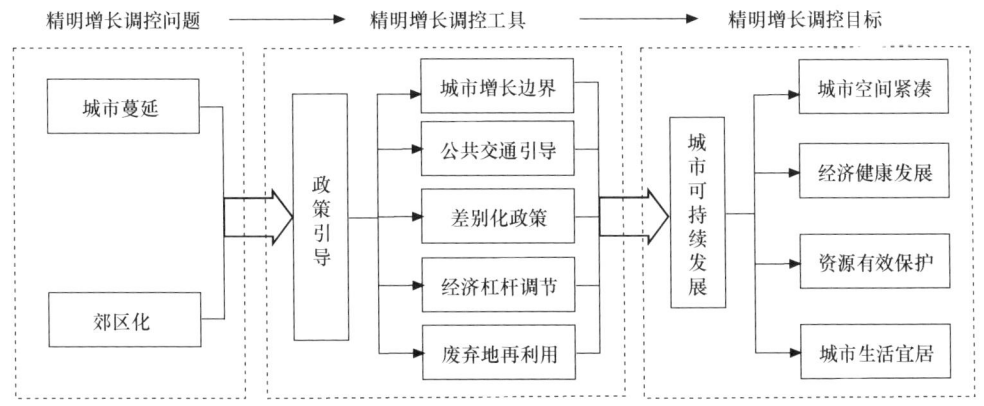

图 2-8 城市精明增长调控机理

2.4.2 基于土地精明利用的城乡统筹界面调控

从上述分析中可以看出,城乡统筹的内涵与精明增长的思想是类似的,即通过政策引导各要素配置,最终实现资源环境的有效配置与社会经济的协调发展,二者的区别在于城乡统筹是以农村为中心的城与乡之间的互动,精明增长是城市内部各要素的流动,城乡统筹是精明增长的外延,是精明增长在中国的发展,精明增长是城乡统筹的内涵。

在城乡统筹系统中,主要涉及自然子系统、经济子系统和体制子系统三重相互关系与相互作用,而系统内的物质循环与能量流动都依托于土地这一载体,通过土地空间格局与土地利用变化得以反映,两者相互影响,是一种耦合关系(龙花楼,2012a,2012b,2013)。要实现城乡统筹发展,就必须打破割裂在城乡之间主观、客观、体制方面的限制,促进城乡之间各种要素的双向流动,消除城乡之间明显的差距。由于土地既是农业生产的基本资料,又是城市建设的空间场所,因而土地能够架起城乡之间的桥梁,以土地为纽带能够实现城乡之间各种要素的有效配置,并促进城乡经济协调发展,其在城乡统筹发展中扮演着不可替代的作用。同时,城乡统筹发展的关键和重点在于农村,而土地作为农民赖以生存重要的生产生活资料,土地利用方式与结构的调整与优化是实现城乡统筹发展重要的调控方法与手段。因而,借鉴城市精明增长理论,将其应用于城乡统筹中,提出城乡统筹背景下区域土地精明利用的核心思想,即是指在城乡区域土地内,通过城乡土地利用数量、结构、利用方式的调整与优化,消除城乡之间各种要素流动的障碍,最终实现区域城乡统筹发展的一种简便高效的土地利用方式。

在城乡统筹界面系统中,影响城乡统筹发展的主要因素包括城乡现实、农户意愿、政府政策3个方面,城乡统筹界面调控的目的就是要实现生活殷实、生产繁荣、福利共享、生态优美4个方面的城乡统筹目标。为调控城乡统筹界面要素,并最终实现城乡统筹界面调控目标,以区域土地精明利用为核心思想,提出农地整治、村镇改造、要素配置3个土地精明利用调控工具,即通过土地精明利用的3个调控工具,优化城乡统筹界面要素的取值范围,消除城乡两个系统之间的明显界限,最终实现城乡统筹发展的目标。基于土地精明利用的城乡统筹界面调控机理如图2-9所示。

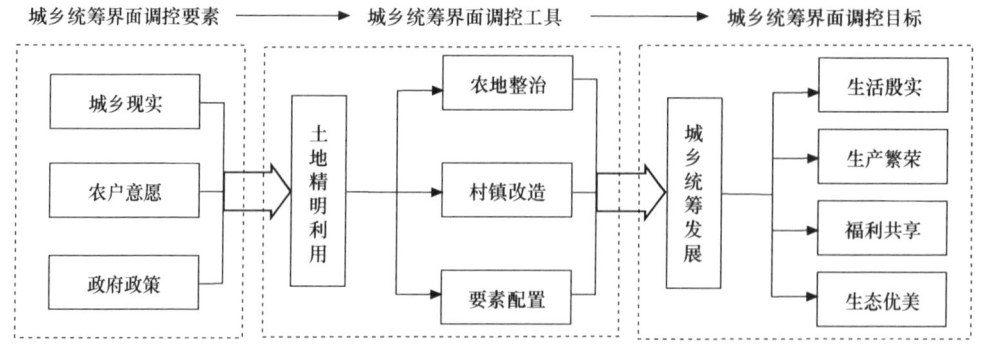

图2-9 基于土地精明利用的城乡统筹界面调控机理

2.4.3 土地精明利用的实现工具

通过"农地整治、村镇改造、要素配置"3个实现工具,调控城乡统筹界面要素流动,消除城乡之间的明显界限,最终实现城乡统筹发展。3个土地精明利用实现工具相互作用,相互联系,三者相互作用关系如图2-10所示。农地整治的大力推进,城乡建设用地增减挂钩的实行,对农村零乱的建设用地和宅基地进行整理复垦,一方面,将有利于村镇改造的顺利进行,推动中心村建设和新居建设;另一方面,农地综合整治需要对分散农户的农地进行流转,土地规模化经营也将解放农村人口,加快农村剩余劳动力的快速转移,这都将会促进土地、劳动力等要素的合理配置。而村镇改造的顺利进行,将有助于农地的规模集中,进而促进土地的规模化经营,进一步推动农地整治的实施;村镇改造后整理的剩余农村建设用地可通过空间置换、城乡建设用地增减挂钩等方式来满足城市发展的需求,促进土地要素的合理配置。此外,农地流转、劳动力转移、空间置换等农村要素有效配置后,农地经整理后实行规模化经营,促进农业的专业化和产业化;大规模农业人口向非农产业转移,也将有利于村镇改造的实施;通过空间置换,实施城乡建设用地增减挂钩,农村在提供给城市足够的发展空间同时,各种资金、技术、信息将流向农村,进一步促进农地整治和村镇改造的实施。3个实现工具相辅相成,以土地为纽带,通过城乡之间的双向流动,打破城乡二元结构,在促进农村城镇化和工业化的同时,保障城市快速发展,最终实现城乡统筹发展。

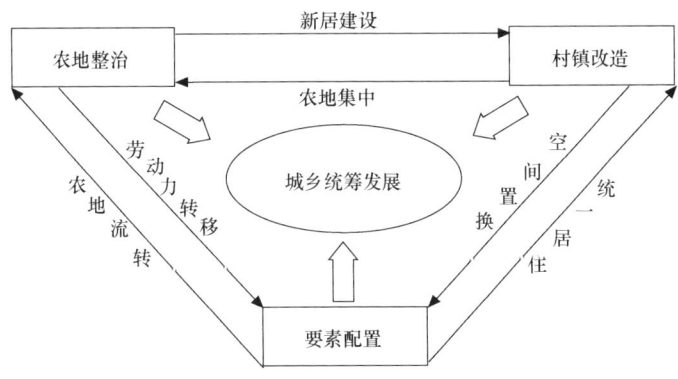

图 2-10 三大土地精明利用实现工具相互作用关系

(1) 农地整治

农村土地整治,就是以土地整治和城乡建设用地增减挂钩为平台,通过开展农田整治、发展非农产业、促进城乡互补等措施,推进田、水、路、林、村、房的综合整治,真正实现"耕地占补平衡有良方,土地节约集约有增量,农民安居乐业有保障,城乡统筹发展有希望"的目标(徐绍史,2009)。通过对农村零乱、废弃、闲置的建设用地进行整理复垦,在新增耕地的基础上对大面积的农地进行平整,兴修沟、路、渠,做到田成方、树成行、路相通、渠相连、旱能浇、涝能排,建成高标准农田。农地整治在增加耕地面积的同时,将会提高耕地的质量,耕地大规模的集中为发展现代农业、生态农业、高效农业创造了条件。积极引导和鼓励整理后的土地通过租赁、入股、联营等方式向农业种植大户或农村专业技术组织（农村专业技术协会、农村合作社）流转，结合本地优势农产品资源，大力调整农业种植结构，发展现代农业，与此同时，积极通过优惠政策吸引农副产品加工企业入驻，构筑现代化的农产品加工基地，建立健全农产品产业链，提高农产品科技含量，发展农产品深加工工业，实现农业的产业化。在发展现代农业的基础上，通过农业种植结构的调整，积极培育乡村旅游、生态旅游资源，大力发展农业观光旅游、休闲体验旅游。开展农地整治，实现了土地的规模化经营和现代农业的快速发展，带动和促进了农村三大产业的发展，这将会进一步提高农民收入，促进农村生产的高效发展。农地整治推动城乡统筹发展如图2-11所示。

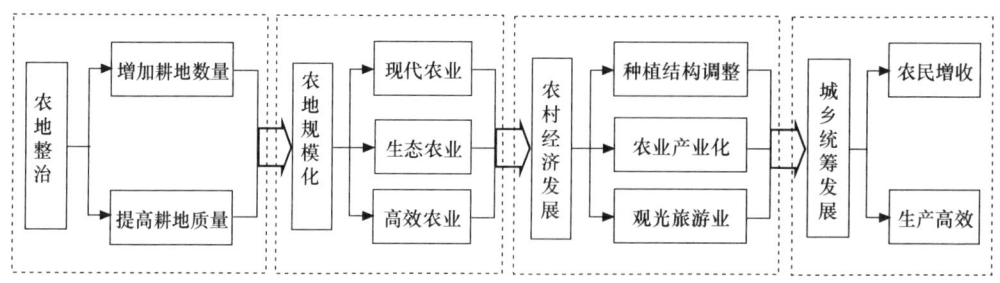

图2-11　农地整治推动城乡统筹发展示意图

（2）村镇改造

村镇改造是指对农村旧房改造、新居建设、农村基础设施和公共服务配套设施一起规划、一起建设、一起更新，建设现代新村。村镇改造通过对农村居民点（宅基地）进行整理，解决农村建设用地粗放利用的现状，通过整村搬迁、村庄缩并、多层建筑等农村居民点整理方式，盘活农村建设用地，整理出来的土地一部分可进行复垦整理、补充耕地、满足农业生产的需要；另一部分可用来发展非农产业，促进农村二三产业的发展，进而加快农村工业化进程，提高农民收入。同时，对农村建设用地空间的有效集聚，农民集中统一居住，将会加快农村现代化建设步伐。村镇改造通过对农村建设用地（宅基地）的整理，实现了土地资源的节约集约利用，同时改善了农村原有脏、乱、差的面貌。盘活的建设用地在为农村非农产业的发展提供广阔空间的同时，也为农村工业化的实现创造了条件。村镇改造将最终提高农民的生活质量，改善农村的生态环境。村镇改造推动城乡统筹发展如图2-12所示。

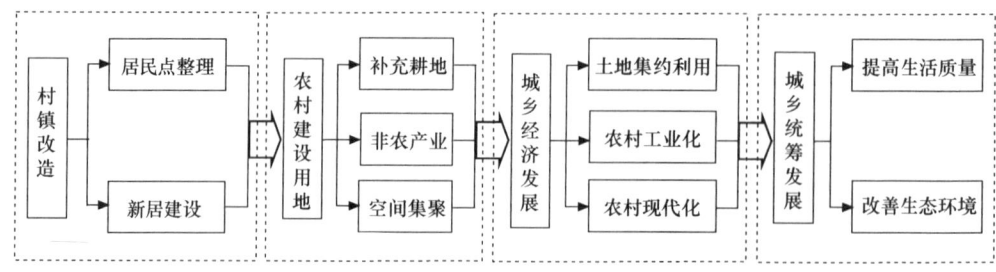

图2-12　村镇改造推动城乡统筹发展示意图

（3）要素配置

要素配置推动城乡统筹发展如图 2-13 所示。实现以土地为主的生产要素的市场化，并对这些要素进行重组与整合，是新农村建设和城乡统筹发展的关键。对以土地为主的生产要素进行有效配置，加大土地流转的实施力度，将会促进农村土地分散经营向规模化经营转变，农户通过入股的方式加入土地合作社，调整农业种植结构，农地规模化经营，进而促进农业的专业化和产业化，同时规模化经营将会降低农户抵御自然灾害、市场风险的能力，促进农村土地资源向土地资本转化，带动农村非农产业快速发展。农村剩余劳动力的有效转移，将减小农村发展的人口束缚，为土地的规模化经营、农村的产业化和工业化创造条件，从而增强农村经济活力，提高农民收入。此外，村镇改造和农地整治出来的剩余农村建设用地可以通过土地的空间置换作为城镇发展所需建设用地的后备资源，这样可以减少城镇建设对农用地尤其是耕地的占用，既保证了耕地数量又解决了城镇发展对于建设用地的需求，从而促进城市的快速发展；而农村在为城市发展提供保障的同时，各种资金、技术、信息将从城市流向农村，促进农村社会经济的快速发展。通过以土地为主的农村生产要素的优化配置，能够达到提高农民收入、提高农村劳动生产率的目的，并最终实现城乡统筹发展。

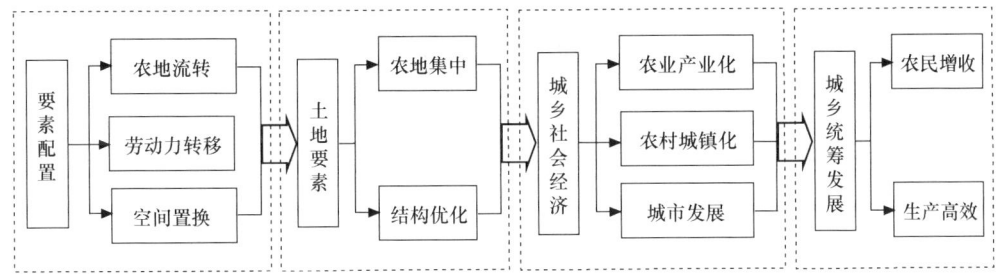

图 2-13　要素配置推动城乡统筹发展示意图

第 3 章　城乡统筹基础现实分析

3.1　研究区概况

3.1.1　自然概况

（1）地理位置

浦口区位于南京市的西北部，地处长江北岸，与南京市区、雨花台区、江宁区隔江相望，北部与安徽省滁州市毗邻，西部与安徽省全椒县、和县接壤（图 3-1）。该区地理坐标为 118°21′~118°46′E，30°51′~32°15′N，总面积为 913.75 km²，常住人口为 54.87 万人。津浦铁路及浦合、浦泗、312 国道、104 国道、宁连、宁通高速公路穿境而过。

（2）地质地貌

浦口区境内岩石类型主要为震旦系变质岩；各时代地层均有发育，但仅有上震旦统地层出露较好，结构清楚。该区域位于宁镇扬丘陵山地西北边缘地带，地貌以低山、丘陵、平原为主，地势中部高、南北低，自然形成了远山丘陵、近山丘陵、沿滁圩区、沿江圩区四大片。老山山脉由东向西横亘中部，制高点大刺山海拔为 442.1 m，平原标高为 5~7 m，山地两侧为岗、塝、冲相间的波状岗地，临江、沿滁为低平的沙洲、河谷平原。

（3）河流水系

浦口区境内分属长江与滁河两条水系，以老山山脉自然分隔，以南为长江水系，以北为滁河水系。长江在浦口区境内河道长约 49 km，区内注入长江的小流域河流有驷马山河、周营河、石碛河、高旺河、城南河、七里河、朱家山河、石头河、马汊河等。滁河在浦口区境内河道长 42.8 km，滁河的主要支流清流河在境内河道长 9 km，其他注入滁河的小流域支流有万寿河、陈桥河、永宁河。驷马山河、朱家山河、马汊河为滁河的 3 条通江分洪道。

（4）水文气象

浦口区气候属于北亚热带温润气候，无霜期长，四季分明，常年平均气温为 15.4℃。降水量时间分布不均，年平均降水量达到 1102.2 mm，区域多年平均径流量约为 2.62 亿 m³。

（5）矿产资源

浦口区内已探明的非金属矿藏储量大、品位高，约有石灰石 3 亿 t，主要分布在星

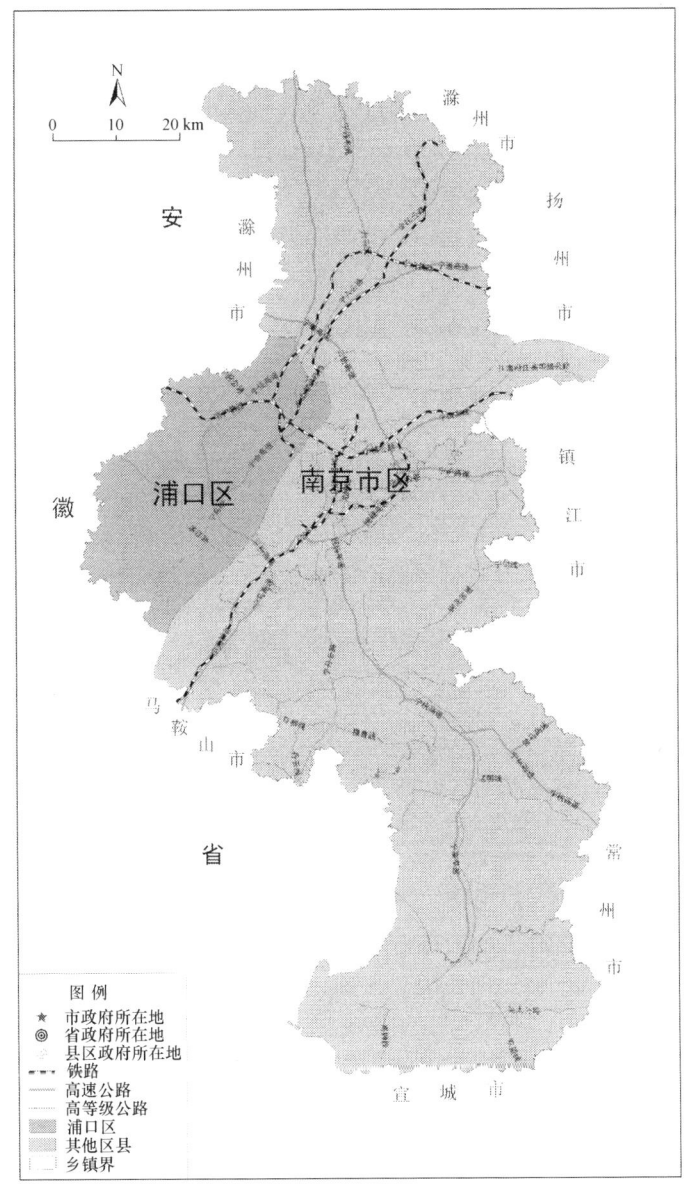

图 3-1 浦口区位示意图

甸、汤泉两地；约有石英石 5 亿 t，主要分布在老山南北两侧；有白云石 5000 万 t；还有黄砂、红砂、白砂、锗矿等。

（6）地下资源

浦口区地处湿润区，地下水资源极为丰富。区域南部是长江古道，有一条宽约 1.5 km 的地下水系，是理想的备用水源。

温泉是浦口区主要的地热资源，主要分布在汤泉的低山丘陵区，现已探明日流量 4600 t，平均水温为 50℃左右，具有很高的旅游开发和医疗保健价值。

（7）地质地貌

浦口区土壤多样，水稻土、潮土、黄棕壤占98%以上。该区地处亚热带北部，是落叶阔叶林与常绿阔叶林混合生长的地区。常见的落叶阔叶树种有椿树、杨树等；常绿阔叶林的主要树种有黑松、杉木、冬青等。

区域内生态环境优越，全区森林覆盖率为18.62%。现有老山国家级森林公园、珍珠泉省级旅游度假区、龙王山风景区。滨长江、沿河（滁河、石绩河、七里河等）地区具有丰富的生态湿地资源。

3.1.2 社会经济概况

（1）行政区划与人口

浦口区现辖7个街道办事处、4个镇，即江浦街道、桥林街道、汤泉街道、盘城街道、沿江街道、泰山街道、顶山街道、乌江镇、石桥镇、星甸镇、永宁镇。2009年年末，全区居民总户数为17.62万户，总人口为54.87万人。其中，男性为27.53万人，女性为27.34万人，性别比为100.69%。年内人口出生率为8.27‰，人口死亡率为6.37‰，人口自然增长率为1.19‰。

（2）国民经济发展

2009年，浦口区实现地区生产总值216.21亿元，增长15.2%，其中，第一产业增加值为16.0亿元，比上年增长4.2%；第二产业增加值为107.67亿元，比上年增长15.9%；第三产业增加值为89.31亿元，比上年增长16.9%。三次产业比重由上年的7.8∶50.7∶41.4调整到7.4∶49.8∶42.8，二、三产业比重较上年上升0.5个百分点。地方财政总收入为41.58亿元，增长14.7%；城镇居民人均可支配收入为23 542元，增长10.6%；在岗职工年均工资为32 767元，增长5.2%；农民人均纯收入为9902元，增长10.1%。

（3）农业发展

2009年，浦口区实现农林牧渔业总产值31.92亿元，增长4.9%；实现农林牧渔业增加值16.00亿元，增长4.2%。全年新增高效农业1207.27 hm^2，高效渔业800.4 hm^2，设施蔬菜807.07 hm^2，综合收入达3.11亿元，农业龙头企业实现销售收入26.97亿元，增长4.50%。

（4）工业发展

2009年，浦口区完成工业增加值89.31亿元，增长17.60%；增幅比南京市平均增长率高出8.3个百分点。规模以上工业完成工业总产值355.20亿元，增长16.2%；工业销售收入为347.35亿元，增长15.20%；工业增加值为77.49亿元，增长15.04%；工业利税为32.87亿元，增长23.00%，规模效益明显。亿元以上企业支撑作用明显，在全区371家规模工业企业中，主营业务收入在亿元以上的企业有80家，主营业务收入达266.22亿元，占全区规模工业经济总量的比重高达76.60%。

(5) 第三产业发展

2009 年,浦口区第三产业增加值为 89.31 亿元,比上年增长 16.90%。其中,全区实现旅游直接收入 5.64 亿元,增长 36.00%,景区旅游接待量达 276.09 万人次,增长 31.50%。

(6) 固定资产投资

2009 年,浦口区完成全社会固定资产投资 250.67 亿元,增长 34.50%。其中,全年工业完成投资 131.04 亿元,增长 18.9%,占全区总投资的 52.30%;农村非农户投资完成 36.94 亿元,增长 25.90%。

3.2 城乡社会经济现实

3.2.1 城乡统筹发展现状

(1) 经济发展水平差距

2002~2008 年,浦口区经济高速增长,国内生产总值(GDP)由 54 亿元增长到 197 亿元,同期南京市 GDP 也由 2002 年的 1297 亿元增长到 2008 年的 3775 亿元(图 3-2)。从绝对量来看,2002~2008 年,浦口区国内生产总值与南京市的差距正在逐渐拉大。

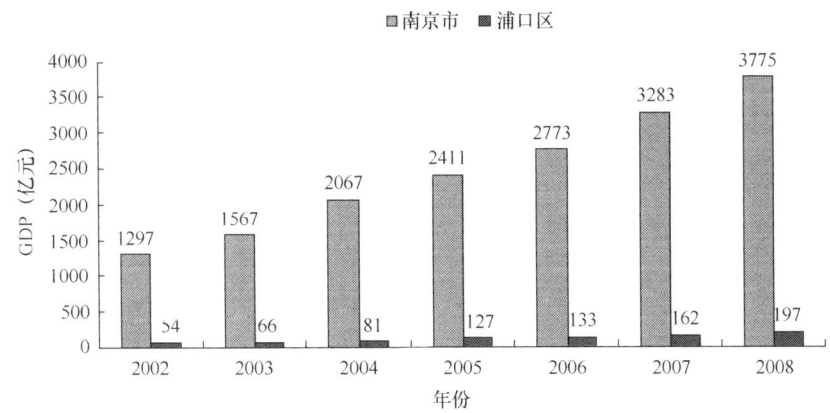

图 3-2 历年南京市与浦口区 GDP 比较

从历年南京市与浦口区人均 GDP 的比较(图 3-3)来看,2002 年浦口区人均 GDP 为 11 215 元/人,南京市的为 22 858 元/人;至 2008 年,浦口区人均 GDP 增长到 36 864 元,南京市的则增长到 61 445 元/人。2002 年,南京市人均 GDP 与浦口区相差了 11 643 元,但至 2008 年,两者之间的差距被进一步拉大到 24 581 元/人。

(2) 产业结构差距

2002 年,浦口区三次产业结构为 15.50∶37.30∶47.20,至 2008 年,三次产业结构调整为 7.69∶51.30∶41.01(图 3-4)。总体来看,浦口区第一产业比重逐年下降,二、

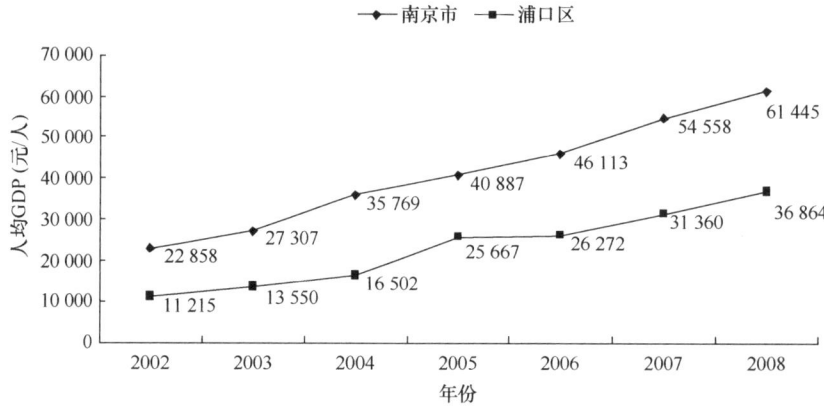

图 3-3　历年南京市与浦口区人均 GDP 比较

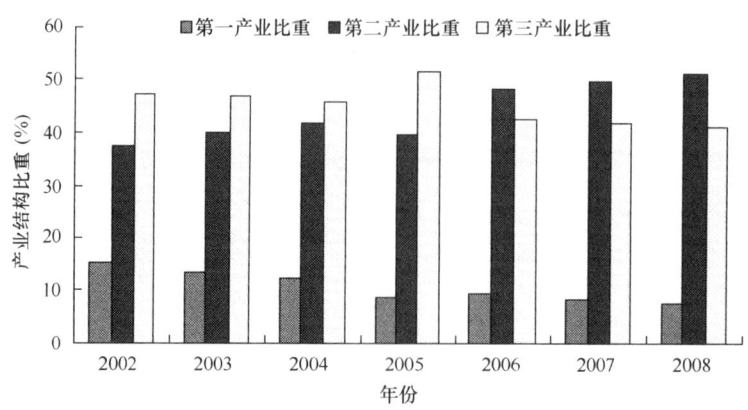

图 3-4　历年浦口区产业结构

三产业比重有所上升。但与发达国家三次产业结构相比（表 3-1），浦口区第一产业比重仍然偏大，第三产业比重远低于发达国家的平均水平，大部分发达国家第三产业比重都超过了 70%。

表 3-1　2003 年部分国家三次产业构成

国家	农业（%）	工业（%）	服务业（%）
美国	2.4	22.4	75.2
法国	1.6	24.4	74.0
英国	1.4	24.9	73.7
澳大利亚	4.9	20.9	74.2

从图 3-5 中可以看出，2008 年浦口区粮食作物比重高达 41.47%；蔬菜种植面积较高，比重达到 33.68%；瓜类种植面积比重仅为 4.28%。浦口区农业仍以种植业为主，粮食作物种植优势明显，为城市提供蔬菜瓜果等其他农作物的种植面积比例还相对偏低，农业种植结构有待优化。

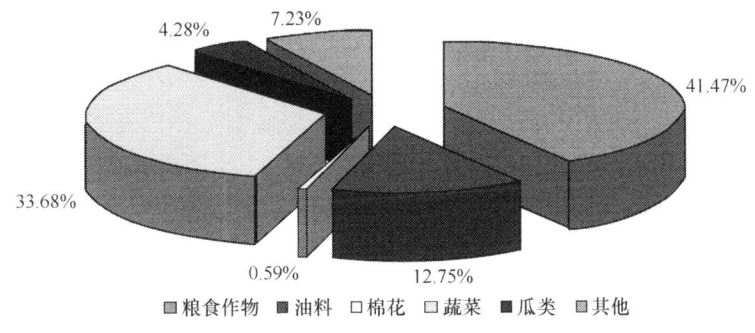

图 3-5 2008 年浦口区农作物种植结构

（3）城乡居民收入差距

从图 3-6 中可以看出，2002 年南京市城市居民人均可支配收入为 9157 元，同期浦口区农民人均纯收入为 4538 元，两者相差 4619 元；至 2008 年，浦口区农村居民人均纯收入为 8990 元，而南京市城市居民人均可支配收入高达 23 123 元，两者相差 14 133 元。这说明浦口区农民与南京市城市居民的收入被进一步拉大。

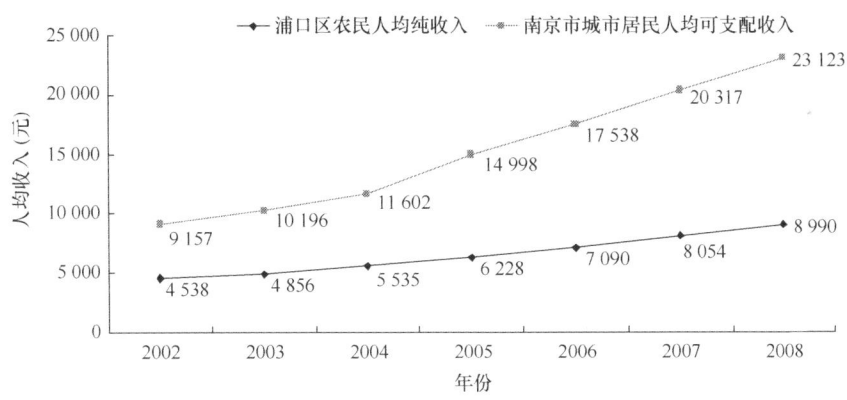

图 3-6 历年浦口区农民人均纯收入与南京市城市居民人均可支配收入比较

2002 年，浦口区农民人均纯收入仅为 4538 元，城镇职工年平均工资达到 13 624 元（图 3-7）。至 2008 年，浦口区农民人均纯收入增长到 8990 元，城镇职工年平均工资增长到 33 281 元。2002~2008 年，浦口区城乡居民收入差距由 9086 元进一步扩大到 24 291 元，城乡居民收入比也由 2002 年的 3.00 扩大到 2008 年的 3.70，这都说明浦口区城乡居民收入差距正在被进一步拉大。

（4）城市功能差距

浦口区作为南京市的城市副中心，是区域城市服务中心与人口集聚区，因而浦口区在疏散主城人口、吸纳新增城市化人口、转移农村剩余人口等方面起到关键性作用。从图 3-8 中可以看出，近年来，浦口区人口总数变化幅度不大，从 2002 年的 48.05 万人增加到 2008 年的 53.30 万人，说明浦口区迁入人口较迁出人口数的比例不大，在疏散主城人口方面的作用不明显。2002~2008 年，浦口区城镇人口增加较快，从 2002 年的 26.35

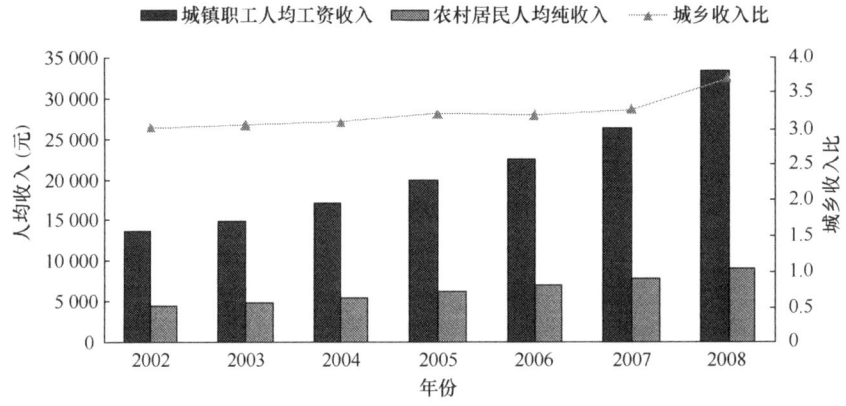

图 3-7 历年浦口区城乡居民收入差距

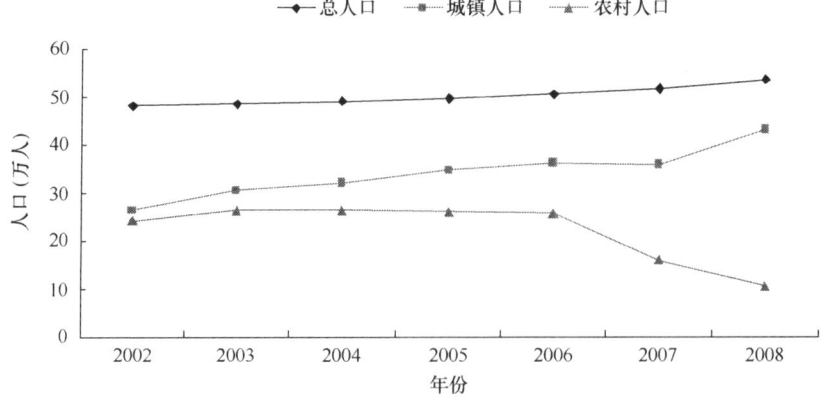

图 3-8 历年浦口区人口变化

万人增长到 2008 年的 42.91 万人，城镇人口比重也由 2002 年的 54.84%增加到 2008 年的 80.50%，但从总体来看，城镇人口增长趋势与总人口增长趋势一致，变化幅度较小。在农村人口方面，2002~2006 年，浦口区农村人口在 26 万人左右，农村人口比例也高达 50%；2007 年后，农村人口有所下降，所占比重也下降到 20%左右，但总体上浦口区农村人口减少的幅度较小。因而，从城镇人口和农村人口变化趋势来看，浦口区在农村剩余人口转移方面的作用不明显。

目前，浦口区与南京市主城区之间的联系主要依靠长江大桥、长江三桥及刚开通运营的长江隧道。从总体来看，受长江三桥、长江隧道过江收费的影响，浦口区与南京市主城区之间的联系主要还是依靠长江大桥（表 3-2），长江大桥的日交通流量已远远超出其设计通行能力，而长江三桥和长江隧道的日交通量还远未达到其设计通行能力，浦口区在南京市过江发展中的交通优势还没有得到凸显。

此外，浦口区最大的特色为滨江和"一山三泉"（老山森林公园、珍珠泉、汤泉、琥珀泉）旅游资源，因而浦口区是南京市最能体现滨江城市特色的地区，理应建设成为滨江山水城市。但总体而言，浦口区城市建设未能延续历史文化特色，城市建设杂乱无章，城市内部道路设计与沿街街景设计缺乏现代感，大型体育娱乐休闲设施较少，绿地公园缺乏，山体不断被蚕食，城市河系间缺乏联系，缺乏和长江水体的对话，整体沿江风貌未能统一协调，其滨江特色没有凸显。

表 3-2 浦口主要过江通道交通流量

主要通道	现状车流量（辆/d）	换算交通量（pcu/d）	设计通行能力（pcu/d）	扣除过境交通后设施容量（单向 pcu/d）
长江大桥	71 100	94 314	30 000	25 650
长江三桥	17 699	26 550	60 000	17 100
长江隧道	8 000	10 612	40 000	11 400
合计	96 799	131 476	130 000	54 150

注：pcu (passenger car unit)，即标准车当量数，也称当量交通量。

3.2.2 城乡统筹突变分析

浦口区作为南京市 5 个郊区县之一，与南京市主城区的关系密切，浦口区的发展一直受到南京市主城区的辐射与带动，而浦口区又支援着南京市城区建设。为进一步分析这一地域系统的城乡统筹关系，将浦口区各街道（镇）的社会经济发展状况看作内部因素，南京市的社会经济发展状况作为浦口区城乡统筹系统的外部因素，研究浦口区城乡统筹发展的突变过程。在城乡统筹发展的过程中，农村经济的发展也将扮演着重要角色，其中农民的收入水平、农村工农业发展水平、农业产出水平、非农产业转移人口程度是衡量城乡统筹发展好坏的关键因素。农民收入水平越高，农村工业化程度越高，农业产出水平越高，非农产业人口比重越大，城乡统筹发展水平才会越高。因此，分别选择浦口区各街道（镇）的农民人均纯收入、工农业产值比、农用地单位面积产值、非农产业人口比重 4 个指标作为浦口区城乡统筹发展的内部因素。作为城乡统筹发展的外部因素，城市化水平、经济状况、产业结构、交通通达性影响着城乡统筹发展，它们是城乡统筹发展的基础平台，只有当一个地区的城市化、工业化程度达到一定水平，才能实现"工业反哺农业""城市带动农村"，达到城乡统筹发展的目的，城市才能吸纳更多的农村剩余劳动力，并为城市新市民提供更好的社会福利待遇；同时，交通的便捷程度也影响着城乡各种生产要素的流通，交通越发达，越有利于城乡之间各种要素的有效配置。因此，将南京市城市化率、人均 GDP、二三产业产值比重、交通通达性 4 个指标作为影响浦口区城乡统筹发展的外部因素。

通过上述分析，影响浦口区城乡统筹发展的主要因素为内部因素（u）和外部因素（v），其中 $u = f(u_1, u_2, u_3, u_4)$（$u_1$ 为农民人均纯收入，u_2 为工农业产值比，u_3 为农用地单位面积产值，u_4 为非农产业人口比重），$v = f(v_1, v_2, v_3, v_4)$（$v_1$ 为城市化率，v_2 为人均 GDP，v_3 为二三产业产值比重，v_4 为交通通达性）。依据内外部主要影响因素分别获取于 2004~2008 年浦口区各街道（镇）、南京市各指标数据，其中 u_1、u_2、u_3、u_4、v_1、v_2、v_3 各指标数据通过浦口区统计年鉴、南京市统计年鉴及历年浦口区土地利用变更资料直接获取或间接计算获取，v_4 表示的南京市交通通达性可采用如下公式计算得到：$v_4 = \sum_{i=1}^{3} w_i g r_i$，其中 v_4 为南京市交通通达性；i 为道路的等级（高速、一级、二级公路）；r_i 为各等级公路在各年等级公路中所占的比重；w_i 为各等级公路所对应的权重，根据公路工程技术标准中规定的各等级公路设计速度，并结合南京市城乡公路网现状确定，其中高速公路的权重为 0.38，一级公路的权重为 0.32，二级公路的权重为 0.30。浦口区城乡统筹各指标数据见表 3-3。

利用 SPSS 16.0 软件对表（3-3）中的数据进行标准化处理并进行主成分分析。对于内部因素（u），提取两个主成分，两个主成分反映了全部指标 81.846% 的信息，见表 3-4。通过表 3-5 中的初始因子荷载矩阵可进一步得到内部因素 u 与原始变量 u_1、u_2、u_3、u_4 之间的关系表达式：

$$u = 0.333u_1 + 0.361u_2 + 0.167u_3 + 0.299u_4 \tag{3-1}$$

同理，对于外部因素（v），提取一个主成分，第一个主成分反映了全部指标 86.657% 的信息见表 3-6。通过表 3-7 中的初始因子荷载矩阵，可进一步得到外部因素 v 与原始变量 v_1、v_2、v_3、v_4 之间的关系表达式：

$$v = 0.510v_1 + 0.489v_2 + 0.359v_3 + 0.505v_4 \tag{3-2}$$

从式（3-1）和式（3-2）中可以看出，内部因素（u）主要由农民人均纯收入（u_1）、工农业产值比（u_2）、农用地单位面积产值（u_3）、非农产业人口比重（u_4）4 个要素所控制，4 个要素的影响程度不同，其中工农业产值比是主要的控制要素；外部因素（v）主要包含城市化率（v_1）、人均 GDP（v_2）、二三产业产值比重（v_3）、交通通达性（v_4）4 个因子，这 4 个因子对城乡统筹的影响程度差别不大，其中城市化率是主要影响因子。将标准化处理后各街道（镇）的数据分别代入到式（3-1）和式（3-2）中，经过计算可以得到历年各街道（镇）内部、外部控制变量点（u,v），各点分布图如图 3-9 所示，通过控制变量分布图进一步分析城乡统筹突变过程。

由于内部、外部控制变量主要因素的影响程度不同，因而尖点型突变区域既不对称于 u 轴，又不对称于 v 轴，通过坐标变换公式对原坐标系进行变换，可以得到一个新的坐标系 u'-v'（杨山和陈升，2009），如图 3-10 所示。从图 3-10 中可以看出，2004~2008 年各点相对变化均匀，没有出现显著的变化幅度，说明浦口区各街道（镇）还处在量变积累的过程，还没有达到突变的阶段，城乡之间没有实现真正的统筹。

3.2.3 城乡统筹发展阶段

统筹城乡社会经济发展，实质上是处理好工业化进程中的城乡关系。一般而言，工业化中期阶段是二元经济结构向一元经济结构转换的过渡时期，这个阶段工农、城乡关系开始改善，具备了统筹城乡经济社会发展的前提与条件。从人均 GDP、产业结构、就业结构和城镇化水平 4 项衡量工业化发展进程的基本指标来看，目前中国已进入工业化的中期阶段（宣迅，2005）。

2008 年，浦口区人均 GDP 高于全国平均水平，但低于江苏省和南京市平均水平（图 3-11）。工业化最显著的特征就是工业在国民经济中的比重上升，农业比重的下降。2008 年，浦口区三产比重为 7.69∶51.30∶41.01，同期全国平均水平为 11.31∶48.62∶40.07，

第 3 章 城乡统筹基础现实分析

表 3-3 浦口区城乡统筹各主要影响因素数据

年份	序号	街道（镇）	农民人均纯收入（元/人）	工农业产值比	农用地单位面积产值（万元/hm²）	非农产业人口比重（%）	城市化率（%）	人均 GDP（万元/人）	二三产业产值比重（%）	交通通达性
2004	1	江浦街道	5 680	8.309	5.696	81.17	71.69	35 769	96.61	0.069
2004	2	永宁镇	4 952	1.301	4.695	51.04	71.69	35 769	96.61	0.069
2004	3	汤泉街道	5 816	5.872	3.178	58.68	71.69	35 769	96.61	0.069
2004	4	星甸镇	5 324	1.436	3.953	31.12	71.69	35 769	96.61	0.069
2004	5	石桥镇	5 286	2.838	4.377	17.41	71.69	35 769	96.61	0.069
2004	6	桥林街道	5 101	3.581	3.820	17.84	71.69	35 769	96.61	0.069
2004	7	乌江镇	5 503	3.441	4.798	38.64	71.69	35 769	96.61	0.069
2004	8	泰山街道	6 980	38.293	3.905	100.00	71.69	35 769	96.61	0.069
2004	9	顶山街道	5 801	25 363	1.250	100.00	71.69	35 769	96.61	0.069
2004	10	沿江街道	5 886	34 166	2.922	100.00	71.69	35 769	96.61	0.069
2004	11	盘城街道	4 950	4.364	2.987	46.72	71.69	35 769	96.61	0.069
2005	12	江浦街道	6 604	7.630	6.710	100.00	73.06	40 887	96.68	0.071
2005	13	永宁镇	5 606	1.470	5.466	39.07	73.06	40 887	96.68	0.071
2005	14	汤泉街道	6 702	7.250	3.610	10.67	73.06	40 887	96.68	0.071
2005	15	星甸镇	6 218	1.436	5.646	31.09	73.06	40 887	96.68	0.071
2005	16	石桥镇	6 180	3.242	4.929	26.64	73.06	40 887	96.68	0.071
2005	17	桥林街道	6 020	4.420	4.444	42.45	73.06	40 887	96.68	0.071
2005	18	乌江镇	6 403	4.819	5.447	20.57	73.06	40 887	96.68	0.071
2005	19	泰山街道	8 318	85.075	2.214	100.00	73.06	40 887	96.68	0.071
2005	20	顶山街道	6 533	21.242	1.812	100.00	73.06	40 887	96.68	0.071
2005	21	沿江街道	6 551	79.127	1.527	100.00	73.06	40 887	96.68	0.071
2005	22	盘城街道	6 241	4.958	3.384	56.10	73.06	40 887	96.68	0.071
2006	23	江浦街道	7 580	8.492	7.864	100.00	76.80	46 113	97.04	0.073
2006	24	永宁镇	6 500	1.656	6.223	39.10	76.80	46 113	97.04	0.073
2006	25	汤泉街道	7 930	8.204	4.469	27.88	76.80	46 113	97.04	0.073
2006	26	星甸镇	7 298	2.932	3.923	36.26	76.80	46 113	97.04	0.073
2006	27	石桥镇	7 152	3.643	5.697	26.70	76.80	46 113	97.04	0.073

续表

年份	序号	街道(镇)	农民人均纯收入(元/人)	工农业产值比	耕地单位面积产值(万元/hm²)	非农产业人口比重(%)	城市化率(%)	人均GDP(万元/人)	二三产业产值比重(%)	交通通达性
2006	28	桥林街道	7 104	5.377	5.115	42.62	76.80	46 113	97.04	0.073
2006	29	乌江镇	7 227	6.155	6.228	20.58	76.80	46 113	97.04	0.073
2006	30	泰山街道	9 556	110.729	2.361	100.00	76.80	46 113	97.04	0.073
2006	31	顶山街道	7 723	23.253	2.026	100.00	76.80	46 113	97.04	0.073
2006	32	沿江街道	8 156	102.078	1.604	100.00	76.80	46 113	97.04	0.073
2006	33	盘城街道	7 251	5.371	3.948	62.35	76.80	46 113	97.04	0.073
2007	34	江浦街道	8 669	9.721	8.439	100.00	77.63	53 638	97.37	0.078
2007	35	永宁镇	7 658	1.940	6.814	22.10	77.63	53 638	97.37	0.078
2007	36	汤泉街道	9 123.8	9.476	4.959	38.08	77.63	53 638	97.37	0.078
2007	37	星甸镇	8 323	3.736	4.197	31.99	77.63	53 638	97.37	0.078
2007	38	石桥镇	8 142	3.871	5.890	62.04	77.63	53 638	97.37	0.078
2007	39	桥林街道	8 205	6.366	5.489	22.16	77.63	53 638	97.37	0.078
2007	40	乌江镇	8 093	7.598	6.455	27.76	77.63	53 638	97.37	0.078
2007	41	泰山街道	10 900	129.165	5.486	100.00	77.63	53 638	97.37	0.078
2007	42	顶山街道	8 852	27.645	2.733	100.00	77.63	53 638	97.37	0.078
2007	43	沿江街道	9 382	118.745	2.684	100.00	77.63	53 638	97.37	0.078
2007	44	盘城街道	8 122	6.468	4.673	49.55	77.63	53 638	97.37	0.078
2008	45	江浦街道	10 196	11.017	9.044	100.00	77.99	61 445	96.87	0.08
2008	46	永宁镇	8 906	2.284	6.318	34.31	77.99	61 445	96.87	0.08
2008	47	汤泉街道	10 338	12.005	4.624	66.37	77.99	61 445	96.87	0.08
2008	48	星甸镇	9 500	4.496	4.023	52.37	77.99	61 445	96.87	0.08
2008	49	石桥镇	9 480	4.475	6.341	17.70	77.99	61 445	96.87	0.08
2008	50	桥林街道	9 430	7.768	5.565	87.17	77.99	61 445	96.87	0.08
2008	51	乌江镇	9 780	9.045	7.025	23.18	77.99	61 445	96.87	0.08
2008	52	泰山街道	12 605	142.130	6.027	100.00	77.99	61 445	96.87	0.08
2008	53	顶山街道	10 202	32.468	3.031	100.00	77.99	61 445	96.87	0.08
2008	54	沿江街道	10 810	144.807	2.816	100.00	77.99	61 445	96.87	0.08
2008	55	盘城街道	9 925	7.815	4.999	95.41	77.99	61 445	96.87	0.08

第3章 城乡统筹基础现实分析

表 3-4　内部因素方差分解主成分提取分析表

成分	初始特征值			被提取的载荷平方和		
	总体	方差（%）	累积（%）	总体	方差（%）	累积（%）
1	2.081	52.020	52.020	2.081	52.020	52.020
2	1.193	29.826	81.846	1.193	29.826	81.846
3	0.472	11.800	93.646			
4	0.254	6.354	100.000			

表 3-5　内部因素初始因子荷载矩阵

主要指标	成分	
	1	2
农民人均纯收入	0.639	0.679
工农业产值比	0.905	−0.023
农用地单位面积产值	−0.413	0.852
非农产业人口比重	0.826	−0.073

表 3-6　外部因素方差分解主成分提取分析表

成分	初始特征值			被提取的载荷平方和		
	总体	方差（%）	累积（%）	总体	方差（%）	累积（%）
1	3.466	86.657	86.657	3.466	86.657	86.657
2	0.457	11.437	98.095			
3	0.076	1.900	99.995			
4	0.000	0.005	100.000			

表 3-7　外部因素初始因子荷载矩阵

主要指标	成分1
城市化率	0.974
人均GDP	0.954
二三产业产值比重	0.818
交通通达性	0.970

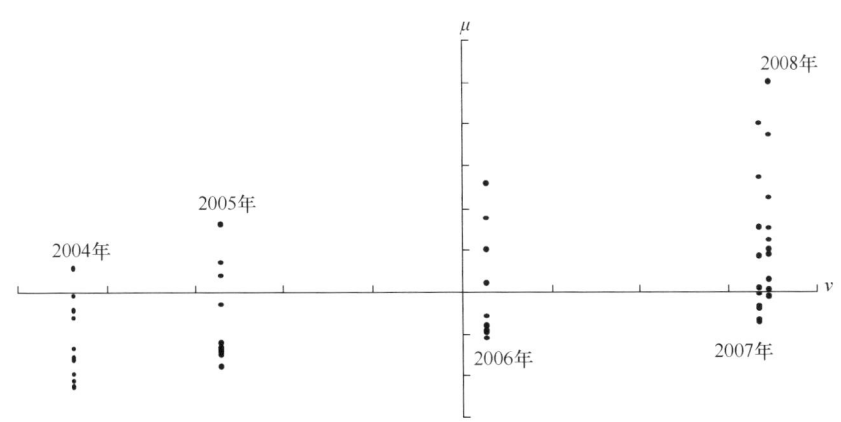

图 3-9　浦口区城乡统筹控制变量分布图

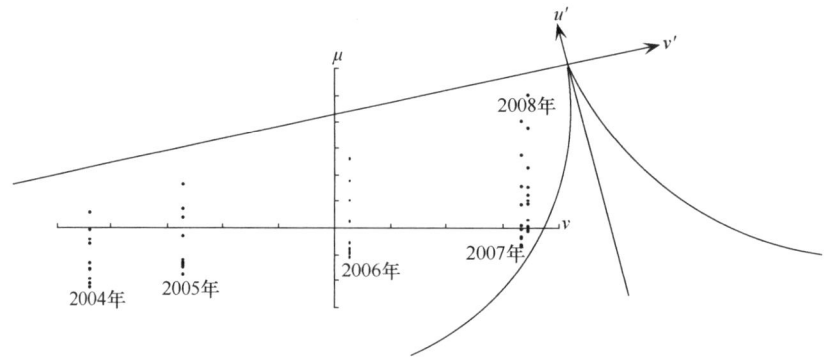

图 3-10 浦口区城乡统筹突变区域

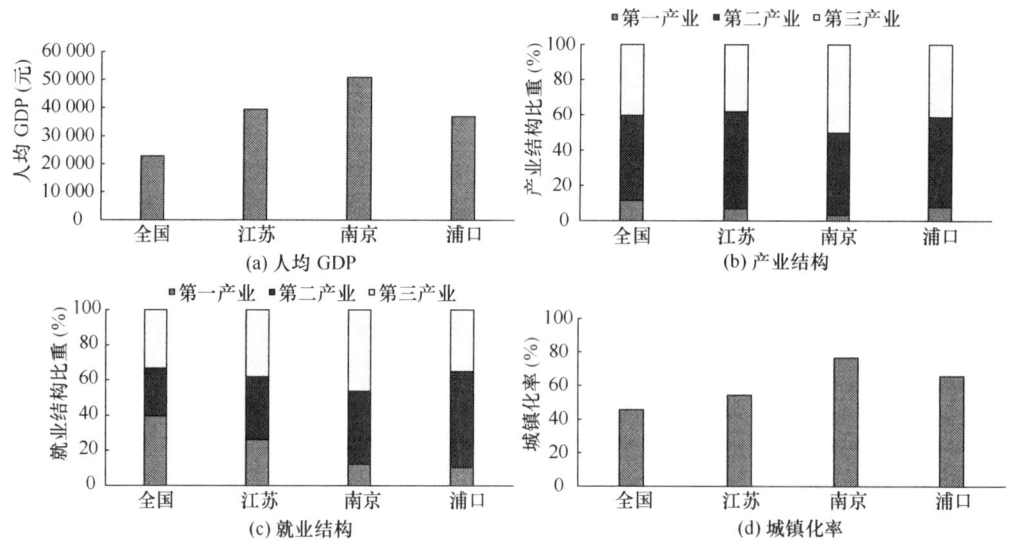

图 3-11 2008 年浦口区与全国、江苏省、南京市工业化发展进程比较

浦口区农业比重低于全国平均水平,二三产业比重都高于全国平均水平;与江苏省相比,浦口区农业比重略高,第二产业比重略低,但第三产业比重高于江苏省平均水平;浦口区是南京市工业集聚区和农产品供应基地之一,工农业比重高于南京市平均水平,但第三产业比重低于南京市平均水平。从图 3-11 中可以看出,浦口区从事农业的人口比重与南京市相当,明显低于江苏省和全国平均水平;从事第二产业的人口比重高于全国、江苏省、南京市平均水平;第三产业人口比重略高于全国水平,低于江苏省和南京市平均水平。2008 年,浦口区城镇化率高出全国、江苏省平均水平,低于南京市平均水平。总体来看,浦口区各项工业化指标优于全国平均水平,低于南京市平均水平,与江苏省平均水平相当,由此可以判断,浦口区社会经济发展已经进入工业化中期阶段。国民经济的主导产业由农业转变为非农产业,国民经济增长的动力主要来自于非农产业,浦口区已经具备了城乡统筹发展的前提与条件。

从浦口区与南京市主城区在区域统筹发展进程(图 3-12)来看,浦口区与南京市城乡关系经历了 3 个发展阶段:①1988 年以前,南京市发展主要集中于中心城区,处于集

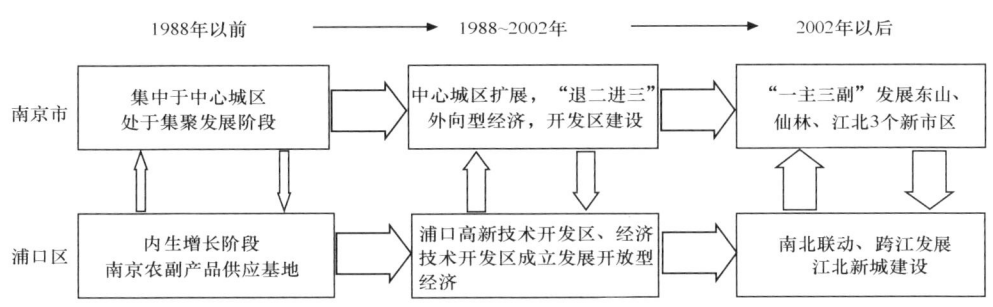

图 3-12 浦口区与南京市城乡关系演化

聚发展阶段；浦口区经济发展则以内生型增长为主，处于较封闭的自然积累经济增长阶段，主要承担南京市农副产品供应基地的职能。②1988~2002 年，南京市中心城区有向外扩散的趋势，主城区开始"退二进三"，外迁工业项目推动了外围城镇的发展，同时大力鼓励外向型经济发展，掀起开发区建设热潮；浦口区相继成立浦口高新技术开发区和浦口经济技术开发区，抓住国家进一步加大对外开放力度和南京市加速部分产业职能向外扩散的机遇，以开发园区为载体，支撑开放型经济迅猛发展。③2002 年以后，南京市开始扩展中心城区的发展空间，提出构建"以长江为主轴，以主城为核心，结构多元，间隔分布，多中心、开敞式的都市发展空间格局"，确定了东山、仙林、江北 3 个新市区；浦口撤县设区，根据南京市"城乡统筹、南北联动、跨江发展"的发展思路，建设区域综合服务功能的南京市副中心，长江三角洲区域高新技术产业基地，人和自然和谐发展的生态型滨江新市区，南京市重要的旅游度假中心，江北地区具有强辐射力的新城。浦口区进入区域城乡统筹发展的关键阶段。

目前，浦口区城镇化水平为 66%，对比城乡统筹阶段划分（表 3-8），此时浦口区处于城乡一体化过渡后期；浦口区农业部门劳动生产率为 0.43，非农业部门劳动生产率为 1.12，二元劳动生产率差异系数为 38%，浦口区处于城乡一体化过渡前期；2008 年浦口区农村人均可支配收入为 8455 元，城市人均可支配收入为 21 292 元，城乡居民收入差异系数达到 40%，由此看来，浦口区还处于城乡二元结构阶段；浦口区农村居民恩格尔系数为 37.57%，城镇居民恩格尔系数为 34.5%，城乡居民恩格尔系数的差异程度达到 8.2%，浦口区进入城乡一体化过渡前期。因此，从浦口区城乡内部现状来看，浦口区社会经济发展已进入城乡良性互动阶段。

表 3-8 城乡统筹阶段划分

城乡统筹阶段	城市化水平	二元劳动生产率差异系数	城乡居民收入差异系数	城乡居民恩格尔系数差异程度
城乡一体化完成	$U \geq 80\%$	$L \geq 90\%$	$I \geq 90\%$	$E < 2.5\%$
城乡一体化基本完成	$70\% \leq U < 80\%$	$60\% \leq L < 90\%$	$80\% \leq I < 90\%$	$2.5\% \leq E < 5\%$
城乡一体化过渡后期	$50\% \leq U < 70\%$	$45\% \leq L < 60\%$	$70\% \leq I < 80\%$	$5\% \leq E < 7.5\%$
城乡一体化过渡前期	$30\% \leq U < 50\%$	$30\% \leq L < 45\%$	$50\% \leq I < 70\%$	$7.5\% \leq E < 10\%$
城乡二元结构	$U < 30\%$	$L < 30\%$	$I < 50\%$	$E \geq 10\%$

3.3 城乡土地利用现实

3.3.1 土地利用现状与变化

1. 土地利用结构现状

2009年，浦口区土地总面积为91 456.00 hm²，其中，农用地面积为60 767.11 hm²，占总面积的66.43%；建设用地面积为23 762.80 hm²，占总面积的25.98%；其他用地面积为6926.09 hm²，占总面积的7.57%，见表3-9。

表3-9 2009年浦口区土地利用现状

地类		面积（hm²）	占一级地类比例（%）	占土地总面积比例（%）
农用地	耕地	28 097.73	46.24	30.72
	园地	1 757.49	2.89	1.92
	林地	16 893.76	27.80	18.47
	牧草地	2.50	0.01	0.00
	其他农用地	14 015.63	23.06	15.32
	小计	**60 767.11**	**100.00**	**66.43**
建设用地	城镇及工矿用地	19 685.02	82.84	21.52
	交通运输用地	2 249.02	9.46	2.46
	水利设施用地	1 828.76	7.70	2.00
	小计	**23 762.8**	**100.00**	**25.98**
其他用地	水域	4 244.20	61.28	4.64
	沼泽滩涂	2 582.65	37.29	2.82
	未利用地	99.24	1.43	0.11
	小计	**6 926.09**	**100.00**	**7.57**
合计		91 456.00		100.00

（1）农用地结构

农用地中，耕地面积为28 097.73 hm²，占农用地总面积的46.24%；园地面积为1757.49 hm²，占农用地总面积的2.89%；林地面积为16 893.76 hm²，占农用地总面积的27.80%；牧草地面积为2.50hm²，占农用地总面积的比例较小；其他农用地面积为14 015.63 hm²，占农用地总面积的23.06%（表3-9）。总体来看，在浦口区农用地组成中，各类型用地分布差异明显，耕地、林地、其他农用地所占比例较大，园地、牧草地所占比例相对较小。

（2）建设用地结构

在浦口区建设用地中，城镇及工矿用地面积为19 685.02 hm²，占建设用地总量的82.84%；交通运输用地面积为2249.02 hm²，占建设用地总量的9.46%；水利设施用地面积为 1828.76 hm²，占建设用地面积的 7.70%（表 3-9）。由此说明，在浦口区建设用地中，城镇及工矿用地面积所占比重较大，其他建设用地所占比重相对较小。

2. 土地利用数量变化

（1）农用地数量变化

从图 3-13 中可以看出，除 2008 年农用地面积略有增加外，2002~2008 年，浦口区农用地数量一直呈不断减少趋势，农用地由 2002 年的 62 600.67 hm² 减少到 2008 年的 58 658.65 hm²；耕地面积一直呈下降趋势，由 2002 年的 30 877.56 hm² 减少到 2008 年的 27 156.79 hm²。从图 3-13 中还可以看出，农用地与耕地面积下降趋势基本一致，说明耕地减少是农用地减少最主要的因素。耕地减少的主要原因一方面是农业结构的调整；另一方面是建设占用。因此，加强农用地，特别是耕地保护的任务十分艰巨。

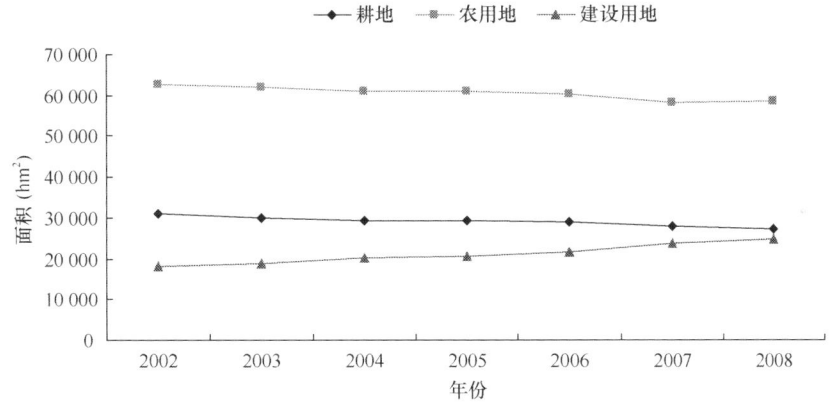

图 3-13　历年浦口区土地利用数量变化

（2）建设用地数量变化

自 2002 年浦口区行政区划调整以来，社会经济发展迅速，建设用地需求数量较大。2002~2008 年，浦口区建设用地数量持续增加（图 3-13），2002 年建设用地规模仅为 18 213.29 hm²，2008 年建设用地数量达到 24842.33 hm²。居民点与工矿用地数量的增加是造成建设用地增加最主要的因素，2002~2008 年居民点与独立工矿用地面积增加了 5206.27 hm²，增加比例为 33%，这主要是由各类开发区和工业集中区用地的扩张造成的。随着"跨江发展"战略的提出和江北新城的建设，未来浦口区建设用地需求增长所带来的压力将会越来越大。

3. 土地利用效益分析

（1）投入产出强度

2008 年，浦口区地均固定资产投资与地均 GDP 分别为 0.20 亿元/km² 和 0.24 亿元/km²；南京市 13 个区（县）中地均固定资产投资与地均 GDP 最高值都为鼓楼区，分别达到 2.87 亿元/km² 和 10.31 亿元/km²，分别是浦口区的 14 倍和 43 倍（图 3-14）。南京市城区的地均固定资产投资与地均 GDP 分别为 1.69 亿元/km² 和 3.77 亿元/km²，南京市平均水平分别为 0.33 亿元/km² 和 0.58 亿元/km²，浦口区地均固定资产投资与地均 GDP 仅分别占南京市城区与南京市平均水平的 9%、6% 与 62%、41%。在 5 个郊区中，浦口区地均投入产出也仅高于六合区，低于栖霞区、雨花台区、江宁区。

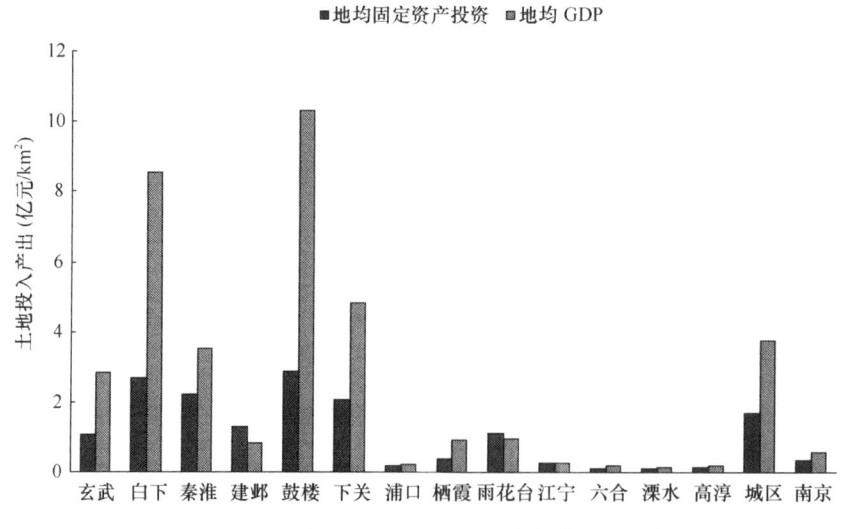

图 3-14 2008 年南京市各区（县）土地投入产出比较

为进一步了解浦口区土地利用产出效益，分别比较了浦口区建设用地地均 GDP、工业用地地均 GDP 与其他地区之间的差距。从图 3-15 中可以看出，2007 年浦口区建设用地地均 GDP、工业用地地均 GDP 分别为 2.10 亿元/km² 和 4.02 亿元/km²，同期白下区建设用地地均 GDP 和鼓楼区工业用地 GDP 分别高达 14.16 亿元/km² 和 44.85 亿元/km²，在南京市 13 个区（县）中最高，分别是浦口区的 7 倍和 11 倍。从图 3-15 中还可以看出，

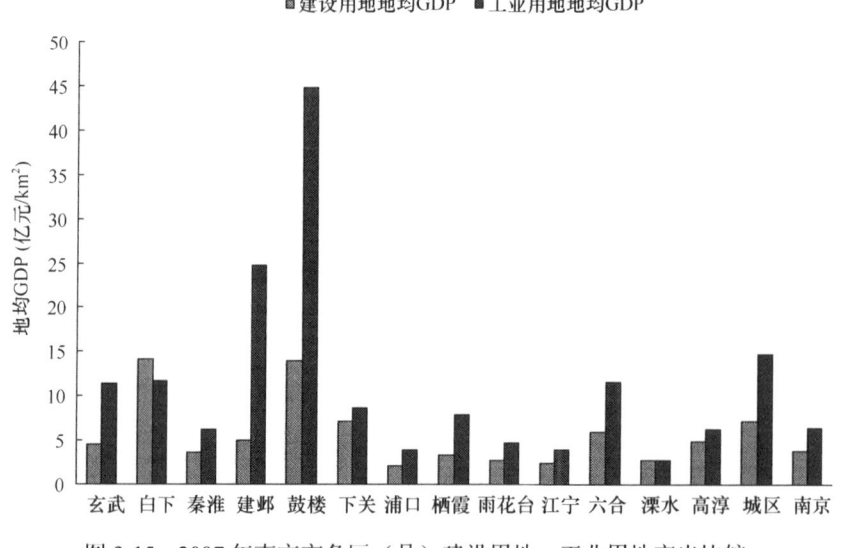

图 3-15 2007 年南京市各区（县）建设用地、工业用地产出比较

浦口区建设用地地均GDP、工业用地地均GDP也分别低于南京市城区，不到南京城区的1/3；与南京市平均水平相比，浦口区建设用地地均GDP、工业用地地均GDP也仅达到南京市平均水平的1/2左右。

（2）人口利用强度

从人口利用强度来看（图3-16），2008年浦口区人口密度为584人/km²，同期鼓楼区、南京市城区的人口密度分别高达27 748人/km²和9377人/km²，分别是浦口区的48倍和16倍。与南京市平均水平相比，浦口区人口密度也仅仅超过南京市平均水平的1/2左右，说明浦口区在人口利用强度方面还有待于进一步提高，作为南京市"一主三副"的城市副中心，浦口区在分担主城人口转移方面还有巨大的潜力。

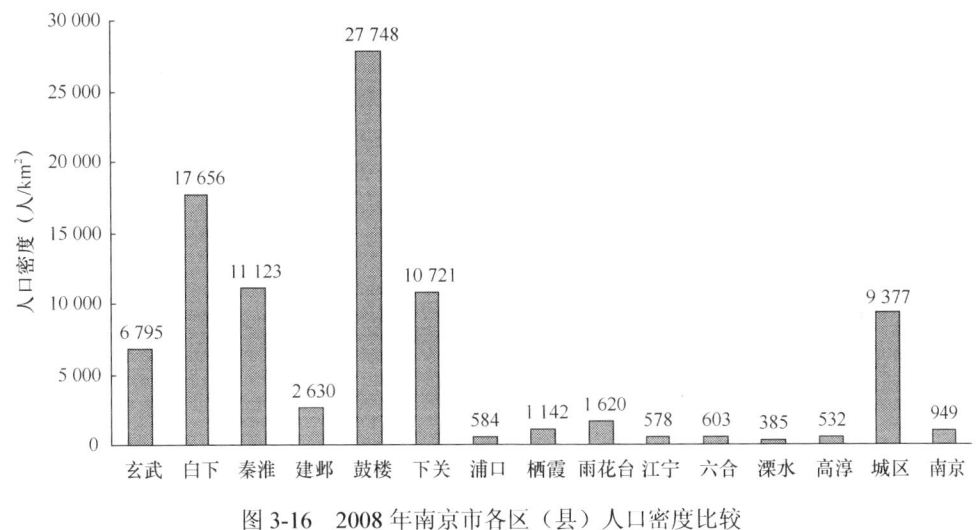

图3-16　2008年南京市各区（县）人口密度比较

3.3.2　土地精明利用测度

土地精明利用是调控城乡统筹发展的重要方法与手段，主要通过土地数量、结构、利用方式、利用强度的调整与优化，达到提高土地经济效益、社会效益、生态效益的目的，进而最终实现城乡统筹发展。为了解浦口区城乡土地精明利用现状，更好地利用土地精明利用调控工具，以下对浦口区城乡土地精明利用进行测度。

1. 测度指标

土地精明利用实现城乡统筹发展，关键在于土地利用结构的调整与布局优化，在土地利用形态上表现为土地的规模集聚，即通过土地利用方式的调整达到农用地、建设用地的集中集聚，进而引导人口、产业、经济的集中集聚，达到改善农民生活条件、提高农业生产效率的目的。因而，本书将从土地数量控制、土地形态紧凑、土地利用效益3个方面构建城乡土地精明利用测度指标体系（图3-17），来评价浦口区城乡土地精明利用程度与水平。

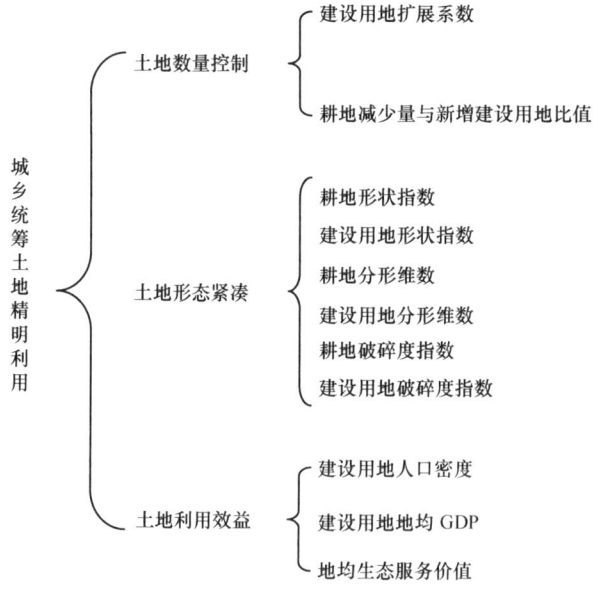

图 3-17 土地精明利用测度指标体系

（1）土地数量控制

实现土地的精明利用，从整个城乡地域系统来看，耕地最大化保护、建设用地最小化使用是关键。当前，我国高速发展的城乡社会经济对土地的需求越来越大，建设用地占用耕地的现象日益严重，这种粗放式的土地利用方式在促进社会经济发展的同时，带来的是土地资源的浪费、生存压力的增加、生态环境的恶化。因而，在城乡统筹发展的过程中，如何有效控制土地用地总量、对存量建设用地再利用、减少增量建设用地数量、增加耕地面积是实现土地精明利用的关键所在。因而，选择建设用地扩展系数、耕地减少量与新增建设用地比值两个土地数量控制指标来测度城乡土地精明利用水平。

1）建设用地扩展系数：借鉴城市扩展系数的概念与定义，以区域建设用地增长率与人口增长率的比值作为衡量土地精明利用的一个数量指标，即 $\gamma = \alpha/\beta$，其中 γ 为建设用地扩展系数；α 为建设用地增长率；β 为人口增长率。以城市扩展系数的 1.12 国际临界标准为建设用地扩展系数标准（刘冬华，2007），当建设用地扩展系数大于 1.12（$\gamma > 1.12$）时，说明建设用地增长过快，土地利用仍处于粗放式经营阶段；当建设用地扩展系数小于 1.12（$\gamma < 1.12$）时，土地节约集约利用，土地在数量上实现了土地精明利用。

2）耕地减少量与新增建设用地比值：在城乡统筹发展的过程中，如何实现存量建设用地的再利用、挖掘低效用地潜力、整理零散的农村建设用地、减少新增建设用地对耕地的占用、实现建设用地的规模集聚是土地精明利用的关键所在。因而，提高存量建设用地的集约利用水平，减少增量建设用地，特别是减少增量建设用地对耕地的占用是评价土地精明利用的重要一环。因此，将耕地减少量与新增建设用地比值作为测度土地精明利用的一个数量指标：$\lambda = \Delta R / \Delta C$，其中 λ 为耕地减少量与新增建设用地比值；ΔR 为耕地减少量；ΔC 为建设用地增量。λ 值越大，说明新增建设用地占用耕地的比重越大,土地粗放式经营,存量建设用地循环利用水平较低,土地没有实现节约集约利用;反之,λ值越小,说明新增建设用地占用耕地的比重越小,存量建设用地循环利用水平较高,土地节约集约利用,土地精明利用程度较高。

(2) 土地形态紧凑

在城乡统筹发展过程中,通过土地利用结构的调整与布局优化,实现土地(农用地、建设用地)的集中集聚,才能实现农地的规模化经营,提高建设用地的集约化水平,进而达到土地的精明利用。在土地景观生态学中,常用斑块边长与面积来测度景观结构的紧凑度,一般来说,相同面积下,圆(或正方形)结构的紧凑程度最佳。因此,选用景观生态学中的景观形状指数、分形维数、景观破碎度指数来度量土地的利用形态(陈利顶和傅伯杰,1996;肖笃宁等,2005),并作为测度土地精明利用的3个形态指标。

1)景观形状指数(LSI):通过计算某一景观形状与相同面积的圆或正方形之间的偏离程度来测量其形状的复杂程度。一般而言,形状指数通常是经过某种数学转化的斑块边长与面积之比。结构紧凑而又简单的几何形状(如圆或正方形)常用来标准化边长与面积之比,从而使其具有可比性。以正方形为几何参照形状计算的景观形状指数为 $LSI = 0.25E/\sqrt{A}$,式中,E 为景观(本书分别测度耕地、建设用地)中所有斑块边界的总长度;A 为景观总面积。当景观中斑块形状不规则或偏离正方形时,LSI 增大;反之,当景观中斑块形状集聚程度增加、接近正方形时,LSI 减小。

2)分形维数(FD):分形维数常用来测定斑块形状的复杂程度。分形几何中不规则几何图形的分维数可以反映空间实体形状的不规则性。指标值取值范围一般为1~2,当边界分维数接近于1时,说明该景观的形状接近于正方形,边界分维数越接近于2,说明该类景观要素形状越复杂。斑块的分维数采用周长与面积关系进行计算,计算公式为 $FD = 2\ln(P/4)/\ln(A)$,式中,P 为斑块周长;A 为斑块面积;FD 的理论范围为1~2。

3)景观破碎度指数(FN):指景观被分割的破碎程度,包括整个区域景观破碎度指数,以及区域内某一景观类型破碎度指数,景观是由单个斑块组成时,破碎度为零;景观被最大限度分割,即每个栅格像元都代表不同的类别,破碎度趋向于最大。其计算公式为 $FN = N/A$,式中,FN 为整个区域景观破碎度指数;N 为区域景观斑块总数目;A 为区域景观总面积。

(3) 土地利用效益

土地利用,特别是土地精明利用的最终目的是土地利用效益的提高,从循环经济的角度来说就是最大化输出。土地精明利用的整体思想,即是通过土地利用结构的调整与优化,实现土地的规模集聚,引导人口、产业、经济的集中集聚,最终达到土地利用效益的最大化。城乡统筹发展下的土地精明利用在于引导农民统一居住,农村剩余劳动力向城市转移,农地的规模经营。因此,选择建设用地人口密度、建设用地地均GDP、地均生态服务价值3个土地利用效益指标来测度城乡统筹发展下的土地精明利用。

1)建设用地人口密度:在城乡统筹发展的过程中,通过农村建设用地整理,积极引导农民统一居住,提高人口利用强度,达到改善农民居住环境、提高农民生活质量的目的，进而促进人口的集中集聚。因而，选择建设用地人口密度作为土地精明利用的一个测度指标：$d = P/A$，式中，d 为建设用地人口密度；P 为区域总人口数；A 为建设用地面积。d 值越大，说明单位建设用地承载的人口数量越多，人口利用强度较高，土地节约集约利用，土地精明利用程度较高；反之，d 值越小，说明单位建设用地承载的人口数量越小，人口居住分散，人口利用强度较低。

2）建设用地地均 GDP：实现城乡统筹发展，只有城乡社会经济总量的提高才能达到提高农民生活水平、改善农民福利待遇的目的。土地精明利用的目的，即是促进农地规模化经营，提高农业产业化和专业化水平，并为二三产业的发展提供更多的劳动力和土地支撑，最终实现农村城镇化。因此，以建设用地地均 GDP 作为土地精明利用的一个效益测度指标：$AG = G/A$，式中，AG 为建设用地地均 GDP；G 为区域 GDP 总量；A 为建设用地总面积。建设用地地均 GDP 越大，说明单位土地的产出越多，土地利用效益越高，土地精明利用程度较高。

3）地均生态服务价值：在城乡统筹发展过程中，农地整理，农民统一居住后，达到土地的规模集聚，土地结构得到优化，土地生态效益也将得到显著提高，因此以地均生态服务价值来测度土地精明利用的生态效益（谢高地等，2003）。计算公式为 $AE = ESV/A$，式中，AE 为地均生态服务价值；ESV 为区域生态服务价值总量；A 为土地总面积。地均生态服务价值越大，说明单位土地的生态效益越好，土地精明利用程度较高；反之，地均生态服务价值越小，说明单位土地的生态效益越差。

2. 测度方法

分别根据上述城乡土地精明利用测度指标体系，评价浦口区的土地精明利用水平。通过历年浦口区土地利用变更数据，获取土地面积、耕地面积、建设用地面积及其他土地二级地类面积；人口数据、经济数据由浦口区统计年鉴直接获取；生态服务价值根据如下公式计算：$ESV = \sum A_k \times VC_k$，式中，$ESV$ 为生态系统服务价值（元）；A_k 为区域第 k 种土地利用类型分布面积（hm^2）；VC_k 为生态价值系数，见表 3-10。各景观指数通过收集到的 1999 年、2008 年 Landsat TM 影像、2002 年 Landsat ETM+影像，在 Erdas Imagine 9.2 中进行遥感影像解译，在处理过程中将景观类型划分为耕地、林地（包括园地和草地）、建设用地、水域、其他 5 种类型，如图 3-18 所示；然后在 ArcGIS 9.3 软件中将其转为 Grid 格式，并导入 Fragstats 3.3 软件中进行景观计算。采用均值化方法对计算得到的各指标数据进行标准化处理，计算公式如下：$X_i = x_i/x_m$（正指标），$X_i = 1 - x_i/x_m$（负指标），式中，X_i 为指标标准值；x_i 为指标实际值；x_m 为指标平均值，按照数值越大土地精明程度越高的原则，将原始数据转化为 0~1 无量纲可比较数值。土地精明利用综合测度采用加权综合法：$F = \sum w_i \cdot X_i$，式中，F 为土地精明利用综合度；w_i 为第 i 个指标的权重，其中各指标权重的确立采用专家咨询法，综合了土地管理、土地规划、土地评价等各相关领域专家的意见。为更加直观地显示土地精明利用程度，将各阶段的土地精明利用综合度转换为百分制。

表 3-10 土地利用类型生态系统服务价值系数

土地利用类型	对应生态系统类型	生态系统服务价值系数（元/hm²）
耕地	农田	6 114.30
林地	森林	19 334.00
园地	农田和森林	12 724.15
草地	草地	6 406.50
水域	水体	40 676.40

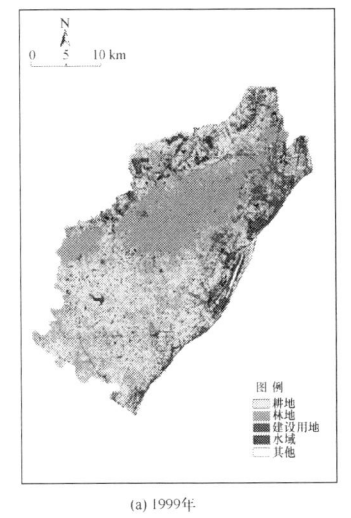
(a) 1999年

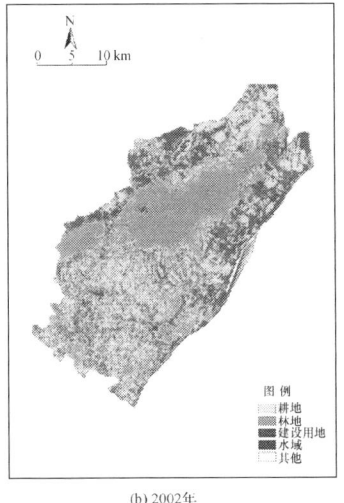
(b) 2002年

(c) 2008年

图 3-18 浦口区 1999 年、2002 年、2008 年土地利用类型图

3. 测度结果

根据上述土地精明利用测度方法，分别测度浦口区 1999 年、2002 年、2008 年的土地精明利用水平，结果见表 3-11。

表 3-11 历年浦口区土地精明利用测度结果

目标层	准则层	指标层	1999 年	2002 年	2008 年
城乡土地利用精明度	土地数量控制（0.30）	建设用地扩展系数（0.35）	4.65	2.75	3.33
		耕地减少量与新增建设用地比值（0.65）	1.74	1.09	0.56
	土地形态紧凑（0.32）	耕地形状指数（0.15）	100.75	103.11	105.76
		建设用地形状指数（0.15）	103.36	93.14	90.34
		耕地分形维数（0.15）	1.66	1.68	1.68
		建设用地分形维数（0.15）	1.73	1.68	1.73
		耕地破碎度指数（0.20）	0.03	0.02	0.03
		建设用地破碎度指数（0.20）	0.18	0.06	0.04
	土地利用效益（0.38）	建设用地人口密度（0.25）	2873.73	2638.18	2145.68
		建设用地地均 GDP（0.40）	2337.43	2958.83	7909.89
		地均生态服务价值（0.35）	66.02	59.32	57.04
	综合得分（百分制）		38.05	49.51	62.44

注：建设用地人口密度单位：人/km²；建设用地地均 GDP、地均生态服务价值单位：万元/km²。综合得分越高，土地精明利用程度越高。

（1）土地数量控制

从建设用地扩展系数来看，浦口区历年建设用地扩展系数较大，都超出了 1.12 的国际临界标准（表 3-11）。1999~2002 年，扩展系数有减小的趋势，但是由于 2002 年浦口撤县设区，南京市提出跨江发展的思路后，经济发展对土地的需求较大，2002~2008 年，土地利用扩展系数又逐渐增大，建设用地扩展也较为粗放。浦口区各年耕地减少量与新增建设用地比值也较大，所有年份的比值都超过了 0.50，但从表 3-11 中也可以看出，在建设用地数量大幅增加的同时，浦口区耕地数量减少的幅度有所缓和，浦口区在注重城市发展和经济建设的同时，注重了对耕地的保护，因而历年浦口区耕地减少量与新增建设用地比值在逐渐下降。总体来看，浦口区对建设用地的扩展较大，建设用地占用耕地的比例较高，土地节约集约利用水平较低，土地精明利用程度有待进一步提高。

（2）土地形态紧凑

1999 年、2002 年、2008 年浦口区土地精明利用形态测度结果见表 3-11。从表 3-11 中可以看出，浦口区建设用地形状指数和建设用地破碎度指数都逐年降低。近几年，随着浦口区加大土地开发复垦整理力度，特别是实施城乡建设用地增减挂钩和"万顷良田"工程后，农村土地整治加大了居民点整理的力度，农村居民点数量减少，农村建设用地更加集中集聚，此外闲散的低效用地的整治也被有效盘活，使得建设用地形状指数、破碎度指数都逐渐变小。因而，从土地利用形态的整体趋势上来看，浦口区土地集中化程度、土地精明利用程度逐渐增强，但耕地形状指数逐渐变大，说明浦口区尚未形成田成方、路成行的土地规模化经营格局，农用地整治工作还有待加强；此外，从土地利用形态指数的绝对数值来看，如历年耕地、建设用地的分形维数都还高于 1.60，还远远大于正方形分维数为 1 的临界值，因而土地集聚程度、土地集约化利用水平、土地精明利用水平还有很大的提升空间。

（3）土地利用效益

从表 3-11 中可以看出，浦口区建设用地地均 GDP 逐年增加，但建设用地人口密度、地均生态服务价值却逐渐下降，说明建设用地集聚程度大于人口的集聚程度，虽然农村居民点数量减少，农村建设用地集中集聚，地均产出逐年增加，但经济快速发展对土地的需求仍然很大，建设用地总量仍然在增加，从而导致建设用地人口密度的下降，人口利用强度逐渐变弱。与此同时，虽然土地复垦整理增加了耕地数量和面积，但新增建设用地的扩展不同程度地占用了大量耕地，耕地的绝对数量持续下降，建设用地数量持续增加，因而地均生态服务价值持续下降，土地的生态服务功能整体下降，土地精明利用程度还相对较低。

（4）土地精明利用综合度

1999 年、2002 年和 2008 年浦口区土地精明利用综合度分别为 38.05、49.51 和 62.44（表 3-11），说明浦口区土地精明程度呈逐年上升趋势，由于实施土地综合整治、城乡建设用地增减挂钩、"万顷良田"工程等措施，在建设用地数量逐渐增加的同时，土地利用结构和空间得到了优化，农用地、建设用地更加集中集聚，人口、产业、经济得到了优化配置，社会经济得以快速发展。但浦口区建设用地占用耕地面积比例相对较高，土地集约利用潜力较大，土地承载人口、生态的功能不强，特别是建设用地人口密度这一指标在逐渐减小，建设用地蔓延程度在扩大，土地精明利用程度还有待进一步提高。

3.3.3 土地利用功能分区

在一个城乡地域系统内，城市系统与乡村系统相互作用、相互联系，城乡地域系统内的城镇体系及产业布局是两个系统劳动力、土地、资本等各种要素流动的载体，同时也是有效配置各种城乡要素的基础。加快农村剩余劳动力的转移，需要区域城镇工业化的快速发展，而土地利用功能分区是有效手段，通过加强区域间的分工与协作，突出不同区域的功能性及区域间的协调性，引导产业布局与结构优化，促进城乡社会经济健康发展，实现区域城市化和农村工业化，进而推动城乡统筹发展。

1. 分区功能定位

（1）南京市区域功能定位

南京市作为长江三角洲城市群重要的一极，由于其独特的区位条件，正在成为长江三角洲向中西部辐射的前沿和枢纽。在长江三角洲地区区域规划中，南京市的定位为泛长江三角洲门户与中心城市，重点建设先进制造业基地、现代服务业基地、长江航运物流中心、科技创新中心。因此，南京市应在引领区域产业转型、带动区域发展方面起到先行示范作用。

（2）南京市城乡空间结构

为更好地服务于城乡统筹发展，南京市应逐步由内到外形成以"中心城区—城市副中心—新市镇"为主线的三级城乡空间结构。

1）中心城区：是南京市区域中心城市功能的主要载体，重点发展商务、金融、信息等现代服务业，主要由南京市主城构成。该区域应加快主城现代服务业的优化升级，积极促进金融保险、商贸商务、软件信息、服务咨询、现代物流等生产性服务业的集聚与发展；结合城市副中心、新市镇等各级公共服务中心体系的建设与完善，大力发展商贸流通、文化旅游、医疗保健、社区服务等传统的生活性服务业。

2）城市副中心：是南京市现代制造业和高新技术产业的主要承载区，是区域城市服务中心和人口集聚区，主要由东山、仙林、江北3个城市副中心组成。其中，东山副中心是主城南部重要的制造业基地，是以服务南部地区、辐射皖南和宁杭城镇带的都市现代服务中心；仙林副中心位于主城东部地区，是以服务东部地区、辐射沪宁城镇带的都市综合服务中心，在产业发展上应重点加强与长江三角洲地区的产业衔接；江北副中心是以服务江北地区、辐射中西部地区的都市综合服务中心，在产业发展上应重点发挥其对主城的减压作用和对中西部地区的辐射作用，以及与长江三角洲地区的产业衔接。

3）新市镇：是街道所在地和建制镇的集中建设区域，是郊区工业化、城镇化过程中非农产业和人口的重要集聚区，是带动乡村城市化的基地，重点发展都市农业、休闲旅游业、先进制造业、形成各镇产业特色。

（3）浦口区域功能定位

根据南京市"城乡统筹、南北联动、跨江发展"的发展思路，浦口区应按照作为南京市"一主三副"中的江北副城，进行与南京市主城无差别的高标准建设，实现城乡一体化发展。浦口应以现代化科学城为城市发展理念、以高新技术产业为支柱、以生态环境建设为特色、以重要交通道路基础设施建设为契机，将浦口区建成综合经济实力比较雄厚、生态环境优美、区域辐射力较强、功能完善、交通便捷、生活舒适的江北新市区。按照地域的紧密度和产业的关联度，合理布局产业，集中集约发展。中心城区和桥林地区以发展高新技术、现代制造业等无（轻）污染工业和第三产业为重点，老山和汤泉地区以发展休闲旅游业为重点，其他地区结合各自优势，发展现代化农林业等特色产业。

1）高新技术产业：以浦口高新技术开发区为龙头，整合区内园区资源，推动区内产业的提档升级，做大做强高新技术产业。应充分发挥其国家级高新区的资源、品牌和产业优势，整合浦口区境内各级开发区的空间资源，呼应江苏省沿江开发的大战略，抓住长江三桥、宁淮高速公路、京沪高速铁路及沪汉蓉铁路大通道建设的机遇，将南京市总体规划确定的桥林新城作为高新区实行"二次创业"的战略基地，整体运作打造桥林新城，拓展高新区发展空间，形成江北地区又一新的工业增长极，带动浦口新市区发展再上新台阶。

2）科教产业：在现有科教产业的基础上，积极引进与高科技产业相关的科研院所，提升电子信息技术、生物工程技术、新材料技术等前沿科学领域研发能力，发展以培养与江北地区产业定位相适应的技术工人为目标的高技能培训产业，为江北地区、南京市乃至南京都市圈地区培养高级技术产业工人，为先进制造业的发展输送人才。

3）旅游产业：老山森林公园是南京市城市总体规划确定的十三片风景区之一，主要以一山三泉为特色。随着南京市城市发展空间由主城向主城以外的新市区和新城发展，主城与新市区、新城之间交通条件的改善，尤其是南北过江通道的建设，为打造江北地区以"山、水、石、泉"资源为特色的周末郊区旅游创造了有利条件。旅游产业以老山森林公园为主打产品，充分挖掘浦口地区其他都市农业旅游资源，并与南京市其他旅游资源有机联系，发挥旅游资源产业化效益。

2. 分区评价指标体系

依据上述区域功能定位，根据客观性、综合性、地域性、典型性、可操作性、定量化等原则，建立浦口区土地利用功能分区评价指标体系，该指标体系包括了资源环境约束、现有开发强度、未来发展潜力3方面12个指标，见表3-12。

表 3-12 浦口区土地利用功能分区评价指标体系

目标层	约束层	准则层	指标层	权重
土地利用功能分区	资源环境约束	生态重要性	森林覆盖率（%）	0.248
			水域面积比重（%）	0.055
		生态脆弱性	农药使用量（t）	0.387
		土地资源丰度	人均耕地面积（hm²/人）	0.310
	现有开发强度	人口承载状况	人口密度（人/km²）	0.263
		经济状况	地均GDP（万元/km²）	0.262
		劳动力结构	城镇人口比重（%）	0.204
		土地利用程度	城乡建设用地比重（%）	0.271
	未来发展潜力	交通优势	城镇结点重要度	0.361
		经济发展速度	第二产业增长率（%）	0.329
			第三产业增长率（%）	0.230
		经济发展基础	人均GDP（万元/人）	0.081

3. 分区方法与步骤

（1）数据获取

浦口区辖 7 个街道办事处、4 个镇，即江浦街道、桥林街道、汤泉街道、盘城街道、沿江街道、泰山街道、顶山街道和乌江镇、石桥镇、星甸镇、永宁镇，浦口行政区划如图 3-19 所示。

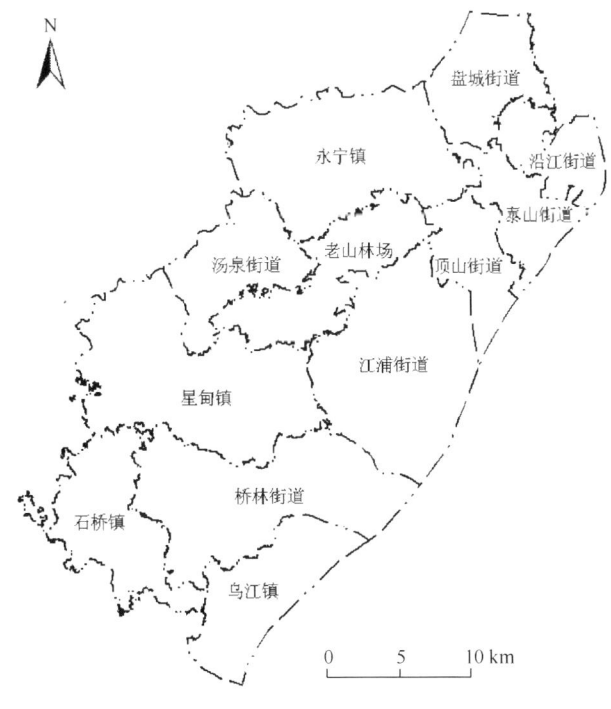

图 3-19 浦口区行政区划图

以浦口区 11 个街道（镇）作为评价单元，通过浦口区土地利用变更数据获取各街道（镇）森林覆盖率、水域面积比重和城乡建设用地比重现状数据；城镇结点重要度根据以下公式计算得到：$I_i = \alpha_1(P_i/\overline{P}) + \alpha_2(F_i/\overline{F})$（式中，$I_i$ 为结点 i 的重要度；P_i 为结点 i 的人口数（人）；F_i 为结点 i 的财政收入（万元）；$\overline{P}$ 为区内结点平均人口数（人）；$\overline{F}$ 为区内结点财政收入平均值（万元）；α_1、α_2 为各项指标的权重）；其他指标数据由浦口区统计年鉴直接或间接计算获取。资源环境约束、现有开发强度、未来发展潜力各评价指标数据见表 3-13~表 3-15。

（2）灰色关联投影值的计算

灰色系统理论是由中国学者邓聚龙教授于 20 世纪 80 年代创立的，由于其在解决不确定性问题等方面具有优势，所以被广泛应用于社会各个领域。城乡系统是一个复杂的巨系统，涉及社会、经济和自然环境等诸多要素，具有非线性、复杂性、相似性、区域性和时序性等特征，由于因素信息的不完全性，使得该系统成为一个灰色系统。从矢量

表 3-13 资源环境约束评价指标数据

街道（镇）名	森林覆盖率（%）	水域面积比重（%）	农药使用量（t）	人均耕地面积（hm²/人）
江浦街道	13.29	17.27	5.00	0.022
永宁镇	15.18	4.41	5.90	0.090
汤泉街道	37.32	1.38	7.00	0.046
星甸镇	20.47	0.53	4.80	0.132
石桥镇	3.22	4.54	6.70	0.141
桥林街道	4.74	5.78	3.10	0.124
乌江镇	9.92	20.37	2.40	0.089
泰山街道	6.18	15.13	0.90	0.001
顶山街道	17.57	12.57	1.80	0.007
沿江街道	6.52	18.57	4.00	0.020
盘城街道	2.55	3.97	1.95	0.042

表 3-14 现有开发强度评价指标数据

街道（镇）名	人口密度（人/km²）	地均GDP（万元/km²）	城镇人口比重（%）	城乡建设用地比重（%）
江浦街道	890.22	2167.31	100.00	35.80
永宁镇	371.71	811.54	34.31	20.36
汤泉街道	372.89	1551.77	66.37	21.28
星甸镇	291.72	808.08	52.37	19.71
石桥镇	388.62	1105.65	17.70	18.35
桥林街道	371.78	1189.25	87.17	23.71
乌江镇	371.92	1301.51	23.18	21.98
泰山街道	2377.32	8886.45	100.00	74.50
顶山街道	1011.03	2224.05	100.00	41.29
沿江街道	566.36	3280.05	100.00	57.39
盘城街道	863.41	997.47	95.41	33.12

表 3-15 未来发展潜力评价指标数据

街道（镇）名	城镇结点重要度	第二产业增长率（%）	第三产业增长率（%）	人均 GDP（万元/人）
江浦街道	2.13	21.20	46.40	2.43
永宁镇	0.93	27.00	18.30	2.18
汤泉街道	0.75	23.90	24.49	4.16
星甸镇	1.12	25.00	15.30	2.77
石桥镇	0.75	20.20	23.50	2.85
桥林街道	1.35	24.51	26.30	3.20
乌江镇	0.57	28.20	23.89	3.50
泰山街道	1.30	23.09	31.20	3.74
顶山街道	1.27	24.47	45.05	2.20
沿江街道	1.25	15.62	53.88	5.79
盘城街道	0.40	27.11	31.58	1.16

投影的角度出发，运用灰色系统理论，灰色关联投影模型具体方法的步骤如下（吴开亚等，2003；赵晓慧和严力蛟，2006）。

A. 矩阵的构造

1）样本矩阵的建立：在评价体系中，m 个评价指标与 n 个评价样本及理想样本共同组成一个样本矩阵 $X_{m\times(n+1)}$：

$$X_{m\times(n+1)} = \begin{bmatrix} x_{10} & x_{11} & \cdots & x_{1n} \\ x_{20} & x_{21} & \cdots & x_{2n} \\ \vdots & \vdots & \cdots & \vdots \\ x_{m0} & x_{m1} & \cdots & x_{mn} \end{bmatrix}$$

式中，X_{m0} 为理想样本，即评价标准中的最理想状态。

2）标准矩阵的建立：在建立的评价指标分级标准的基础上，根据评价指标分级标准，建立标准矩阵。假设环境质量分为 p 个等级，1 级为最理想状态，p 级为最恶劣状态，由 m 个评价指标标准值可以建立标准矩阵 $S_{m\times p}$：

$$S_{m\times p} = \begin{bmatrix} s_{11} & s_{12} & \cdots & s_{1p} \\ s_{21} & s_{22} & \cdots & s_{2p} \\ \vdots & \vdots & \cdots & \vdots \\ s_{m1} & s_{m2} & \cdots & s_{mp} \end{bmatrix}$$

对评价样本进行环境质量评价的主要目的是为了通过对各个评价样本的 m 个评价指标与理想样本的距离分析，确定它隶属于环境质量标准矩阵 $S_{m\times p}$ 中的哪一级。

B. 矩阵元素的归一化

由于评价指标值量纲的不统一，因此需要对样本矩阵和标准矩阵中的元素进行归一化。假设 1 级质量标准对应元素为 1，p 级质量标准对应元素为 0，1 级与 p 级间元素按照下面的公式进行变换。

样本矩阵 $X_{m\times(n+1)}$ 归一化后的矩阵元素 a_{ij}：

$$a_{ij} = \begin{cases} 1 & x_{ij} \geqslant S_{i1}(\vec{u} x_{ij} \leqslant S_{i1}) \\ \dfrac{x_{ij} - S_{ip}}{S_{i1} - S_{ip}} (\vec{u} \dfrac{S_{ip} - x_{ij}}{S_{ip} - S_{i1}}) & S_{i1} > x_{ij} > S_{ip} (\vec{u} S_{i1} < x_{ij} < S_{ip}) \\ 0 & x_{ij} \leqslant S_{ip}(\vec{u} x_{ij} \geqslant S_{ip}) \end{cases} \quad (3\text{-}3)$$

式中，$i=1, 2, \cdots, m$；$j=0, 1, 2, \cdots, n$。

标准矩阵 $S_{m \times p}$ 归一化后的矩阵元素 b_{it}：

$$b_{it} = \dfrac{S_{it} - S_{ip}}{S_{i1} - S_{ip}} (\vec{u} \dfrac{S_{ip} - S_{it}}{S_{ip} - S_{i1}}) \quad (3\text{-}4)$$

式中，$i=1, 2, \cdots, m$；$t=0, 1, 2, \cdots, p$。

这样所有的指标值都转化为了 0~1 的数值。

C. 灰色关联度判断矩阵的构造

灰色关联分析的基本思想就是反映序列间的相互关联程度，本书就是要反映各个评价样本与理想样本间的关联程度，以此作为确定评价样本隶属标准等级的依据，经过归一化后的样本矩阵，以 a_{i0} 为母序列，以 a_{ij} 为子序列，可得到子序列与母序列（各样本与 1 级理想样本）间的灰色关联系数：

$$r_{ij} = \dfrac{\min\limits_{m}\min\limits_{n}|a_{i0} - a_{ij}| + \lambda \max\limits_{m}\max\limits_{n}|a_{i0} - a_{ij}|}{|a_{i0} - a_{ij}| + \lambda \max\limits_{m}\max\limits_{n}|a_{i0} - a_{ij}|} \quad (3\text{-}5)$$

式中，λ 为分辨系数，一般取 0.5；$i=1, 2, \cdots, m$；$j=1, 2, \cdots, n$。

由 $m \times (n+1)$ 个 r 组成的矩阵称为灰色关联度判断矩阵 $R_{m \times (n+1)}$：

$$R_{m \times (n+1)} = \begin{bmatrix} 1 & r_{11} & \cdots & r_{1n} \\ 1 & r_{21} & \cdots & r_{2n} \\ \vdots & \vdots & \cdots & \vdots \\ 1 & r_{m1} & \cdots & r_{mn} \end{bmatrix}$$

同理，可以得到各级评价标准与 1 级评价标准间的灰色关联系数和相应的灰色关联度判断矩阵。

D. 灰色关联投影值的计算

1) 确定各评价指标权重：由于 m 个评价指标在评价体系中所占的权重大小不同，所以必须确定各评价指标在评价体系中的权重，体现出各评价因子在评价体系中的作用大小，m 个评价指标权重 w_i ($i=1, 2, \cdots, m$)，构造权重加权向量 $W=(w_1, w_2, \cdots, w_m)^T$。要求满足单位化约束条件 $\sum\limits_{i=1}^{m} w_i^2 = 1$，目的是为了使得后面计算得到的理想样本灰色关联投影值为 1，否则应按下式进行单位化处理：

$$w_i = \tilde{w}_i \Big/ \sqrt{\sum_{i=1}^{m} \tilde{w}_i^2} \; (i=1,2,\cdots,m) \quad (3\text{-}6)$$

式中，$\tilde{w}_i$ 为评价指标 i 的初始权重。

2）在加权向量 $W=(w_1, w_2, \cdots, w_m)^{\mathrm{T}}$ 的作用下，构造增广型加权灰色关联度判断矩阵 $Z_{m \times (n+1)}$：

$$Z_{m \times (n+1)} = \begin{matrix} A_0 & A_1 & \cdots & A_n \end{matrix} \begin{bmatrix} w_1 & w_1 r_{11} & \cdots & w_1 r_{1n} \\ w_2 & w_2 r_{21} & \cdots & w_2 r_{2n} \\ \vdots & \vdots & \cdots & \vdots \\ w_m & w_m r_{m1} & \cdots & w_m r_{mn} \end{bmatrix}$$

3）这样，可以对上述矩阵 $Z_{m \times (n+1)}$ 进行分析，进而反映出各评价样本与理想样本间的关联程度，确定其隶属的标准等级：将每个样本视为一个 m 维向量，采用夹角余弦法，则每个样本 A_j（$j=1, 2, \cdots, n$）和理想样本 A_0 间的灰色投影角 θ_j 满足式（3-7）：

$$\cos\theta_j = \frac{(A_j, A_0)}{\|A_j\| \cdot \|A_0\|} = \frac{\sum_{i=1}^{m} w_i r_{ij} w_i}{\sqrt{\sum_{i=1}^{m}[w_i r_{ij}]^2} \cdot \sqrt{\sum_{i=1}^{m} w_i^2}} \quad (3\text{-}7)$$

显然，夹角余弦满足 $0 < \cos\theta_j \leq 1$，$\cos\theta_j$ 越大，表明评价样本与理想样本的变动方向越一致，但其还不能确定隶属关系，夹角余弦仅仅反映的是评价样本与理想样本之间的方向是否一致，不能反映评价样本模（距离）的大小，如果夹角余弦为 1，模很小，但仍然不是最理想状态，因此还要考虑评价样本模的大小。

4）设样本 A_j 的模为 d_j，则

$$d_j = \sqrt{\sum_{i=1}^{m} [w_i r_{ij}]^2} \quad (3\text{-}8)$$

模的大小可以弥补夹角余弦法的不足，但其不能反映评价样本与理想样本之间的变动方向，如果变动方向相反，模的大小越大，样本越恶劣，因此模的大小和夹角余弦的大小的结合才能全面准确地反映评价样本与理想样本之间的接近程度。

5）计算灰色关联投影值，样本 A_j 在理想样本 A_0 上的灰色关联投影值 YD_j：

$$YD_j = d_j \cdot \cos\theta_j = \sum_{j=1}^{m} r_{ij} \cdot (w_i^2 / \sqrt{\sum_{i=1}^{m} w_i^2}) \quad (3\text{-}9)$$

$\bar{w}_i$ 为灰色关联投影权值矢量，满足：$\bar{w}_i = w_i^2 / \sqrt{\sum_{i=1}^{m} w_i^2}$ （$i=1,2,\cdots,m$） （3-10）

则

$$YD_j = \sum_{j=1}^{m} r_{ij} \cdot \bar{w}_i \quad (j=1,2,\cdots,n) \quad (3\text{-}11)$$

同理，可以计算出标准矩阵灰色关联投影值 BD_t（$t=1, 2, \cdots, p$）。

E. 评价等级标准的确定

根据计算出的灰色关联投影值的大小，可以得到评价等级标准 F：

$$F = \begin{cases} 1\text{级} & YD_j = BD_1 = YD_0 \\ t\text{级} & BD_t \leqslant YD_j < BD_{t-1} \ (j=1,2,\cdots,n; t=2,3,\cdots,p) \end{cases} \quad (3\text{-}12)$$

依据投影值的大小可以得到环境质量的优劣，投影值越大，表明其与理想样本越接近，即环境质量越高，反之越低。

采用灰色关联投影模型分别计算资源环境约束、现有开发强度、未来发展潜力3个灰色关联投影值。

1）采用百分比标准化法对样本数据进行归一化处理，通过计算评价样本及理想样本（评价样本中的最值）间的灰色关联系数，构建灰色关联度判断矩阵；

2）运用主成分分析法（刘梦云等，2005）计算各评价指标权重（表3-12），构造权重加权向量，并作用于灰色关联度判断矩阵，确定增广型加权灰色关联度判断矩阵；

3）分别计算增广型加权灰色关联度判断矩阵中评价样本和理想样本间样本模的大小与灰色投影角余弦值，通过模的大小与夹角余弦的乘积，计算出各评价样本在理想样本上的灰色关联投影值。

（3）土地利用功能区的划分

依据上述灰色关联投影值计算结果，绘制频率直方图，根据资源环境约束、现有开发强度、未来发展潜力3个频率直方图上的明显拐点划分3个层次，由低到高分别赋值为1、2、3，见表3-16。

表3-16 灰色关联投影值划分

划分等级	1	2	3
资源环境约束	0.416~0.589	0.621~0.637	0.871~0.871
现有开发强度	0.357~0.375	0.400~0.486	0.517~1.000
未来发展潜力	0.466~0.588	0.593~0.628	0.803~0.803

采用三维魔方图分类法（段学军和陈雯，2005；郑荣宝等，2009）进行土地利用功能区划，首先建立X-Y-Z三维坐标系，资源环境约束、现有开发强度、未来发展潜力分别为X轴、Y轴、Z轴，在X轴、Y轴、Z轴上，从原点出发向外等间距选择3个点，表示3个等级；然后，从这些点分别做另外2个坐标轴的垂线，最终形成一个3×3×3三维魔方图（图3-20），共计27个魔方单元，每个魔方单元由（x，y，z）来表示，代表资源环境约束为x级、现有开发强度为y级、未来发展潜力为z级的资源环境-开发强度-发展潜力组合类型；最后，依据魔方图单元与功能区类型之间的对应关系（表3-17）划分土地利用功能区。

4. 分区结果

依据各街道（镇）资源环境约束、现有开发强度、未来发展潜力灰色关联投影值，分别绘制高、中、低3个等级分区图，如图3-21（a）~图3-21（c）所示；在此基础上，

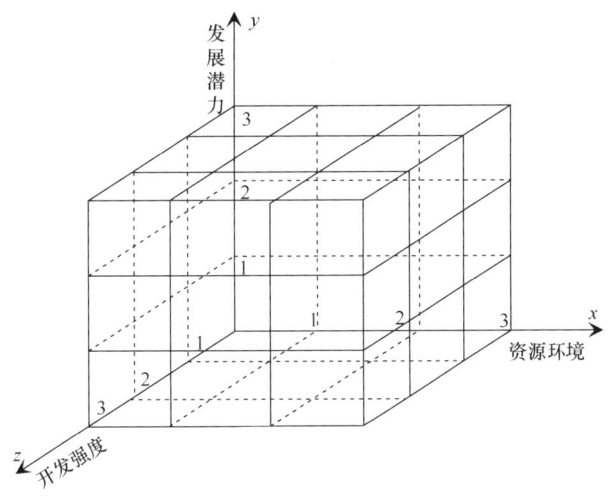

图 3-20 三维魔方图单元划分

表 3-17 魔方图单元与功能区类型对应关系

功能区类型	魔方图单元	备注
优化整合区	(1, 3, 3)、(3, 3, 3)、(3, 3, 2)、(2, 3, 2)、(2, 3, 1)、(1, 3, 2)、(1, 3, 1)	x 低, y 高, z 高或中等
重点拓展区	(2, 3, 3)、(2, 2, 3)、(2, 1, 3)、(1, 2, 3)、(1, 2, 2)、(1, 1, 3)	x 低, y 低或中等, z 高
适度发展区	(3, 3, 1)、(3, 2, 3)、(3, 1, 3)、(2, 2, 1)、(2, 1, 2)、(2, 2, 2)	x 高或中等, y 低或中等, z 中等
都市农业区	(2, 1, 1)、(1, 2, 1)、(1, 1, 2)、(1, 1, 1)	x、y、z 均不高
生态旅游区	(3, 2, 2)、(3, 2, 1)、(3, 1, 2)、(3, 1, 1)	x 高, y、z 低或中等

根据资源环境-开发强度-发展潜力组合特征，对各街道（镇）进行土地利用功能区划，将浦口区划分为优化整合区、重点拓展区、都市农业区、生态旅游区 4 个土地利用功能区，如图 3-21（d）所示。

1）优化整合区：资源环境约束低，现有开发强度高、未来发展潜力较高的区域。其主要包括江浦街道、沿江街道、泰山街道、顶山街道 [图 3-21（d）]。这 4 个街道是浦口区的中心城区，其中江浦街道是浦口区委、区政府所在地。从图 3-21（a）中可以看出，除江浦街道处于中等资源环境约束外，其余 3 个中心城区街道都处于低资源环境约束状态；由于受南京市主城的辐射带动作用，因而 4 个街道现有开发强度都较高 [图 3-21（b）]，其中江浦街道的人口密度最大，泰山街道的人口密度、地均 GDP、城乡建设用地比重分别为 2377.323 人/km^2、8886.45 万元/km^2、74.50%，3 个指标在所有街道（镇）中最高，4 个街道的城镇人口比重都高达 100%；从未来发展潜力来看，江浦街道区位交通优势突出，二三产业，特别是第三产业增长强劲，因而其未来发展潜力较高，其他 3 个街道也具有较好的区域优势及二三产业增长潜力 [图 3-21（c）]。该区濒临长江，与南京市主城隔江相望，区位优势突出，南京长江大桥、南京长江三桥、过江隧道是其连接南京市主城的主要通道，它们作为浦口区的政治、经济、文化中心，同时是南京市都市区的城市副中心和江北新城建设的主战场，需要充分发挥其地区核心作用，

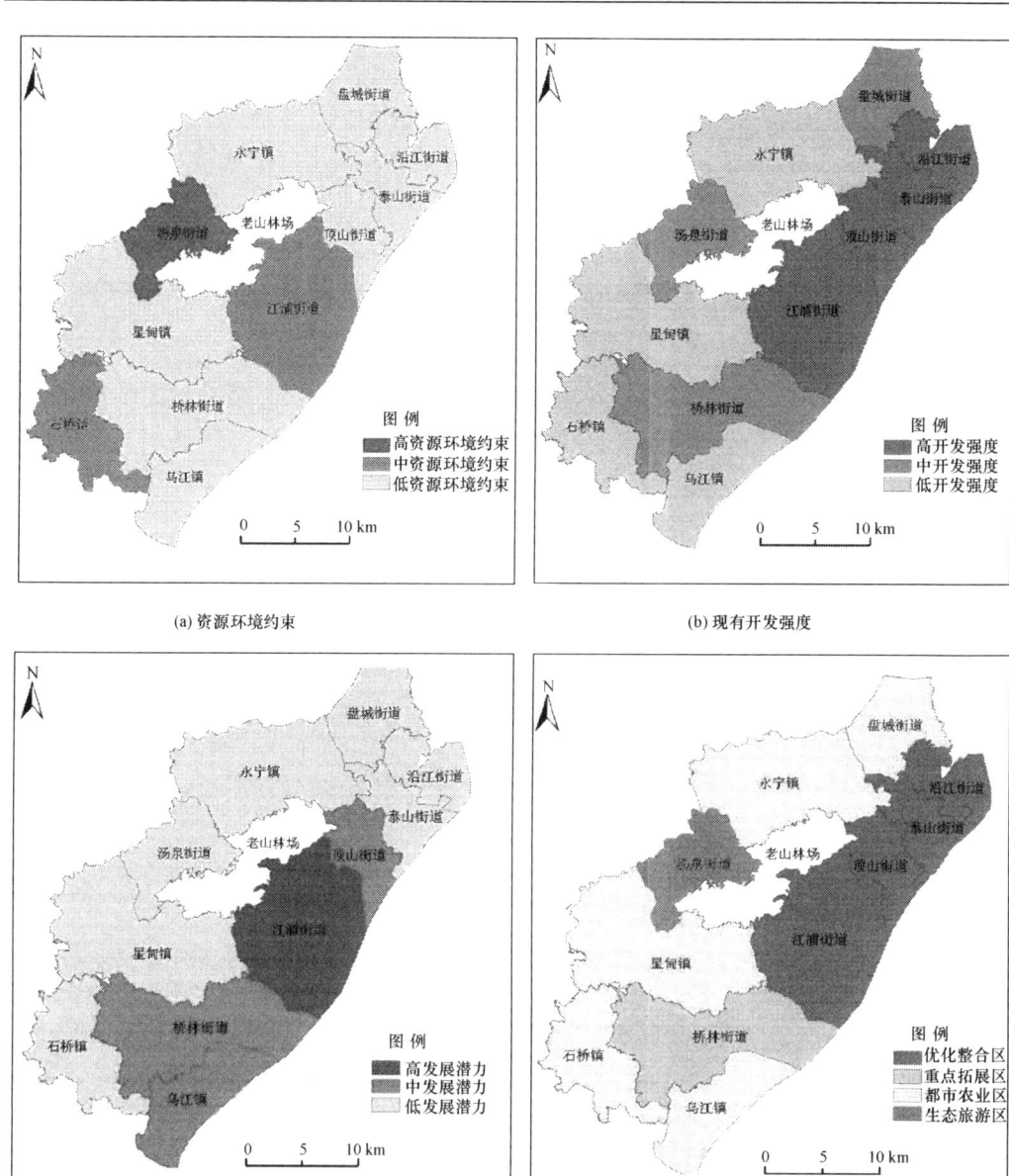

图 3-21 浦口区资源环境约束、现有开发强度、未来发展潜力、土地利用功能分区

为江北地区提供行政管理、教育、商业、信息、贸易、体育等综合服务功能,强化交通中心地位职能,改善投资环境,促进人口集聚,推进城市化进程,增强中心城区综合实力,从而带动全区社会经济发展,承担区域创新角色。此外,该功能区的发展应利用区内丰富的科教资源,以浦口高新技术开发区为龙头,整合区内园区资源,推动区内产业的提档升级,实现高新技术产业的快速发展。同时,进一步吸引相关高新技术院校与研究机构落户浦口区,加速浦口区科教产业的建设步伐,积极发展以培养技术工人为主的高技能培训产业,为江北地区、南京市乃至南京都市圈地区培养高级技术产业工人,为

先进制造业的发展输送人才。

2) 重点拓展区:指资源环境约束低、现有开发强度较低、未来发展潜力高的地区。从图 3-21(d)中可以看出,该地区主要为桥林街道。从表 3-13 和图 3-21(a)中可以看出,桥林街道受资源环境约束较低;该区现有开发强度也处于中等水平[图 3-21(b)];由于该街道毗邻浦口中心城区,区位优势明显,基础设施完善,未来发展潜力较大[图 3-21(c)]。桥林街道有良好的工业发展基础,在发展方向上应进一步提升产业规模,提高工业化水平,推进城市化建设。作为南京市重点建设的新城,桥林应进一步承接浦口中心城区的产业转移,分担中心城区工业中心的职能,大力发展金属制品业、新材料产业、电子电器产业,将其建设成为沿江综合性工业新城,使其成为与江北新城功能一体化的先进制造业基地与区域性物流基地。同时,该区应进一步发展农副产品深加工工业,将其建设成为区域物资集散地。

3) 都市农业区:主要指资源环境约束、现有开发强度、未来发展潜力均不高的区域。如图 3-21(d)所示,该区域主要包括盘城街道、永宁镇、星甸镇、石桥镇、乌江镇。这些街道(镇)经济发展基础欠缺,二三产业发展优势不明显,农业人口比重大,农林用地比例大,是浦口区的粮食主产区,应严格保护耕地,鼓励剩余农业人口外出就业,促进农业的规模化、产业化、集约化发展,发展农副产品加工业。该区应因地制宜、分层次、分类型发展特色蔬菜、苗木花卉、畜禽、特种水产等农业产业,重点建设以永宁、星甸、石桥、乌江等乡镇为中心的农业生产基地,形成以城市农业生态区、近郊生产休闲复合农业区、远郊生态农业区的农业产业格局;进一步发挥星甸雨发农业科技园的示范带动作用,推进农业产业化经营,提升农民的组织化程度;充分利用现代都市农业的自然生态景观,结合区内丰富的生态旅游资源,配套建设一批服务设施,发展集观光休闲、文化科普、体验参与、旅游度假等功能于一体的农业特色旅游产业,满足整个南京市及周边地区农业旅游休闲的需要。

4) 生态旅游区:指资源环境约束高,现有开发强度、未来发展潜力较低的地区。其主要包括汤泉街道[图 3-21(d)]。该区南依 10 万亩老山国家森林公园,林地面积比重高达 37.32%(表 3-13),山林资源丰富,是全区重要的生态调节区,同时汤泉地热资源丰富,是著名的"一山三泉"旅游度假区所在地。该区应以老山国家级森林公园为依托,以温泉休闲、花木花卉为特色,建设国家级旅游度假区和旅游型新型城镇,使其成为南京市重要的会议和旅游度假中心。

第4章 城乡统筹内在驱动意愿调查与分析

4.1 代表村概况

基于浦口区土地利用功能分区结果，以下选择不同功能区的代表村，了解不同类型区内农户城乡统筹发展意愿，分析农户意愿对城乡统筹发展的影响，进而提出有针对性的区域土地精明利用模式。首先，将浦口区农村按优化整合区、重点拓展区、都市农业区、生态旅游区进行分区，同时考虑区位条件、社会经济发展状况、城乡统筹发展类型与水平等基础条件（高更和，2007）；然后，在各类型区中随机抽样，并考虑全面性、代表性、典型性等原则，最终确定了6个代表村（图4-1），分别为①优化整合区：江浦

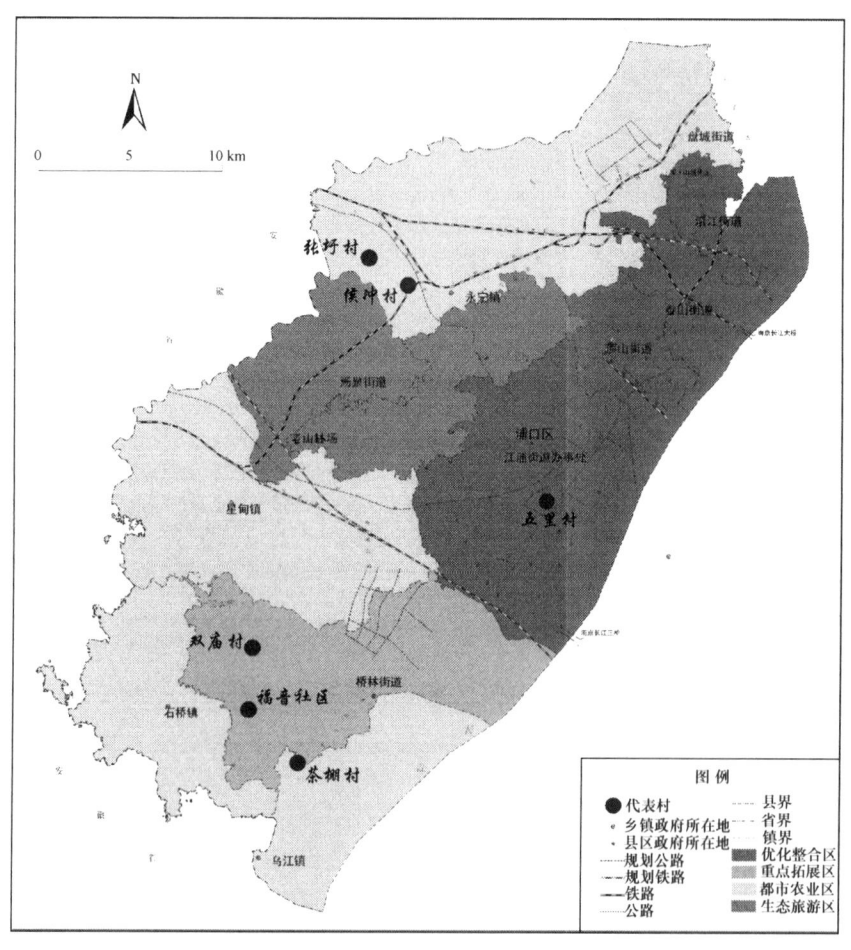

图4-1 代表村区位示意图

街道的五里村；②重点拓展区：桥林街道的福音社区、双庙村；③都市农业区：乌江镇的茶棚村；④生态旅游区：永宁镇的侯冲村、张圩村。

4.1.1 江浦街道五里村

五里村位于江浦街道以西，宁乌公路穿境而过。东接巩固村，西连虎桥村，南邻新合村，北与华山村毗邻。该村地处南京长江三桥经济区，距长江三桥 1 km，距浦口区委、区政府所在地 2 km，邻近浦口经济开发区，受开发区影响显著。全村总面积为 366.85 hm^2，其中耕地面积为 133.40 hm^2。现有户数 812 户、总人口 2826 人、12 个村民小组、1 个居民小区。三产中，五里村农业所占的比重最小，以经济作物种植为主，其中荷花、茶叶为该村的优势农产品，该村内的荷花种植示范园区为全国最大的荷花培育基地；五里村工业基础雄厚，工业经济发达，现有各类企业 18 家，工业生产类型主要为劳动密集型，现已逐步形成了以五里仪表厂、瑞科特电气公司为代表的电子仪表主导产业格局；第三产业中，村民主要从事的是批发零售业。2009 年，五里村共完成税收 600 余万元，实现集体经济收入 345 万元，工业总产值为 2.49 亿元，农业总产值为 2780 万元，农业增加值为 1450 万元，服务业增加值为 3624 万元，新增就业岗位 100 个，村民人均收入达 12 858 元。

该类型村庄的优势在于村级集体经济实力较强，工业经济发达，非农产业人口比重较高。以此为代表的五里村，工业基础雄厚，现有各类企业 18 家，现已逐步形成了以五里仪表厂、瑞科特电气公司为代表的电子仪表劳动密集型主导产业格局。2009 年，工业总产值为 2.49 亿元，工业企业的发展增加了集体经济收入，促进了当地居民的就业。该地区应发挥其工业优势，以工业企业带动城乡统筹的发展。

4.1.2 桥林街道福音社区

福音社区位于桥林街道西大门原陡岗乡政府所在地，2006 年由大卢村和福音居委会合并而成。社区占地约 4.2 km^2，耕地面积为 204.10 hm^2，辖 16 个村民小组，7 个居民小组，总户数为 1039 户，总人口为 4059 人，农业人口为 1785 人。福音社区以农业粮食作物种植为主，主要种植的农产品有水稻、小麦、茶叶和苗木；由于福音社区原为陡岗乡人民政府所在地，驻地企业较多，这些企业多由上级政府引进以解决当地村民的就业问题，财政收入归上级政府所有，现有各类企业十余家，工业生产类型主要为劳动密集型，以生产有机硅为主，其中南京东爵精细化工有限公司和南京高尔特硅橡胶制品有限公司两家企业的产值在 10 亿元以上；第三产业中，村民主要从事的是批发零售业。该社区经济水平较低，集体经济稳定性收入较少，2009 年集体经济收入为 100 余万元。

该类型社区主要是在原有基础经济条件较好、交通方便、综合实力较强的居委会的基础上整体并入了相邻的村庄。由于并入的村庄农业人口较多，村庄虽改名为居委会，但社区人均耕地面积较大，从事非农产业的人口比例仍较大，其管理模式和运行机制仍沿袭过去的方式，仍具有"城中村"的某些特征。福音社区为典型的"村改居"型，在

4.1.3 桥林街道双庙村

双庙村地处浦口区桥林街道西北方向，与勤丰村和高汤村接壤，距桥林街区 5 km，桥星线、陡星线穿村而过，交通较为便捷；地势高低不平，水田与旱地交错，属典型的丘陵地形。全村面积约为 8 km²，其中耕地为 294.75 hm²，人均耕地为 0.15 hm²。双庙现辖 25 个村民小组，总户数为 521 户，总人口为 1936 人，其中 60%以上的人口在外打工。双庙村以传统种植业为主导，耕地种植以水稻、小麦、玉米为主；经济作物未形成规模，现种植茶叶 100 多亩；养殖业层次较低，全村共有 10 余户养鸡专业户，养鸡数量超过 10 万只。全村土地流转较多，目前流转面积超过 3000 亩，多被汤泉等外地大户承包，种植苗木等经济作物。2009 年，村集体经济收入约为 100 万元，其中土地流转 80 万元，街道财政转移支付 15 万元，村集体现负债 32 万元；农民人均收入（毛收入）为 9050 元，收入来源以打工、种植及养殖为主。

该类村庄的主要特点为村级集体经济相当薄弱，仍然以传统种植业为主。双庙村耕地种植以水稻、小麦、玉米为主，经济作物未形成规模，养殖业层次较低。2009 年，该村集体经济收入仅为 100 万元，村集体负债 32 万元。双庙村经济落后，产业特色不明显，在今后的发展过程中，政府应加大投入，积极通过政策资金扶持，大力发展优势农业产业，促进城乡统筹发展。

4.1.4 乌江镇茶棚村

茶棚村位于浦口区乌江镇，东与南一村接壤，南与周云村、五一村为邻，宁乌一级公路穿境而过，属丘陵地区。全村土地面积为 220.18 hm²，耕地面积为 211.64 hm²，其中粮食种植面积为 130.07 hm²。辖 16 个村民小组，总户数为 726 户，人口为 2485 人。茶棚村是乌江镇十里庄园经济带的主体村，十里庄园经济带始建于 1995 年，占地面积为 8 km²，涉及包括茶棚村在内的 7 个村，主要由花卉园、特色水果园、野生野味园、垂钓中心等 35 个景点组成，是过去江南农村田园风光生活的一种历史再现。目前，茶棚村以苗木花卉为主导产业，庄园经济发达，全村有 12 家庄园，目前南京地区品种最好、品质最优、面积最大的果树种植园——帅旗农庄和镇工业园区位于该村，南京市旅游村项目在此建设。2009 年，全村三业总产值为 2671 万元，人均纯收入达 10 750 元。

该类型村庄的主要特色为乡村旅游经济基础较好，已培育出大批乡村旅游资源。茶棚村为该类型的典型代表，作为乌江镇十里庄园经济带的主体村，该村农庄经济发达，全村有 12 家庄园，目前南京地区品种最好、品质最优、面积最大的果树种植园——帅旗农庄位于该村，南京市旅游村项目在此建设。茶棚村应利用其位于南京市郊的区位优势，以南京市民与浦口区"一山三泉"旅游游客为潜在客源，大力调整农业种植结构,发展以短途游、周末游为主的农庄度假旅游经济,促进城乡统筹的快速发展。

4.1.5 永宁镇侯冲村

侯冲村是永宁镇政府所在地,位于苏皖交界之处,老山北麓,滁河南岸。距南京市区 20 km,距津浦铁路、宁西高速铁路编组站不到 5 km;宁淮高速公路浦口入口坐落于村境内,S331 浦合线沿村而过。全村面积为 18 km²,现有 17 个村民小组,总户数为 1650 户,人口为 5500 人。由于侯冲村没有工业,村级经济一直相对薄弱,但通过农业结构调整,侯冲村着力发展苗木种植和水产养殖,通过发展农民协会,大幅度提高了农民收入,逐步形成了以苗木花卉、水产家禽为主导的产业格局。目前,侯冲村苗木种植面积为 533.60 hm²,养殖水面近 53.36 hm²。第二产业主要为户办工业和建筑业,目前已成功引进了杨动电力、荣健电力、晨旭、鼎立等低压电生产企业。三产以运输、商业和服务业为主。2009 年,村集体经济收入达到 480 万元,村民人均收入突破 11 000 元。

经济基础、工业基础薄弱,农业产业比重大是该类型村庄的主要特点。但该类村庄耕地资源富足,农业产业特色明显。以该类型为代表的侯冲村级经济薄弱,但通过农业结构调整,大力发展苗木种植和水产养殖,通过发展农民协会,大幅度提高了农民收入,逐步形成了以苗木花卉、水产家禽等为主导的产业格局。侯冲村在今后的发展过程中,应进一步大力发展特色农业产业,规模化经营,培育农产品特色品牌,积极引进工业企业,着力发展农业生态旅游业。

4.1.6 永宁镇张圩村

张圩村地处浦口区西北部,紧邻安徽省滁州市黄圩乡,2000 年由原张圩村和白鹤村合并而成。该村地处纯圩区,地势低洼,紧靠滁河。全村现有土地面积为 453.56 hm²,其中耕地面积为 205.04 hm²,养殖面积为 160.08 hm²,土地流转面积为 91.05 hm²。现有 10 个村民小组,总户数为 395 户,人口为 1248 人。张圩村属农业大村,全村无二三产业。农民收入主要来源于水稻种植、苗木种植和水产养殖。全村现有水稻种植面积为 85.64 hm²、苗木种植面积为 156.75 hm²、水产养殖面积为 53.36 hm²。2003 年和 2008 年,滁河两次特大洪水灾害致使全村农作物受损严重,特别是苗木种植业遭遇致命打击,农业产业结构亟待调整与转型。2009 年,全村实现集体经济收入 41.2 万元,其中可用财力为 14 万元,农民人均纯收入为 8431 元。村级集体经济十分薄弱,主要依靠财政转移支付确保村级组织正常运转,至 2009 年末村级实际负债额为 57.1 万元。

经济基础薄弱、农业产业比重大、区位条件差为该类型村庄的主要特点。张圩村地处纯圩区,地势低洼,紧靠滁河,自然灾害频繁,全村以农业种植为主,农作物受滁河两次特大洪水灾害影响损失严重,农业产业结构亟待调整和转型。张圩村的发展,政府应积极引导经济发达、区位条件较好的村庄与张圩村捆绑,两村资源优势互补,走跨村整合捆绑式发展道路。

4.2 问卷设计与数据获取

为了解农户对于城乡统筹发展的真实意愿，本次调研采用问卷调查、个人访谈、小型座谈会相结合，以问卷调查为主的数据收集方法，其中问卷调查采用集中访问与入户访问相结合的方式进行。

4.2.1 问卷设计

问卷在设计时充分考虑到农民的知识文化水平与接受能力，因而在提问方式上采取了通俗易懂的语言。问卷主要以单项选择题为主，其次是多项选择题，并有少量主观性问题。另外，为获取真实信息和判断问卷的有效性，问卷设计了部分隐蔽性重复问题，以判断农民前后回答是否一致。问卷设计的核心是城乡发展的现状差距及农民城乡统筹发展的意愿等问题。为此，问卷调查主要由3个部分组成。

1) 个人基本情况：主要包括被调查者的年龄、性别、文化程度、职业等基本信息；
2) 现状满意状况：包括农户对当前生活（收入、住房、生活设施）、生产（种田、农业生产方式）、福利（教育、卫生、保险、养老）的满意程度；
3) 城乡统筹意愿：涵盖城乡差距、农地整治（土地规模化经营、土地经营方式、土地政策）、村镇改造（统一居住、居住方式、土地补偿方式）、要素配置（土地流转、劳动力迁移）等方面的意愿情况。

4.2.2 数据获取

本次调查由高等院校本科生、硕士生、博士生共计8人组成浦口区城乡统筹发展调查小组。小组成员经过严格培训，培训内容主要包括问卷调查的目的与意义、行程安排、访问技巧、注意事项等。通过与当地政府部门的协调，调查小组于2010年7月30日~8月8日在南京市浦口区展开了为期10 d的农户调查。

调查问卷收回后，进行甄别，去除无效问卷，并对有效问卷进行编号，采用Excel2003软件对农户问卷进行数据录入，形成浦口区城乡统筹发展农户调查数据库，应用该软件并结合SPSS16.0软件进行数理统计分析。

部分对比分析数据直接采用2007年8月浦口区新农村建设问卷调研数据。

4.3 问卷统计分析

4.3.1 调查农户基本情况

本次调查共回收问卷205份，其中有效问卷201份，有效率达98.05%。考虑到各村人口总数、外出务工、田间劳作、村庄搬迁等实际情况，各村的样本比例有所区别。从表4-1中可以看出，江浦街道五里村的样本数为20份，占总样本数的9.95%；桥林街道福音社区的样本数为 41 份，占总样本数的 20.40%；桥林街道双庙村的样本数为 45 份，占总样本数的 22.39%；乌江镇茶棚村的样本数为 32 份，占总样本数的 15.92%；永宁镇侯冲村的样本数为 29 份，占总样本数的 14.43%；永宁镇张圩村的样本数为 34 份，占总样本数的 16.92%。

表 4-1 调查样点分布情况

镇名	村名	样本数	比例（%）
江浦街道	五里村	20	9.95
桥林街道	福音社区	41	20.40
桥林街道	双庙村	45	22.39
乌江镇	茶棚村	32	15.92
永宁镇	侯冲村	29	14.43
永宁镇	张圩村	34	16.92
总计		201	100.00

考虑到浦口区农村的实际情况，并参考社会学问卷调查相关实践，本次调查选择年龄、性别、文化程度、职业作为调查样点的分组特征因素，调查农户个人基本情况统计见表 4-2。从年龄来看，调查对象以中老年为主，46~65 岁年龄段所占的比例最大，高达 52.24%，这与大部分青壮年劳动力外出务工，农村主要以中老年人居多的实际情况相符；26~45 岁年龄段所占的比例达到 29.85%；65 岁以上的农户占总样本数的 12.94%；比例最小的为 16~25 岁年龄段的人群，所占的比例仅为 4.98%。从调查样点性别分布情况来看，调查对象以男性居多，占 201 个样本总数的 73.63%，女性的比例为 26.37%（表 4-2）。在文化水平上，调查对象以初中文化水平居多，占总样本数的 43.28%；其次为小学文化程度及没有接受过文化教育的农户，所占的比例为 26.87%；接受过高中文化教育的比例为 24.88%；在被调查的对象中，接受过高等教育的农户仅有 10 户，占 4.98%。被调查的农户中主要从事农业生产，其比例高达 67.66%（表 4-2）；其次为村干部，所占的比例为 12.94%；退休人员及其他人员的比例为 8.46%；在乡镇、村办企业工作，从事个体经商的农户偏少，仅分别占总调查农户比例的 5.47%、1.49% 和 3.98%。这说明当前浦口区农村还以农业生产为主，从事农业生产的人口比重较大。

表 4-2 样本点基本情况

分组特征	分组范围	样本数	比例（%）
年龄	<16 岁	0	0.00
	16~25 岁	10	4.98
	26~45 岁	60	29.85
	46~65 岁	105	52.24
	>65 岁	26	12.94
性别	男	148	73.63
	女	53	26.37

续表

分组特征	分组范围	样本数	比例（%）
文化程度	小学及以下	54	26.87
	初中	87	43.28
	高中	50	24.88
	大专	8	3.98
	大学及以上	2	1.00
职业	务农	136	67.66
	个体经商	8	3.98
	村办企业	3	1.49
	乡镇企业	11	5.47
	村干部	26	12.94
	退休及其他	17	8.46

4.3.2 调查农户现状满意程度分析

（1）生活满意程度

从被调查农户对近几年家庭收入的满意程度来看（图 4-2），大部分农户的回答为"一般"，占总数的 48.78%；其次为对现状收入满意的农户，占总样本数的 24.40%；分别有 31 位和 8 位农户表达了对现状收入不满意和很不满意的情绪，占总数的 15.12% 和 3.90%；还有部分农户（占 7.80%）对现状收入非常满意。近年来，城乡差距不但被拉大，但从浦口区农村调查结果来看，大部分农民对现状收入表现为"一般"或"满意"，表明当前浦口区农民"小富即安"的思想仍根深蒂固，他们安于当前生活现状，对现状生活的改变愿望不强烈。

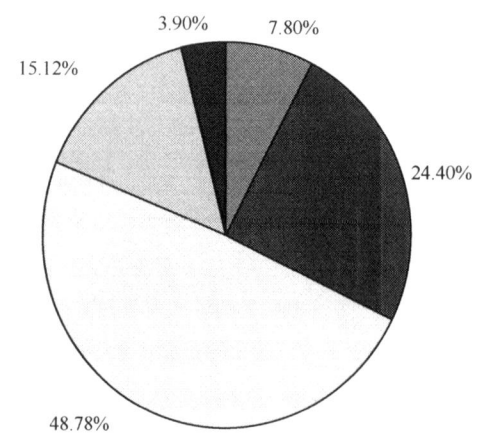

图 4-2 调查农户对近几年收入的满意程度

从图 4-3 中可以看出，浦口区农民主要的收入来源依然停留在以农业生产为主，打工为辅的阶段，两种来源所占的比例分别为 42.92% 和 31.13%。靠在公司企业上班和本

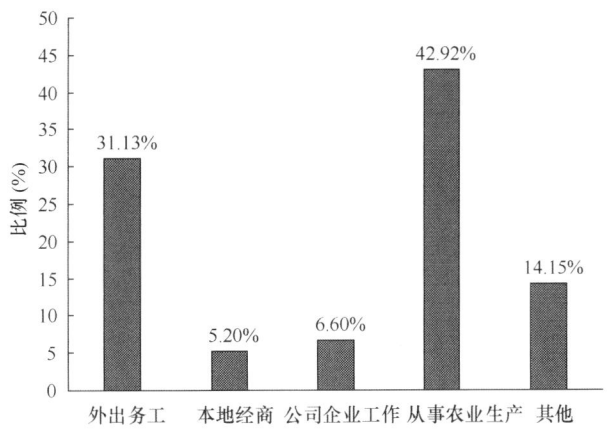

图 4-3　调查农户家庭收入的来源

地经商为主要家庭收入来源的农户仅分别占总调查对象的 6.60% 和 5.19%。这说明当前浦口区农民家庭收入来源单一，还没有摆脱依靠农业生产增加收入的生活方式。

在所有被调查农户中，家庭消费用于购买食物所占的比重主要集中于 0.1~0.3、0.3~0.5、0.5~0.75 三个区间段（图 4-4），所占的比例分别为 36.14%、26.24%、21.29%。浦口区农民家庭消费食物比重较低，说明浦口区农村还以小农经济为主，生产上自给自足，农业生产方式还较为落后。

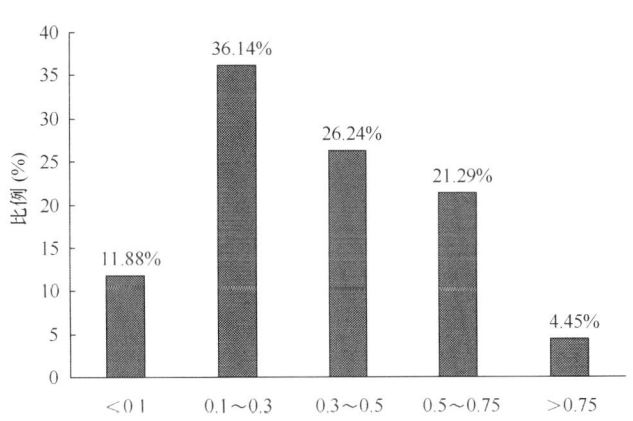

图 4-4　调查农户家庭消费中食物所占的比重

住房作为最基本的物质生活消费品，不仅在城市居民生活中占有举足轻重的作用，而且在农民家庭生活中也扮演着相当重要的角色。从图 4-5 中可以看出，调查农户对当前住房满意程度的回答以"一般"和"满意"居多，分别占被调查总样本数的 39.80% 和 38.31%；回答"不满意"和"非常满意"的农户所占的比例都为 9.45%；有 6 户农户对自己的住房表现为"很不满意"，占总样本数的 2.99%。大部分农户对自己的住房感到满意，说明农民对现有农村生活的依赖，相比于城市"鸟笼式"的居住环境和疏远的邻里关系，农民更习惯于"田园式"的居住环境和融洽的邻里关系。

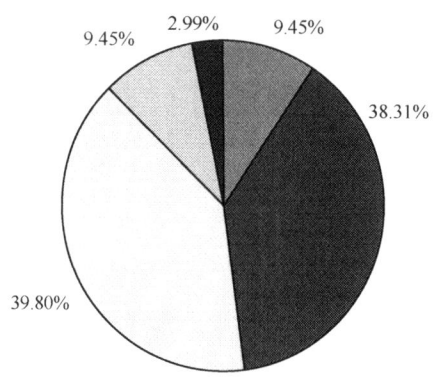

图 4-5 调查农户对住房的满意程度

从图 4-6 中可以看出，与农户对住房条件的满意程度相类似，在所有被调查对象中，大部分农民对家庭生活设施感到满意。其中，回答"满意"的农户所占的比例最高，达到 41.47%；其次为回答"一般"的农户，占所有调查对象的 38.73%。这说明随着社会经济的快速发展，特别是近年来国家对"三农"的持续投入，一系列富农惠农政策的实施在一定程度上增强了农民对现有生活设施的满意程度。

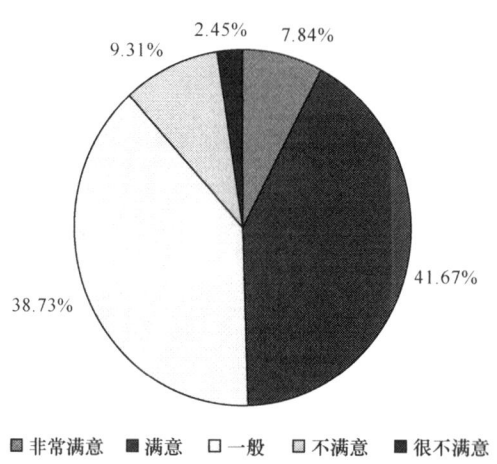

图 4-6 调查农户对家庭生活设施的满意程度

（2）生产满意程度

所有被调查农户在回答关于种田的态度时，有 84 位农户回答"不想种田"，占所调查对象的 46.15%（图 4-7）；回答"只愿意种好现有的田"和"愿意少种些田"的比例分别为 25.27% 和 17.58%；有 20 位农户回答了"愿意多种些田"，占所有被调查对象的 10.99%，这部分农户主要为承包经营土地面积较多的农业种植大户。这说明浦口区农民对传统的生产方式感到不满，他们不满意当前种田所带来的收益，因而大部分农户都不想种田。

当被问及不愿意种田的原因时，高达 59.70% 的农户认为种田成本太高是他们不愿意种田的原因（图 4-8），其次为种田工作辛苦（占 12.44%）、其他原因（占 11.94%）、

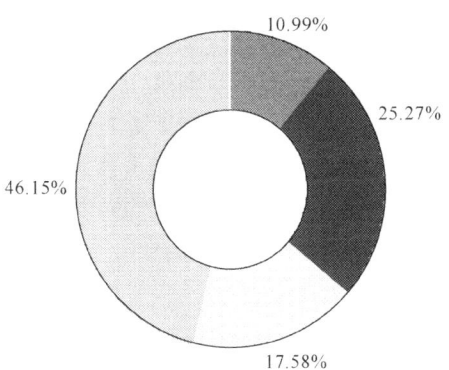

图 4-7 调查农户对种田的态度

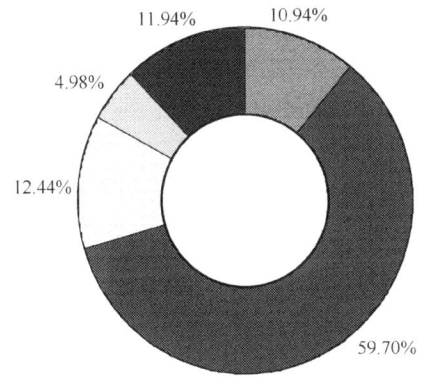

图 4-8 调查农户不愿意种田的原因

产量太低（占 10.94%），已有其他致富门路的占 4.98%。1978 年实行的家庭联产承包责任制在特定的时期内对农民增收、农业发展产生了积极作用，解决了农民的温饱问题，但新时期下家庭联产承包责任制的弊端日益凸显，土地的分散经营导致了生产成本增加、耕地产量低下、农民增收困难等问题，已严重阻碍了农村经济的快速发展。

从图 4-9 被调查农户对农业生产方式的满意程度来看，38.25%的农户对当前农业生

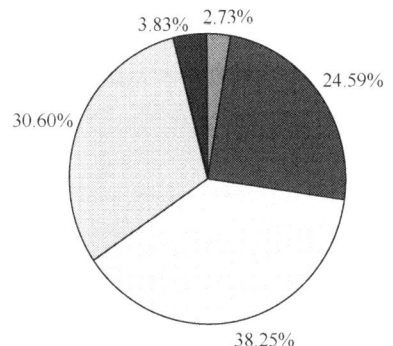

图 4-9 调查农户对农业生产方式的满意程度

产方式感到一般；30.60%的农户表达了不满意的愿望；在所有被调查的对象中，24.59%的农户对目前的农业生产方式感到满意。在现行农业生产方式下，种田成本较高，而且收成较低，这种传统农业生产方式已不能提高农民收入、改善农民生活条件，因而大部分浦口区农民对当前的农业生产方式感到不满；但是还有部分浦口区农民有着浓重的恋土情结，小农意识较强，满足于田园式的生活方式，还留恋于传统的农业生产方式，因而还有24.59%的农户对目前的农业生产方式感到满意。

（3）社会福利

从表4-3被调查农户对社会福利的满意程度来看，大部分农户对当前农村子女的教育现状感到满意，其中有98人对当前的教育现状感觉一般，占总调查对象的48.76%；有79人回答满意，所占的比例为39.30%。教育不公现象已成为当前我国主要的社会问题，特别是城乡教育资源分配不均，农村子女享受不到优质的教育资源，严重影响了农村教育事业的快速发展。从被调查者对教育的满意程度来看，大部分仍满足于当前农村的教育现状，对优质的教育资源没有表现出极大的热情，相比于城市居民对子女教育问题的重视，农村居民对子女的教育问题关注度偏低。随着国家加大对农村社会福利事业的投入，农村合作医疗、养老保险、最低生活保障等政策相继落实，农民对农村的卫生医疗、社会保险感到满意，其中41.79%和44.78%的被调查农户对当前浦口区的卫生医疗和社会保险感到满意。但是这些政策也存在着一些如大病有保障、小病无保障、保险发放标准过低等问题，因而对卫生医疗和社会保险不满意的农户也分别达到了12.94%和14.93%。在养老问题上，仅有22.89%的被调查对象不担心自己的养老问题，担心和非常担心的农户分别占总样本数的38.31%和21.39%，表达了他们对自己养老问题的忧虑。尽管在农村有子女养老的传统，但从调查结果来看，大部分被调查对象表达了对自己养老问题的担心和忧虑，说明养老问题是浦口区农民普遍关注的一个主要问题。

表4-3 调查农户对社会福利的满意程度

社会福利		非常满意（很不担心）	满意（不担心）	一般	不满意（担心）	很不满意（非常担心）
教育	样本数	7	79	98	13	4
	所占比例（%）	3.48	39.30	48.76	6.47	1.99
卫生医疗	样本数	15	84	64	26	12
	所占比例（%）	7.46	41.79	31.84	12.94	5.97
社会保险	样本数	6	90	72	30	3
	所占比例（%）	2.99	44.78	35.82	14.93	1.49
养老	样本数	5	46	30	77	43
	所占比例（%）	2.49	22.89	14.93	38.31	21.39

4.3.3 调查农户城乡统筹意愿分析

（1）城乡差距

当被问及被调查对象是喜欢城市生活还是喜欢农村生活时，张圩村79.41%的农户认为他们更喜欢城市生活（图 4-10），这主要是由于该村集体经济薄弱，加之洪涝灾害频繁，大部分村民对农村生活产生了一定的抵触情绪，同时该村正处于整体搬迁过渡期，他们对城市生活的愿望更加迫切。其余类型农村居民对城市生活的向往不是很强烈，一方面说明传统农村（双庙村、茶棚村）的农户有着较强的恋土情结，他们更倾向于农村生活，不愿意改变当前安逸的田园式农村生活；另一方面说明以五里村、福音社区、侯冲村为代表的新型农村居民对城市生活的不满和失望，这些村落的居民没有感受到城市生活带来的好处，他们的内心更倾向于对原来农村生活的回归，这也反映出农村居民对于新市民的转型仍然要有很长的一段适应期。

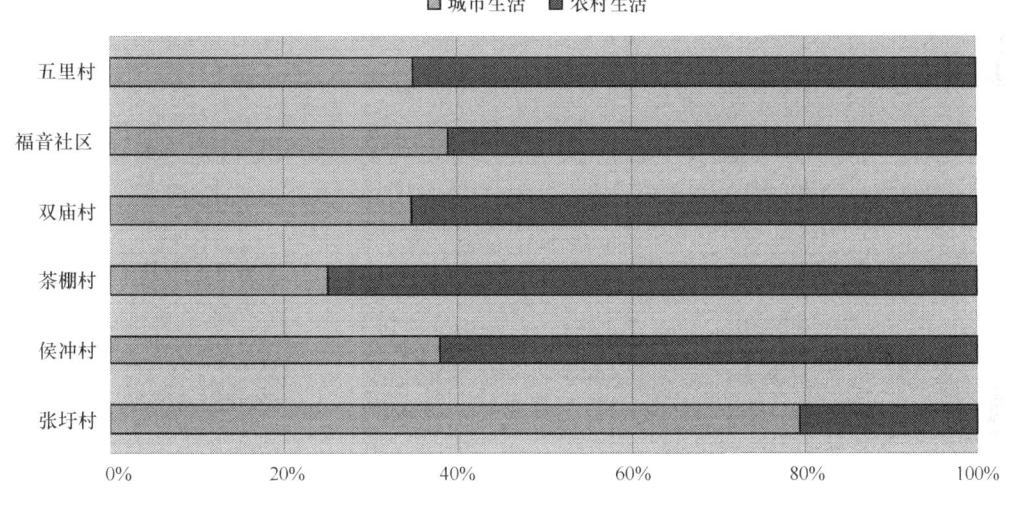

图 4-10 不同类型农村调查农户对城市农村生活的看法

从图 4-11 中可以看出，被调查对象中有 65.67%的人认为农村与城市之间最大的差距在于社会福利之间的差距,其次认为是生活水平之间的差距,占到总样本数的 20.90%。对于城乡差距，大部分农民更关注社会福利之间的差距，他们更希望在社会福利方面能

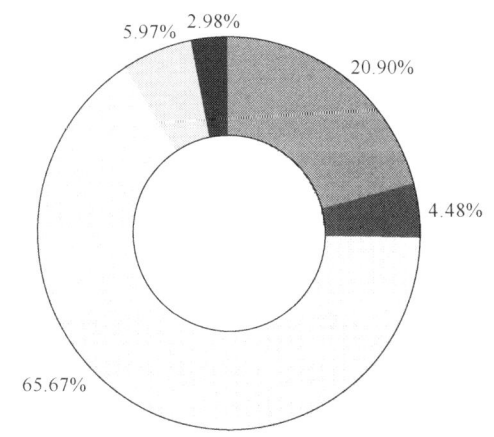

图 4-11 调查农户对城乡差距的看法

够享受到与城镇居民相同的待遇，从另一个角度和侧面也反映出当前城乡社会福利差距，包括教育、卫生医疗、养老之间的不公现象已严重影响到农村居民的心理不平衡。

（2）农地整治意愿

从不同类型农村被调查农户对种地收益的满意程度来看（表4-4），以张圩村为代表的农户不满意种田带来的收益，其中表达"不满意"和"很不满意"情绪的农户分别占该村总调查对象的47.06%和11.76%，主要是由于张圩村属于农业大村，农民收入主要靠农作物种植，但同时该村地处滁河纯圩区，地势低洼，经常遭受洪涝灾害，导致农作物产量低下，因而农户普遍对种地收益感到不满；以双庙村为代表的农户对种田带来的收益也很不满，特别是回答"很不满意"的农户所占的比例高达17.78%，主要原因为该村以传统种植业为主，经济贫穷落后，种田收益过低；福音社区虽然由村改为了社区，但仍然没有摆脱以农业种植为主的传统，社区农民还主要从事农业生产，因而以该社区为代表的农户对种田收益的不满意程度达到了24.39%；以茶棚村为代表的农户对种田收益的不满意程度也高达43.75%，主要是由于该村地处丘陵地区，农地种植效益低下，在农庄经济的带动下发展苗木花卉、果园种植的效益明显高于传统种植业；侯冲村交通便利，村级经济较薄弱，但该村通过发展农民协会，调整农业种植结构，农民收入大幅提高，因而以该村为代表的农户对种田收益的满意程度较高，达到了40.74%。

表4-4 不同类型农村调查农户对种田收益的满意程度

村名（社区）	非常满意		满意		一般		不满意		很不满意	
	样本数	比例（%）	样本数	比例（%）	样本数	比例（%）	样本数	比例（%）	样本数	比例（%）
张圩村	0	0.00	6	17.65	8	23.53	16	47.06	4	11.76
侯冲村	1	3.70	11	40.74	8	29.63	6	22.22	1	3.70
双庙村	1	2.22	3	6.67	16	35.56	17	37.78	8	17.78
福音社区	3	7.32	9	21.95	15	36.59	10	24.39	4	9.76
茶棚村	0	0.00	4	12.50	14	43.75	14	43.75	0	0.00
小计	5	2.79	33	18.44	61	34.08	63	35.20	17	9.50

被调查农户在回答关于是否愿意通过土地整治提高农地收益、是否赞成土地规模化经营（表4-5）时，不同类型农村农户都表现出了强烈的愿望。这表明不管是未进行土地整治和规模化经营的农村，还是已经进行城乡建设用地增减挂钩的农村，农民对于通

表4-5 不同类型农村调查农户对土地规模化经营的愿意程度

村名（社区）	非常愿意		愿意		一般		不愿意		很不愿意	
	样本数	比例（%）	样本数	比例（%）	样本数	比例（%）	样本数	比例（%）	样本数	比例（%）
福音社区	6	14.29	25	59.52	8	19.05	3	7.14	0	0.00
双庙村	16	35.56	18	40.00	4	8.89	5	11.11	2	4.44
茶棚村	3	9.38	20	62.50	7	21.88	2	6.25	0	0.00
侯冲村	5	17.86	18	64.29	3	10.71	2	7.14	0	0.00
张圩村	17	50.00	12	35.29	1	2.94	4	11.76	0	0.00
小计	47	25.97	93	51.38	23	12.71	16	8.84	2	1.10

过农地整治提高农地效益,进行土地规模化经营,增加收入的愿望都相当强烈;同时,这也从另一个方面说明浦口区农村农地现状收益较低,迫切需要通过一系列措施与政策改变农地效益低下的现状,提高农民收入,进而实现城乡统筹发展。

从浦口区农户农地规模化经营意愿变化(图4-12)中也可以看出类似的规律,浦口区农户赞成土地规模化经营的比例由2007年的52.60%上升为2010年的77.35%,不赞成的比例则由20.78%下降为9.94%,土地规模化的意愿逐渐增强,农户都表现出了强烈的农地规模化经营意愿。

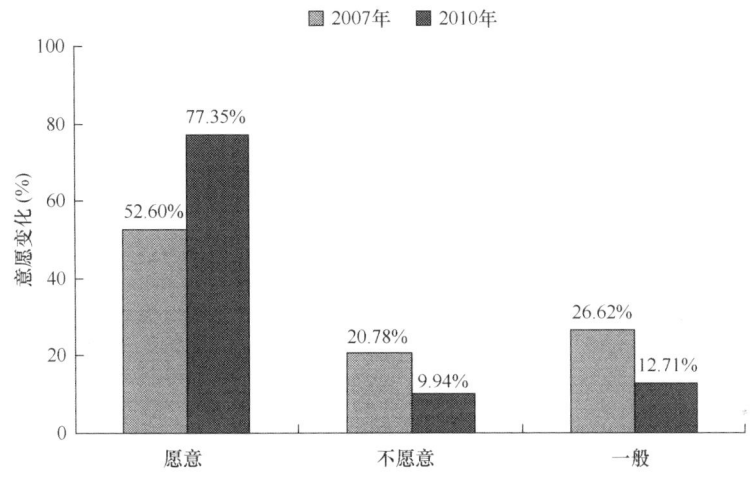

图4-12 浦口区农户农地规模化经营意愿变化

通过农地整治、城乡建设用地增减挂钩实现土地的规模化经营,必然涉及土地的流转、土地承包经营权的改变,因而当被问及土地流转后失地农民最担心的问题时,有44.97%的农户认为生活没有依靠是他们最担心的问题,认为看病和养老是他们最担心的问题的农户占所有被调查对象的32.54%(图4-13),说明土地仍然是浦口区农民最基本的依靠,是农民最基本的物质保障和生活来源。与2007年相比,浦口区农民担心生活

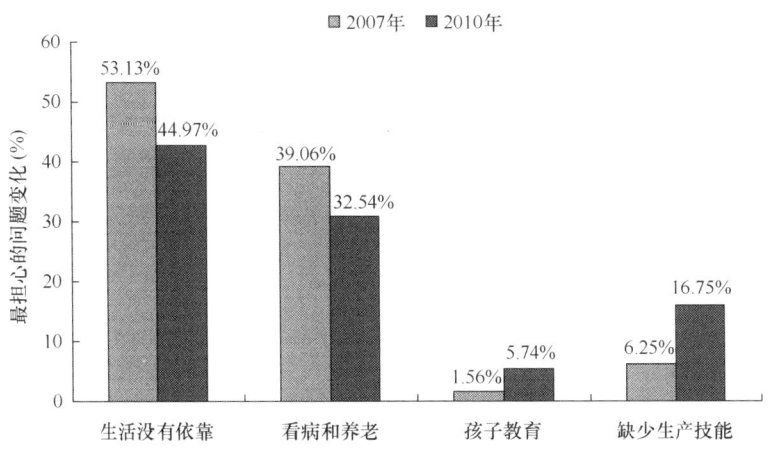

图4-13 调查农户失地后最担心的问题变化

没有依靠、看病和养老的比例有所降低，但比例仍很高，说明土地仍然是农民最基本的依靠，承担着农民的社会保障功能；同时，浦口区农民担心孩子教育和生产技能的比例有所上升，特别是担心缺少生产技能的比例由 2007 年的 6.25%上升为 2010 年的 16.75%，说明浦口区农民更加担心失去土地后的生存方式，由于传统农民生存方式单一，因而一旦失去土地，他们的生存方式、生活方式如何转变，如何对失地农民进行职业技能培训，提高他们的生存能力是城乡统筹发展过程中将要面临的突出问题。

（3）村镇改造意愿

在所有被调查的农户中，有 76 位农户因为土地征用等原因而被搬迁过，在这些被搬迁过的农户中，47.37%的农户对搬迁后的居住条件感到满意，6.58%的农户感到非常满意，回答"一般"的农户占 28.95%，还有 14.47%和 2.63%的农户对搬迁后的居住条件感到不满意和很不满意（图 4-14）。这表明经过村庄搬迁、村镇改造后，大部分农户对搬迁后的居住条件感到满意，但与此同时也应看到，村镇改造后农民统一居住，对农民的生产生活也带来了如农业生产工具摆放不便等问题。

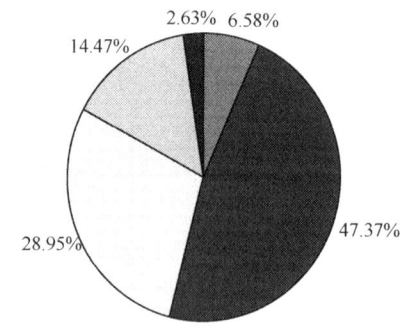

图 4-14　被搬迁农户对住房的满意程度

当被问及最希望的居住方式时，从图 4-15 中可以看出，在所有被调查对象中，有 50.98%的农户认为自建住房是他们最好的居住方式，认为政府安置小区是最好的居住方式的农户占到了所有被调查对象的 45.10%，回答"城镇自购商品房"是最好的居住方式的农户仅占 3.92%。这说明当前浦口区农民的"小农思想"较浓烈，他们对传统的一家一户的居住模式较依恋。

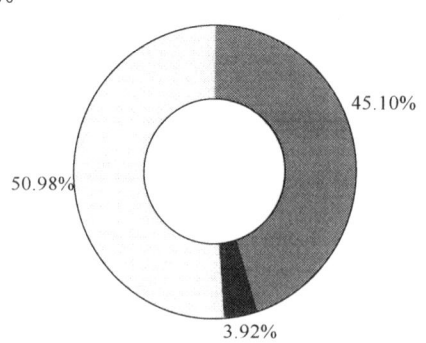

图 4-15　调查农户对居住方式的愿望

总体来看，被调查对象对安置补偿方式的回答较为分散，其中认为提供安置住房的比例最高，占 23.08%，其次认为应该补偿货币的农户占到了 21.92%，还有 20.77%的农户认为应该提供教育培训、养老医疗等社会保险等补偿，认为预留土地入股分红是最好的补偿方式的农户也占总样本数的 19.23%（图 4-16）。这说明农户对安置补偿愿望的多元化，农民已不仅仅满足于住房、货币等传统物质生活的安置方式，他们也对未来生活感到担忧，希望政府提供更好的社会保障。

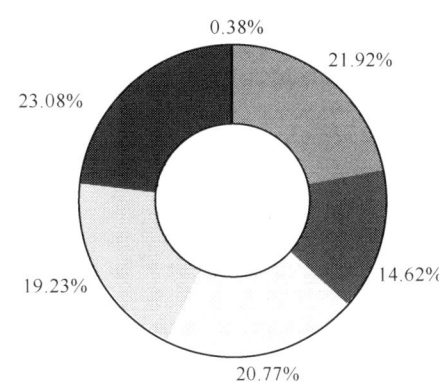

图 4-16 调查农户希望最好的补偿方式

当被问及当前征地补偿工作存在的主要问题时，从图 4-17 中可以看出，大部分调查农户认为补偿费太低是最主要的问题，所占的比例为 61.29%，其次有 17.34%的被调查农户认为补偿费分配不透明，存在不同区域间的差异。

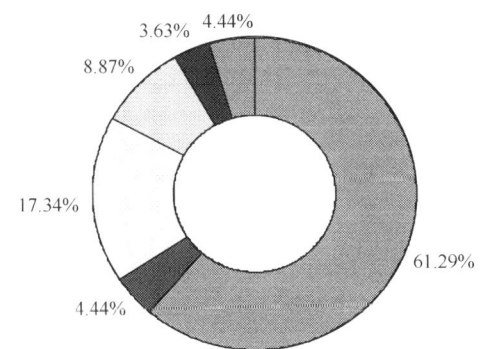

图 4-17 调查农户对征地补偿工作的看法

（4）要素配置意愿

通过对不同类型农村农户土地流转意愿的调查发现，不同类型农村农户对于土地经营权转让都表示了赞同，回答"愿意"所占的比例都超过了 40%，回答"非常愿意"的比值也较高（表 4-6）。从总体上看，愿意进行土地流转的比重为 46.15%，非常愿意的比例也占到 18.68%。在被问及是否愿意放弃种田而在城里工作时，大部分农户都表达了愿意的倾向，但是不愿意在城市工作的比重也较高，说明部分农户对土地的依赖性仍然较强。在关于是否愿意成为城镇户口这一问题上，不同类型农村的农户的回答有所不同，特别是以侯冲村为代表的农户和以五里村为代表的农户回答"不愿意"的比例分别高达27.59%和45.00%，超过了回答"愿意"农户的比例，主要是由于两村都有部分村民由农村户口转为城镇户口，这部分"新市民"没有感受到户籍改变带来的好处，表达出了他们对户籍转变的不满。同时，也表明大部分浦口区农民对户籍制度的改革持谨慎态度，对户籍的改变没有抱很大期望，他们对成为"新市民"的愿望不强烈。

表4-6 不同类型农村调查农户对土地经营权转让的意愿情况

村名（社区）	非常愿意		愿意		一般		不愿意		很不愿意	
	样本数	比例（%）	样本数	比例（%）	样本数	比例（%）	样本数	比例（%）	样本数	比例（%）
福音社区	9	21.43	21	50.00	5	11.90	7	16.67	0	0.00
双庙村	9	20.00	19	42.22	8	17.78	7	15.56	2	4.44
茶棚村	1	3.13	15	46.88	9	28.13	7	21.88	0	0.00
侯冲村	4	13.79	13	44.83	4	13.79	7	24.14	1	3.45
张圩村	11	32.35	16	47.06	0	0.00	6	17.65	1	2.94
小计	34	18.68	84	46.15	26	14.29	34	18.68	4	2.20

从纵向变化来看，浦口区农户土地流转意愿逐渐增强，图4-18显示，2007年浦口区农户愿意进行土地流转的比例仅为25.97%，至2010年浦口区农户土地流转意愿率高达64.83%。这说明大部分农户对于现状土地收益感到不满，农业生产已不是他们主要的收入来源，他们倾向于进行土地流转，但从图4-18中也可以看出，不愿意进行土地流转的比例变化不大，还保持在20%以上，说明部分浦口区农民对土地较依恋，恋土情结较为严重，仍然希望保留土地的经营权。

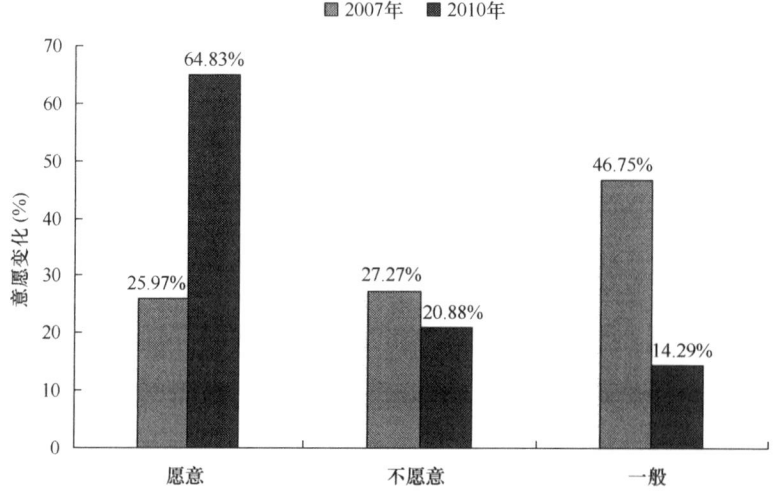

图4-18 浦口区农户土地流转意愿变化

从表4-7中也可以看出，大部分浦口区农民都希望在当地就业，从事非农产业，不同类型农村居民在回答"非常希望"和"希望"的比例都较高。从总体上看，有117人希望在当地从事非农产业，占所有被调查对象的58.21%，39人非常希望实现当地非农产业就业，所占比例也达到19.40%。

表4-7 不同类型农村调查农户对当地就业的愿望程度

村名（社区）	非常希望		希望		一般		不希望		很不希望	
	样本数	比例（%）	样本数	比例（%）	样本数	比例（%）	样本数	比例（%）	样本数	比例（%）
五里村	3	15.00	10	50.00	4	20.00	3	15.00	0	0.00
福音社区	8	19.51	27	65.85	4	9.76	1	2.44	1	2.44
双庙村	10	22.22	22	48.90	5	11.11	6	13.33	2	4.44
侯冲村	4	13.79	19	65.52	3	10.34	2	6.90	1	3.45
张圩村	11	32.35	21	61.77	0	0.00	2	5.88	0	0.00
茶棚村	3	9.38	18	56.25	7	21.87	3	9.38	1	3.12
小计	39	19.40	117	58.21	23	11.44	17	8.46	5	2.49

4.4 农户城乡统筹意愿的影响因素分析

4.4.1 理论分析

对于城乡统筹发展而言，需要农户的积极参与，并要为实现城乡统筹发展提供必要的服务，如土地经营权的改变、房屋的搬迁、从事非农业生产等。在此，假设城乡统筹具有"公共物品"的特性，借鉴农户合作行为博弈模型的思路，对影响农户城乡统筹发展意愿的因素进行理论分析（朱红根等，2010）。

假设代表村内有 n 个农户，代表村内的农户城乡统筹意愿分为愿意和不愿意两类，如果农户 i 愿意进行城乡统筹，则他为城乡统筹发展提供的服务为 f_i，否则，农户 i 为城乡统筹发展提供的服务为 0。假设在其他投入要素给定不变的情况下，F 代表村庄实现城乡统筹发展提供的公共服务总量，$F = \sum_{i=1}^{n} r_i f_i + F_0$，式中，$r_i$ 为不同农户为城乡统筹发展提供的服务对公共物品的影响；F_0 为村庄实现城乡统筹发展前的社会经济状况。设农户 i 的效用函数为 $U_i = U_i(x_i, F)$ $(i=1,2,3,\cdots,n)$，式中，x_i 为农户 i 消费的私人物品量。

农户是否愿意进行城乡统筹发展，关键在于在农户自身禀赋 M_i 和其他农户城乡统筹服务供给选择的约束下，农户以最优策略 (x_i, f_i)，使其参与城乡统筹发展的效用函数 $U_i = U_i(x_i, F)$ 最大化，其中，

$$M_i = p_x x_i + p_f f_i \tag{4-1}$$

式中，p_x 为农户消费的私人物品价格；p_f 为农户提供城乡统筹服务的价格；M_i 为农户提供城乡统筹服务后的个人总预算收入。

假设 $\partial U_i/\partial x_i > 0, \partial U_i/\partial F > 0$，且农户消费的私人物品和农户参与城乡统筹公共服务的边际替代率是递减的，则农户参与城乡统筹发展效用最大化的拉格朗日函数式为

$$L = U_i(x_i, F) + \lambda(M_i - p_x x_i - p_f f_i) \tag{4-2}$$

农户 i 效用最大化的一阶微分条件为 $\partial L/\partial f_i = 0, \partial L/\partial x_i = 0$，即

$$\frac{\partial U_i}{\partial F}\frac{\partial F}{\partial f_i} - \lambda p_f = 0, \quad \frac{\partial U_i}{\partial x_i} - \lambda p_x = 0 \tag{4-3}$$

由式（4-3）得

$$\frac{\partial U_i/\partial F}{\partial F/\partial x_i}\frac{\partial F}{\partial f_i} = \frac{p_f}{p_x} \quad (i=1,2,3,\cdots,n) \tag{4-4}$$

式（4-4）即为效用理论（消费者行为理论）中的均衡条件。如果其他农户参与城乡统筹发展的选择给定后，那么每个农户参与城乡统筹发展就如同购买私人物品一样。N 个均衡条件决定了农户参与城乡统筹发展的纳什均衡：$f^* = (f_1^*, \cdots, f_i^*, \cdots, f_n^*)$。

假定农户有如下柯布-道格拉斯效用函数：

$$U_i = x_i^\alpha F^\beta, 0<\alpha<1, 0<\beta<1, \alpha+\beta \leqslant 1 \tag{4-5}$$

式中，α 和 β 分别为农户购买私人物品和参与城乡统筹发展消费量变化所引起的效用变化的比率，即表示农户购买私人物品和农户参与城乡统筹发展对于农户个人的重要程度（α 越大，说明农户购买私人物品越重要；β 越大，说明农村参与城乡统筹发展越重要）。

将式（4-5）代入式（4-4）中，农户 i 个人最优均衡条件可简化为

$$\frac{\beta x_i^\alpha F^{\beta-1}}{\alpha x_i^{\alpha-1} F^\beta} r_i = \frac{p_f}{p_x} \quad (i=1,2,3,\cdots,n) \tag{4-6}$$

将式（4-6）代入约束条件式（4-1），整理可得到如下反应函数：

$$f^* = \frac{\beta}{\alpha+\beta}\frac{M_i}{p_f} - \frac{\alpha}{\alpha+\beta}\frac{1}{r_i}\left(\sum_{j\neq i}^n r_i f_i + F_0\right) (i=1,2,3,\cdots,n) \tag{4-7}$$

对反应函数式（4-7）进行变形，可得到式（4-8）：

$$f^* = \frac{1}{(\alpha/\beta)+1}\frac{M_i}{p_f} - \frac{1}{1+\frac{1}{\alpha/\beta}}\frac{1}{r_i}\left(\sum_{j\neq i}^n r_i f_i + F_0\right) (i=1,2,3,\cdots,n) \tag{4-8}$$

令 $\gamma = \frac{\alpha}{\beta}$，表示农户私人物品消费与参与城乡统筹发展的相对重要性，可以得到：

$$f^* = \frac{1}{\gamma+1}\frac{M_i}{p_f} - \frac{\gamma}{\gamma+1}\frac{1}{r_i}\left(\sum_{j\neq i}^n r_i f_i + F_0\right) (i=1,2,3,\cdots,n) \tag{4-9}$$

式（4-9）对 γ 求偏导：

$$\frac{\partial f^*}{\partial \gamma} = -\frac{1}{(\gamma+1)^2}\left[\frac{M_i}{p_f} + \frac{1}{r_i}\left(\sum_{j\neq i}^n r_i f_i + F_0\right)\right] (i=1,2,3,\cdots,n) \tag{4-10}$$

通过式（4-9）和式（4-10）可以对影响农户城乡统筹意愿的主要因素进行分析。从农户最优反应函数关系式中可以看出，影响农户城乡统筹意愿的主要因素有 γ（农户私人物品消费与参与城乡统筹发展的相对重要性）、M_i（农户个人总预算收入）、p_f（提供城乡统筹发展服务的价格）、r_i（不同农户为城乡统筹发展提供的服务对公共物品的影响）、F_0（村庄实现城乡统筹发展前的社会经济状况）。农户个人收入水平 M_i 越高，不

同农户为城乡统筹发展提供的服务对公共物品的实际影响 r_i 越大，农户越倾向于实施城乡统筹发展；农户私人物品消费与参与城乡统筹发展的相对重要性 γ 越大，城乡统筹服务的价格 p_f 越高，村庄原有社会经济状况 F_0 越好，农户对实现城乡统筹的愿望越不强烈，具体分析如下。

1）农户私人物品消费与参与城乡统筹发展的相对重要性 γ：从上述农户最优反应函数式中可以看出，私人物品消费相对于参与城乡统筹发展的相对重要性 γ 越大，即城乡统筹发展对农户收入的影响越小，农户参与城乡统筹发展的意愿将会越低。农户是否愿意参与城乡统筹发展，很大程度上取决于农户权衡城乡统筹发展能否提高他们的收入、改善他们的生活水平，如果农户生产生活的改变更多依赖于城乡统筹发展，那么他们的城乡统筹愿意就会越强烈。

2）农户个人总预算收入 M_i：收入水平的高低是影响农户生活幸福感的重要指标，从式（4-9）和式（4-10）中可以看出，农户收入水平越高，他们的城乡统筹意愿越强烈。因而，农户对家庭收入的满意程度、家庭收入的主要来源、是否从事非农生产、农户年龄大小等因素都会影响到农户收入水平的高低，进而影响到他们是否愿意进行城乡统筹发展。

3）城乡统筹发展服务的价格 p_f：由上述农户最优反应函数关系式可知，城乡统筹服务价格 p_f 对农户参与城乡统筹发展的影响是负向的，即农户参与城乡统筹发展付出的成本越低，他们参与城乡统筹发展的积极性就越高。例如，在实现城乡统筹发展的过程中，农户将会考虑搬迁所支付的成本，如果他们对当前的住房、家庭生活设施越满意，说明搬迁统一居住的成本将会增加，他们对城乡统筹发展的积极性就会有所越低。

4）不同农户为城乡统筹发展提供的服务对公共物品的影响 r_i：这种影响与农户参与城乡统筹发展的意愿是呈正相关的，即不同农户为城乡统筹发展提供的服务对公共物品的实际影响越大，农户参与城乡统筹发展的愿望就越强烈。总体来说，这种影响主要与农户个体与家庭差异有关。农户年龄、文化程度、家庭收入、家庭花费的不同，他们为城乡统筹发展提供的服务就会存在很大差别，如年龄越大的农户，恋土情结浓厚，他们实现城乡统筹发展的愿意就越不强烈；文化程度越高的农户，他们对城乡统筹的认知度和接受度就会越强，参与城乡统筹发展的积极性就会越高。

5）村庄实现城乡统筹发展前的社会经济状况 F_0：村庄原有社会经济状况与农户城乡统筹意愿成正比，即如果村庄现有社会经济状况越好，农户对当前生产生活越满意，他们就更加追求生活的品质与质量，他们的城乡统筹愿望就会越强烈；如果村庄现有社会经济状况越差，他们的恋土情结就会越严重，越依恋于乡村生活，他们参与城乡统筹发展的积极性就会越低。

4.4.2 研究模型与变量设置

为进一步分析影响农户城乡统筹发展意愿的主要因素，将城乡统筹发展意愿分为农地整治意愿、村镇改造意愿、要素配置意愿。为便于统计与分析，将这三大意愿结果总体归为两类：愿意和不愿意。农户城乡统筹发展意愿受到多种因素的影响和制约，因此本书采用应用最为广泛的 Logit 模型来分析农户城乡统筹发展的意愿（杜文星和黄贤金，2005；李晓云等，2007；赵国玲和杨钢桥，2009；钟太洋等，2005），根据因变量取值类别的不同，Logit 模型又分为多种模型，根据本书研究的需要，本书中采用二分类逻辑回归（binary logistic regression）。

从上述理论分析可以看出，总体而言，浦口区农户城乡统筹意愿影响因素主要包括个体、家庭、社区三大类变量，其中个体特征变量包括年龄、性别、文化水平、种田意愿、城乡生活喜好；家庭特征变量包括家庭收入满意度、家庭收入主要来源、家庭食物花费所占比重、家庭住房满意度、家庭生活设施满意度；社区特征变量包括农业人口比重、人均年收入、人均耕地面积、人均住房面积、交通状况、社会保险满意度、环境卫生满意度。每个解释变量的具体含义与赋值统计方法见表 4-8。

表 4-8 农户意愿解释变量定义与描述统计

	变量名称	变量定义及赋值
个体特征变量	1 年龄	1=16 岁以下；2=16~25 岁；3=26~45 岁；4=46~65 岁；5=65 岁以上
	2 性别	1=男；2=女
	3 文化水平	1=小学及以下；2=初中；3=高中；4=大专；5=大学及以上
	4 种田意愿	1=愿意多种些田；2=只愿意种好现有的田；3=愿意少种些田；4=不想种田
	5 城乡生活喜好	1=城市；2=农村
家庭特征变量	6 家庭收入满意度	1=非常满意；2=满意；3=一般；4=不满意；5=很不满意
	7 家庭收入主要来源	1=外出务工；2=本地经商；3=公司企业工作；4=从事农业生产；5=其他
	8 家庭食物花费所占比重	1=10%以下；2=10%~30%；3=30%~50%；4=50%~75%；5=75%以上
	9 家庭住房满意度	1=非常满意；2=满意；3=一般；4=不满意；5=很不满意
	10 家庭生活设施满意度	1=非常满意；2=满意；3=一般；4=不满意；5=很不满意
社区特征变量	11 农业人口比重	调查对象所在村农业人口占总人口的比例
	12 人均年收入	调查对象所在村平均每人每年的收入，单位：元/人
	13 人均耕地面积	调查对象所在村平均每人所占耕地的面积，单位：亩/人
	14 人均住房面积	调查对象所在村平均每人住房的面积，单位：m^2/人
	15 交通状况	1=非常方便；2=方便；3=一般；4=不方便；5=很不方便；6=极不方便
	16 社会保险满意度	1=非常满意；2=满意；3=一般；4=不满意；5=很不满意
	17 环境卫生满意度	1=非常满意；2=满意；3=一般；4=不满意；5=很不满意

为了消除自变量之间相关性影响，提高模型估计的正确性，在运用 Logit 模型之前，对所选解释变量进行 Pearson 相关分析，删除相关程度较高的因子，各因素相关性检验结果见表 4-9。从表 4-9 中可以看出，因子 11（农业人口比重）和因子 13（人均耕地面积）之间存在极显著相关性，相关系数达到了 0.877，因此将农业人口比重（因子 11）删除。

4.4.3 研究结果分析

（1）农地整治意愿影响分析

将农地整治意愿分为愿意和不愿意两类，分别赋值为 1 和 0，采用 SPSS16.0 中的二

表 4-9 农户意愿解释变量 Pearson 相关分析结果

序号	1	2	3	4	5	6	7	8	9	10	11	12	13	14	15	16	17
1	1.000	−0.163*	−0.446**	0.154*	−0.011	0.005	0.102	0.170*	−0.027	0.038	0.222*	−0.342*	0.083	0.158*	0.259**	−0.083	−0.062
2		1.000	−0.010	0.042	−0.128	0.188**	−0.057	0.016	−0.036	0.009	−0.176*	0.033	−0.197**	0.092	−0.102	−0.002	−0.033
3			1.000	0.013	−0.166*	−0.190**	−0.111	−0.068	−0.035	−0.141*	0.171*	0.145*	0.275**	−0.191**	−0.037	−0.078	−0.011
4				1.000	−0.207**	0.026	−0.006	−0.058	0.101	0.113	0.126	0.054	0.172*	−0.099	0.194**	0.071	0.225**
5					1.000	0.065	0.115	−0.141*	−0.051	0.019	−0.198**	0.001	−0.188**	0.225**	−0.086	0.048	−0.017
6						1.000	−0.029	0.133	0.496**	0.456**	−0.092	−0.002	−0.100	0.127	0.122	0.354**	0.307**
7							1.000	0.019	−0.020	−0.105	0.157*	−0.040	0.162*	−0.051	0.080	−0.058	−0.054
8								1.000	0.153*	0.128	−0.140*	0.070	−0.118	0.116	0.019	0.030	0.085
9									1.000	0.504**	0.008	0.002	0.015	0.055	0.122	0.293**	0.376**
10										1.000	−0.074	−0.031	−0.088	0.119	0.129	0.314**	0.287**
11											1.000	−0.548**	0.877**	−0.230**	0.707**	−0.013	−0.075
12												1.000	−0.106	−0.518**	−0.547**	0.042	0.094
13													1.000	−0.517**	0.560**	0.034	0.002
14														1.000	0.063	0.046	0.098
15															1.000	0.113	0.290**
16																1.000	0.480**
17																	1.000

*表示在 0.05 水平上显著；**表示在 0.01 水平上显著。

值逻辑回归（binary logistic regression）模块中的 Backward Stepwise 方法进行分析，将个人、家庭、社区因素引入到模型中，模型运算结果如下。

模型样本数为 201，–2LL（–2log likelihood）为 129.668、Cox&Snell R Square 值为 0.134，Nagelkerke R Square 值为 0.232，模型卡方检验值（model chi-square）为 25.934（自由度为 3，卡方检验显著值为 0.000），模型整体预测正确率为 85.6%，有半数以上变量系数检验是显著的且大多相伴概率值比较小，因此可以用该结果进行解释。模型运行到第 14 步最后保留的变量为文化水平、种田意愿、人均年收入，这 3 个变量的系数分别为 0.857、0.655、0.000，主要模拟结果见表 4-10。

表 4-10 农地整治意愿个体、家庭、社区因素 Logit 模型估计结果

步数	因素	常数值	标准误	卡方值	自由度	P 值	OR 值
第 14 步	3 文化水平	0.857	0.326	6.905	1	0.009	2.356
	4 种田意愿	0.655	0.210	9.701	1	0.002	1.924
	12 人均年收入	0.000	0.000	5.254	1	0.022	1.000
	常数	–1.822	0.845	9.057	1	0.003	0.041

从 Logit 模型对个人、家庭、社区因素的回归分析来看，影响农地整治意愿的因素主要为农户的文化水平、种田意愿、人均年收入。

文化水平这一变量的系数为正，说明文化水平对农地整治意愿的影响是正向的，即文化程度越高的农户更倾向于进行农地整治，文化程度越低的农户不愿意进行农地整治。农户文化程度越高，他们对农地整治的认知度和接受度会越强，对农村现状、农地收成、家庭收入的不满也会越强烈，由于这部分农户掌握了较高的科技文化知识，他们会更希望通过土地整治、土地规模化经营提高农地效益，增加收入；此外，由于文化程度较高的农户以农村青壮年劳力居多，他们外出务工，从事非农工作的机会增多，这使得他们对土地的依赖性减弱，土地流转增多，他们也更赞成农地整治和土地的规模化经营。相反，农户文化水平较低，接受新鲜事物的能力较弱，受传统意识的影响，他们有着浓厚的恋土情结，对农地收成的满足使得他们更希望维持在低投入、低产出的粗放式种植方式上，没有强烈的农地整治、土地规模化经营愿望。

种田意愿这一变量的系数为正，说明种田意愿对农地整治意愿的影响是正向的，即不想种田的农户更倾向于进行农地整治，愿意多种田的农户不愿意进行农地整治。不愿意种田的农户，一部分为已有其他致富门路的农户，他们主要从事的是非农生产，另一部分仍然以传统农业种植业为主，这部分农户不愿意种田的主要原因是感觉到种田的成本太高、产量太低、工作辛苦，两种类型的农户都不愿意种田，说明他们对种田都产生了一种失望感，他们更希望通过农地整治、土地规模化经营来改变这种现状，因而他们对农地整治有着强烈的愿望。农户愿意多种田，说明这部分农户满足种田带来的收益，他们更愿意维持现有的现状，对农地整治的愿望不强烈。

人均年收入也是影响农地整治意愿的一个重要因素，这一变量的系数为正，说明人均年收入越高的农户更倾向于进行农地整治，人均年收入越低的农户进行农地整治的愿望越不强烈。人均年收入越高，说明这部分农户收入中非农收入的比重较高，他们对土

地的依赖性较小，农户更愿意将自己经营的土地通过土地流转、农地整治、土地规模化经营的方式提高农地的收益。反之，人均年收入越低，说明这部分农户收入以农业种植收入为主，非农收入比重低，农户有着较强的恋土情结，他们不愿意将自己经营的土地进行流转、整治、规模化生产，仍然希望维持原来农地耕种的现状，因而这部分农户对农地整治的愿望不强烈。

（2）村镇改造意愿影响分析

将村镇改造意愿分为愿意和不愿意两类，分别赋值为 1 和 0，采用 SPSS16.0 中的二值逻辑回归模块中的 Backward Stepwise 方法进行分析，将个人、家庭、社区因素引入到模型中，模型运算结果如下。

模型样本数为 201，-2LL（-2log likelihood）为 226.153、Cox&Snell R Square 值为 0.056，Nagelkerke R Square 值为 0.077，模型卡方检验值（model chi-square）为 10.424（自由度为 3，卡方检验显著值为 0.015），模型整体预测正确率为 67.8%，有半数以上变量系数检验是显著的且大多相伴概率值比较小，因此可以用该结果进行解释。模型运行到第 14 步最后保留的变量为文化水平、家庭生活设施满意度、人均年收入，这 3 个变量的系数分别为 0.355、0.395、0.000，主要模拟结果见表 4-11。

表 4-11 村镇改造意愿个体、家庭、社区因素 Logit 模型估计结果

步数	因素	常数值	标准误	卡方值	自由度	P 值	OR 值
第 14 步	3 文化水平	0.355	0.196	3.280	1	0.070	1.426
	10 家庭生活设施满意度	0.395	0.189	4.351	1	0.037	1.484
	12 人均年收入	0.000	0.000	2.671	1	0.102	1.000
	常数	-1.932	0.804	5.773	1	0.016	0.145

从 Logit 模型对个体、家庭、社区因素的回归分析来看，影响村镇改造意愿的因素主要为农户的文化水平、家庭生活设施满意度、人均年收入。

文化水平这一变量的系数为正，说明文化水平对村镇改造意愿的影响是正向的，即文化程度越高的农户更倾向于进行村镇改造，文化程度越低的农户不愿意进行村镇改造。文化程度越高的农户，他们对村镇改造的认知度和接受度会越强，同时由于这部分农户以农村青壮年劳力居多，他们外出务工、从事非农工作的机会较多，对城乡差距的认识也更为深刻，农户对农村居住现状的不满会越强烈，因而他们更希望通过村镇改造的方式提高生活品质、改善生活环境。相反，文化水平较低的农户，他们对村镇改造的认知度和接受度会越弱，受传统意识的影响，恋土情结依旧浓厚，农户依恋祖祖辈辈一直生活的"田园式"居住环境，对当前城市"鸟笼式"的居住方式不适应，他们对统一居住造成的生产生活不便感到担忧，这都影响了这部分农户对村镇改造的意愿。

家庭生活设施满意度这一变量的系数也为正，说明家庭生活设施满意度对村镇改造意愿的影响是正向的，即对家庭生活设施越不满意的农户更倾向于进行村镇改造，对家庭生活设施越满意的农户不愿意进行村镇改造。随着农村物质生活水平的提高，农民也更加追求生活品质的提高，他们不仅仅追求宽敞明亮的房子，更加注重家庭内部环境、生活设施的舒适度。对家庭生活设施越不满意的农户,他们的住房条件也较差,他们迫切希望通过村镇改造的方式改善居住环境,提高生活质量;对家庭生活设施满意的农户,他们的住房条件也相对较好,他们对现状居住环境感到满意,因而对村镇改造的愿望也就不那么强烈。

人均年收入也是影响村镇改造意愿的一个重要因素,这一变量的系数为正,说明人均年收入越高的农户更倾向于进行村镇改造,人均年收入越低的农户进行村镇改造的愿望不强烈。人均年收入越高,说明这部分农户收入中非农收入的比重较高,他们外出务工、从事非农工作的机会较多,农户对城乡差距的感受也就越深,对现状居住环境的不满越强,因而他们更愿意通过村镇改造的方式改善居住环境,过上与城里人一样的生活。反之,人均年收入越低,说明这部分农户收入以农业种植收入为主,非农收入比重低,他们长期生活在农村,对当前生活状况、居住环境比较满足,恋土情结较重,他们不愿意改变现状,不希望搬离祖祖辈辈生活多年的故土,因而这部分农户对村镇改造的愿望不强烈。

(3) 要素配置意愿影响分析

将要素配置意愿分为愿意和不愿意两类,分别赋值为 1 和 0,采用 SPSS16.0 中的二值逻辑回归模块中的 Backward Stepwise 方法进行分析,将个人、家庭、社区因素引入到模型中,模型运算结果如下。

模型样本数为 201,$-2LL$($-2\log likelihood$)为 169.417、Cox&Snell R Square 值为 0.135,Nagelkerke R Square 值为 0.204,模型卡方检验值(model chi-square)为 26.161(自由度为 3,卡方检验显著值为 0.000),模型整体预测正确率为 80.0%,有半数以上变量系数检验是显著的且大多相伴概率值比较小,因此可以用该结果进行解释。模型运行到第 14 步最后保留的变量为种田意愿、城乡生活喜好、人均耕地面积,这 3 个变量的系数分别为 0.678、-1.069、-0.556,主要模拟结果见表 4-12。

表 4-12 要素配置意愿个体、家庭、社区因素 Logit 模型估计结果

步数	因素	常数值	标准误	卡方值	自由度	P 值	OR 值
第 14 步	4 种田意愿	0.678	0.180	14.157	1	0.000	1.971
	5 城乡生活喜好	-1.069	0.429	6.210	1	0.013	0.343
	13 人均耕地面积	-0.556	0.303	3.343	1	0.068	0.573
	常数	2.027	1.087	3.477	1	0.062	7.593

从 Logit 模型对个体、家庭、社区因素的回归分析来看,影响要素配置意愿的因素主要为农户的种田意愿、城乡生活喜好、人均耕地面积。

种田意愿这一变量的系数为正,说明种田意愿对要素配置意愿的影响是正向的,即越不想种田的农户越倾向于进行要素配置,希望多种田的农户不愿意进行要素配置。不愿意种田的农户,一部分为已有其他致富门路的农户,他们主要从事的是非农生产,他们以农村青壮年劳力为主,这部分农户对土地的依赖较小,因而他们对土地流转、从事其他非农产业、成为城市户口的愿望也更加强烈;另一部分仍然是以传统农业种植业为

主的农户，这部分农户感觉种田的成本高、产量低，他们对种田感到失望，迫切希望通过土地经营权的流转、从事其他非农产业来改变这种现状。农户愿意多种田，说明这部分农户满足种田带来的收益，他们对现状生活满足，不愿意改变现状，农户对种田收入感到满足，不愿意从事其他非农生产，因而对要素配置的愿望不强烈。

城乡生活喜好这一变量的系数为负，说明城乡生活喜好对要素配置意愿的影响是负向的，即更喜欢城市生活的农户更倾向于进行要素配置，喜欢农村生活的农户不愿意进行要素配置。喜欢城市生活的农户，对农村生活现状的不满使得他们对土地流转、从事其他非农产业、成为城市户口的愿望更加强烈，他们迫切希望改变现状，过上城里人的生活，享受和城里人一样的福利待遇。喜欢农村生活的农户，他们有着浓厚的恋土情结，对当前安逸的生活感到满足，他们不向往城市生活，对城市生活不适应，因而他们对土地流转、从事其他非农产业、成为城市户口等进行要素配置的愿望也就不那么强烈。

人均耕地面积也是影响要素配置意愿的一个重要因素，这一变量的系数为负，说明人均耕地面积越低的农户更倾向于进行要素配置，人均耕地面积越高的农户进行要素配置的愿望不强烈。人均耕地面积越低，说明这部分农户耕地面积少，他们对土地的依赖性较小，他们更愿意对土地经营权进行流转，从事非农产业的愿望也较强烈，他们也希望成为城镇户口，过上城市生活。反之，人均耕地面积越高，说明这部分农户以农业种植为主，恋土情结较重，不愿意改变现状，不向往城市生活，他们对土地流转、从事其他非农产业、成为城市户口等进行要素配置的愿望也就不那么强烈。

（4）城乡统筹意愿影响总结分析

1）农地整治意愿：从调查结果来看，大部分浦口区农户对当前种田的满意度较低，他们都赞成城乡增减挂钩、土地整治、万顷良田等相关土地政策，希望通过土地整治、土地规模化经营提高农地收益。但同时他们也表达了土地流转、土地承包经营权改变后对于生活、看病和养老等社会保障问题的担心。影响农地整治意愿的因素主要为农户的文化水平、种田意愿、人均年收入。文化程度高相比文化程度低的农户更倾向于进行农地整治；不想种田的农户更倾向于进行农地整治，愿意多种田的农户不愿意进行农地整治；人均年收入越高的农户更倾向于进行农地整治，人均年收入越低的农户对进行农地整治的愿望不强烈。

2）村镇改造意愿：在所有被调查的农户中，大部分农户对搬迁后的居住条件感到满意，但同时村镇改造后农民统一居住对农民的生产生活也带来了诸多不便。很大一部分农户也表达了在村镇改造中对于自建住房的留恋，农户对安置补偿的愿望更加趋于多元化，他们已不仅仅满足于住房、货币等传统物质生活的安置方式，对未来生活担忧、希望政府提供更好的社会保障、补偿费太低是他们认为当前征地补偿工作过程中存在的最主要问题。文化水平、家庭生活设施满意度、人均年收入是影响农户村镇改造意愿的主要因素。文化程度越高的农户更倾向于进行村镇改造，文化程度越低的农户越不愿意进行村镇改造；对家庭生活设施越不满意的农户更倾向于进行村镇改造，对家庭生活设施越满意的农户不愿意进行村镇改造；人均年收入越高的农户更倾向于进行村镇改造，人均年收入越低的农户对进行村镇改造的愿望不强烈。

3) 要素配置意愿：农户对土地经营权转让都表达了强烈的意愿；在劳动力流动方面，大部分农户都表达了愿意的倾向，也有部分农户表示不愿意；部分"新市民"（以侯冲村为代表的"特色农业开发型"农户和以五里村为代表的"工业企业带动型"）表达出了从农村户口转变为城镇户口的不满。影响要素配置意愿的因素主要为农户的种田意愿、城乡生活的喜好、人均耕地面积。越不想种田的农户越倾向于进行要素配置，希望多种田的农户不愿意进行要素配置；更喜欢城市生活的农户更倾向于进行要素配置，喜欢农村生活的农户不愿意进行要素配置；人均耕地面积越低的农户更倾向于进行要素配置，人均耕地面积越高的农户对进行要素配置的愿望不强烈。

总体来看，恋土情结影响着农户对城乡统筹发展的意愿。恋土情结影响着农户城乡统筹发展的意愿，他们对土地的依赖，对传统的田园式生活方式的依恋，都直接或间接影响农户参与城乡统筹的积极性。这种思想观念仍将长期存在于中国广大农村，但与此同时我们也应该看到，随着新一代农民的成长，这种感情正在受到冲击，新一代农民与他们的前辈相比，恋土情结正在淡化，对农村生活的依恋也在减弱。年轻一代的农民失去了他们父辈以土地为生的生活技能，他们如何生存，如何生活也是当前城乡统筹发展过程中所要面临的紧迫问题。

4.5 农户意愿对城乡统筹实现的影响分析

4.5.1 人工神经网络模型

神经元生物学模型（简称 M-P 模型）于 1943 年被心理学家 McCulloch 和数学家 Pitts 提出，在经历发展初期的艰苦摸索后，20 世纪 80 年代以来，神经网络系统理论得到迅速发展，目前已被广泛应用于模式识别、经济管理和优化控制等领域。人工神经网络（artificial neural networks，ANNs）是抽象、简化、模拟大脑的基本特性而建立起来的一种信息处理系统。人工神经网络具有自学习和自适应的能力，能够处理许多非线性问题（飞思科技产品研发中心，2005；孙华等，2010；王昌全，2005）。

（1）神经元结构模型

神经元是神经网络的基础处理单元，基本功能为信号的输入、处理、输出，其通用的结构模型如图 4-19 所示。

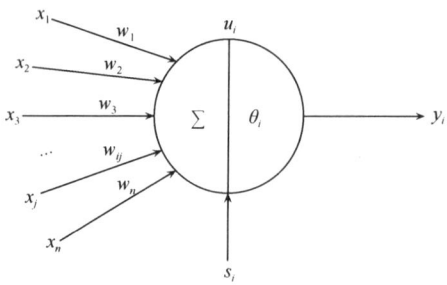

图 4-19 神经元结构模型

其中，x_j 为输入信号；w_n 为与神经元 x_j 连接的权值，权值为正表示激活，权值为负表示抑制；u_i 为神经元 i 的内部状态；$\sum$ 为输入信号的加权和；θ_i 为阈值；s_i 为某一外部输入的控制信号；y_i 为输出信号。神经元模型的数学表达式为 $y_i = f(\sum_{j=1}^{n} w_{ij} \cdot x_j + s_i - \theta_i)$，$f$ 为一个非线性激活函数，一般用以下几种函数来表示。

1）阈值型函数，即阶跃函数：$f(u_i) = \begin{cases} 1 & u_i \geq 0 \\ 0 & u_i < 0 \end{cases}$；

2）分段线性函数：$f(u_i) = \begin{cases} 1 & u_i \geq 1 \\ \frac{1}{2}(u_i + 1) & -1 < u_i < 1 \\ 0 & u_i \leq -1 \end{cases}$；

3）S 型函数：$f(u_i) = \dfrac{1}{1 + \exp(-u_i)}$。

由于 S 函数连续可导，因此 S 型函数被广泛应用于诸多神经元模型中。

（2）人工神经网络结构及学习

根据神经元之间的连接方式及信息传递，神经网络结构可分成不同的类型，总体来看，神经网络结构可分为前馈型网络和反馈型网络两种。从信息处理能力看，神经网络中的节点一般分成两种：一种是输入节点，只负责从外界引入信息后向前传递给第一隐层；另一种是具有处理能力的节点，包括各隐层和输出节点。在前馈型网络中一层的输出是下一层的输入，信息是逐次传递的并具有方向性，一般不存在反馈环路；在反馈网络中所有节点都具有信息处理功能，每个节点既可从外界接受输入，又可以向外界输出。

网络的运行一般分为学习和工作两个阶段。神经网络的学习过程就是对它的训练过程，在将训练样本输入后，通过一定方式去调整神经元之间的连接权，使网络从训练数据中提取隐含的知识和规律并以连接权矩阵的方式存储起来，从而供工作阶段使用。神经网络的学习算法很多，一般分为三类：第一类是有导师学习，第二类是无导师学习，第三类是死记式学习。

（3）BP 神经网络

BP 神经网络（back-propagation network），即后向传播网络，是一种多层前馈神经网络，其用于权值调整而采用的后向传播学习算法，即 BP 学习算法，是由 Rumelhart 等在 1986 年提出来的。该算法自提出后，BP 神经网络获得了广泛的应用，目前 80%~90% 的神经网络都采用了 BP 网络或它的变化形式。

BP 神经网络的结构如图 4-20 所示，它是一种单向传播的 3 层或 3 层以上向前网络，包括输入层、中间层（隐层）和输出层，其中上下层之间实现全连接，而每层神经元无连接。当一对学习样本提供给网络后，神经元的激活值从输入层经各中间层向输出层传播，在输出层的各神经元获得网络的输入响应。接下来，按照减少目标输出与实际误差的方向，从输出层经过各中间层逐层修正各连接权值，最后回到输入层，这种算法称为

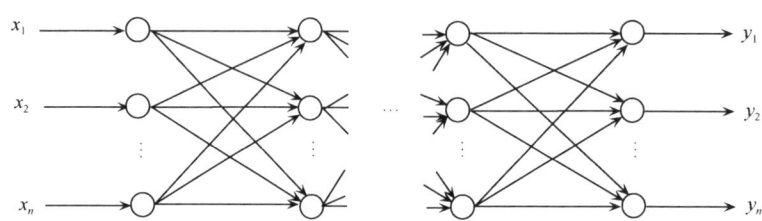

图 4-20 BP 神经网络结构

"误差逆传播算法",即 BP 算法。随着这种误差逆的传播修正不断进行,网络对输入模式响应的正确率也不断上升。BP 网络对传递函数的要求必须是可微的,因此常用的函数有 S 型的对数、正切函数或线性函数。

BP 神经网络的学习过程与步骤如下。

首先定义:网络输入向量 $P_k=(a_1,a_2,\cdots,a_n)$;目标向量 $T_k=(y_1,y_2,\cdots,y_q)$;中间层节点输入向量 $S_k=(s_1,s_2,\cdots,s_p)$,输出向量 $B_k=(b_1,b_2,\cdots,b_p)$;输出层节点输入向量 $L_k=(l_1,l_2,\cdots,l_q)$,输出向量 $C_k=(c_1,c_2,\cdots,c_q)$;输入层至中间层的连接权 w_{ij} ($i=1,2,\cdots,n$; $j=1,2,\cdots,p$);中间层至输出层的连接权 v_{jt} ($j=1,2,\cdots,p$; $t=1,2,\cdots,p$);中间层各节点的输出阈值 θ_j ($j=1,2,\cdots,p$);输出层各节点的输出阈值 γ_t ($t=1,2,\cdots,p$);参数 $k=1,2,\cdots,m$。

1)初始化:赋予每个连接权值 w_{ij}、v_{jt},阈值 θ_j、γ_t 在区间(−1,1)内的随机值;

2)网络输入:随机选取一组输入与目标样本 $P_k=(a_1^k,a_2^k,\cdots,a_n^k)$、$T_k=(s_1^k,s_2^k,\cdots,s_n^k)$ 提供给网络;

3)中间层传递:利用输入样本 $P_k=(a_1^k,a_2^k,\cdots,a_n^k)$、连接权值 w_{ij}、阈值 θ_j 计算中间层各单元的输入 $s_j=\sum_{i=1}^{n}w_{ij}\cdot a_i-\theta_j$ ($j=1,2,\cdots,p$),然后利用 s_j 通过传递函数计算中间层各单元的输出 $b_j=f(s_j)$ ($j=1,2,\cdots,p$);

4)输出响应:利用中间层输出 b_j、连接权 v_{jt}、阈值 γ_t 计算输出层各单元的输出 $L_t=\sum_{j=1}^{p}v_{jt}\cdot b_j-\gamma_t$ ($t=1,2,\cdots,q$),然后利用传递函数计算输出层各单元的响应 $C_t=f(L_t)$ ($t=1,2,\cdots,q$);

5)输出层误差计算:利用目标向量 $T_k=(y_1^k,y_2^k,\cdots,y_q^k)$,网络的实际输出 C_t,计算输出层各单元的一般化误差 $d_t^k=(y_t^k-C_t)\cdot C_t\cdot(1-C_t)$ ($t=1,2,\cdots,q$);

6)中间层误差计算:利用连接权 v_{jt}、输出层一般化误差 d_t、中间层输出 b_j 计算中间层各单元的一般化误差 $e_j^k=\left[\sum_{t=1}^{q}d_t\cdot v_{jt}\right]\cdot b_j\cdot(1-b_j)$;

7）中间层、输出层连接权误差修正：利用输出层各单元的一般化误差 d_t^k 与中间层

$$v_{jt}(N+1) = v_{jt}(N) + \alpha \cdot d_t^k \cdot b_j,$$

各单元的输出 b_j 来修正连接权 v_{jt} 和阈值 γ_t：$\gamma_t(N+1) = \gamma_t(N) + \alpha \cdot d_t^k$

$$(t=1,2,L,q; j=1,2,\cdots,p; 0<\alpha<1);$$

8）输入层、中间层连接权误差修正：利用中间层各单元的一般化误差 e_j^k 和输入层

$$w_{ij}(N+1) = w_{ij}(N) + \beta \cdot e_j^k \cdot a_i^k,$$

各单元的输入 P_k 来修正连接权值 w_{ij} 和阈值 θ_j：$\theta_j(N+1) = \theta_j(N) + \beta \cdot e_j^k$

$$(i=1,2,\cdots,n; j=1,2,\cdots,p; 0<\beta<1);$$

9）样本训练：随机选取下一个学习样本向量提供给网络，返回到步骤3），直到 m 个训练样本训练完毕；

10）网络收敛：重新从 m 个学习样本中随机选取一组输入和目标样本，返回步骤3），直到网络全局误差 E 小于预先设定的一个极小值，如果学习次数大于预先设定的值，网络就无法收敛；

11）学习结束。

其中，学习步骤7）~8）为网络误差的"逆传播过程"，步骤9）~10）则用于完成训练和收敛过程。

4.5.2 模型设计与参数设置

1. 农户意愿指标与城乡统筹目标

农户意愿包括农户对现状生活生产的满意程度、城乡统筹发展意愿两个方面，其中现状满意度分别选择收入满意度、居住条件满意度、不想种田比重、种田收益满意度、社会保障满意度、养老担心程度7个指标；城乡统筹意愿由城市生活喜爱度、土地整治愿意度、土地规模经营愿意度、土地政策赞成度、搬迁意愿度、集中居住愿意度、土地流转愿意度、城市工作愿意度、城市户口愿意度9个指标来表示。

实现城乡统筹发展的关键在于达到生活殷实、生产繁荣、福利共享、生态优美的目标。分别选择农民人均年收入、农村总产值、农村低保收入标准、单位面积生态服务价值4个指标作为浦口区城乡统筹发展目标。

2. 指标数据获取与简化

分别以浦口区6个代表村为研究单元，通过农户调研数据、土地利用变更调查数据、浦口区统计年鉴，直接获取或间接计算得到农户意愿指标和城乡统筹目标数据，见表4-13和表4-14。

由于农户意愿影响因子较多，为消除各指标之间相关性影响，提高模型运算的正确性，对所选指标进行Pearson相关分析，删除相关程度较高的因子（相关系数达到0.8）。通过相关性分析结果（表4-15），删除影响程度较高的因子，简化表4-13中的农户意愿

表 4-13 农户意愿指标数据（%）

指标	五里村	福音社区	双庙村	茶棚村	侯冲村	张圩村
1 收入满意度	10.00	31.71	28.89	15.63	55.17	41.18
2 居住条件满意度	20.00	56.10	37.78	40.63	62.07	61.76
3 不想种田比重	10.00	29.27	51.11	50.00	34.48	64.71
4 种田收益满意度	5.00	29.27	8.89	12.50	46.43	17.65
5 社会保障满意度	40.00	58.54	35.56	34.38	55.17	58.82
6 养老担心程度	60.00	58.54	62.22	62.50	51.72	61.76
7 环卫满意度	10.00	68.29	26.67	12.50	93.10	52.94
8 城市生活喜爱度	35.00	39.02	35.56	25.00	37.93	79.41
9 土地整治愿意度	100.00	73.17	82.22	81.25	96.43	85.29
10 土地规模经营愿意度	100.00	73.17	75.56	71.88	82.14	85.29
11 土地政策赞成度	100.00	63.41	80.00	62.50	96.55	91.18
12 搬迁意愿度	50.00	58.54	48.89	37.50	62.07	44.12
13 集中居住愿意度	50.00	34.15	42.22	28.13	55.17	70.59
14 土地流转愿意度	30.00	70.73	62.22	50.00	58.62	79.41
15 城市工作愿意度	45.00	63.41	55.56	43.75	44.83	70.59
16 城市户口愿意度	30.00	51.22	48.89	34.38	31.03	67.65

表 4-14 城乡统筹发展指标数据

村名（社区）	1 农民人均年收入（元）	2 农村总产值（万元）	3 低保收入（元/月）	4 单位面积生态服务价值（元/hm²）
五里村	12 858	28 900	100 908	8 083.17
福音社区	5 000	1 000	2 500	9 539.11
双庙村	5 000	800	4 132	11 191.95
侯冲村	11 000	3 986	7 118	16 614.67
茶棚村	10 750	2 671	10 748	9 614.71
张圩村	9 000	400	2 500	19 718.20

影响因子，得到收入满意度、不想种田比重、社会保障满意度、养老担心程度、土地规模经营愿意度、搬迁意愿度、集中居住愿意度、土地流转愿意度 8 个农户意愿影响因子。

3. BP 神经网络设计

（1）输入数据与输出数据预处理

输入数据与输出数据量纲的不统一将会影响人工神经网络的训练速率，因此需要对输入输出数据进行归一化处理，采用均值化法将输入与输出数据转化为（0，1）之间的"越大越好型"无量纲可比较数值，采用如下公式：$X_i=x_i/x_m$（正指标），$X_i=1-x_i/x_m$（负指标），式中，X_i 为指标标准值；x_i 为指标实际值；x_m 为指标平均值。

（2）训练样本与检验样本的确定

为增加样本数量，提高网络训练的精度，将所有 6 个样本数据（五里村、福音社区、

表 4-15 农户意愿指标 Pearson 相关分析结果

序号	1	2	3	4	5	6	7	8	9	10	11	12	13	14	15	16
1	1.000	0.876*	0.351	0.841*	0.717	-0.676	0.920**	0.447	0.029	-0.207	0.264	0.578	0.524	0.663	0.318	0.297
2		1.000	0.514	0.781	0.804	-0.444	0.858*	0.520	-0.337	-0.451	-0.115	0.350	0.343	0.846*	0.518	0.499
3			1.000	-0.035	0.071	0.390	0.063	0.514	0.034	-0.256	-0.258	-0.502	0.231	0.716	0.498	0.668
4				1.000	0.691	-0.888*	0.950**	0.055	0.034	-0.256	0.070	0.740	0.161	0.388	0.000	-0.091
5					1.000	-0.507	0.837*	0.643	-0.113	0.023	0.163	0.565	0.525	0.651	0.615	0.488
6						1.000	-0.802	0.121	-0.428	-0.113	-0.386	-0.843*	-0.211	0.014	0.299	0.414
7							1.000	0.300	-0.040	-0.206	0.140	0.770	0.343	0.580	0.282	0.181
8								1.000	-0.025	0.236	0.358	-0.087	0.836*	0.651	0.800	0.816*
9									1.000	0.828*	0.890*	0.184	0.498	-0.627	-0.548	0.816*
10										1.000	0.846*	0.087	0.578	-0.540	-0.166	-0.556
11											1.000	0.280	0.799	-0.274	-0.131	-0.224
12												1.000	0.132	-0.109	-0.003	-0.148
13													1.000	0.298	0.410	0.419
14														1.000	0.834*	0.848*
15															1.000	0.973**
16																1.000

* 表示在 0.05 水平上显著；** 表示在 0.01 水平上显著。

双庙村、茶棚村、侯冲村、张圩村)分别除以 1/2 和 1/3，得到 18 个样本数据，其中茶棚村、福音社区、侯冲村 3 个原始样本数据作为检验样本，其余 15 个样本数据作为网络的训练样本。

（3）BP 神经网络结构的确定

一般来说，BP 神经网络的结构主要由输入层、隐含层和输出层组成。其中，隐含层数目的多少会影响到网络的性能，增加隐含层的数目会增强 BP 神经网络的非线性映射能力，但隐含层数目达到一定数量后，会降低网络的性能。而一个隐含层的 BP 神经网络可以满足任意输入层到输出层间的映射，因此本书的研究采用包括输入层、一个隐含层、输出层在内的 3 层 BP 神经网络结构。

BP 神经网络输入层与输出层的神经元个数主要根据农户意愿影响指标与城乡统筹发展指标因子数目确定，即输入层的神经元个数为 8，输出层的神经元个数为 4。

（4）隐含层神经元的确定

隐含层神经元数目的多少将会影响网络训练的精度，随着隐含层神经元数目的增多，神经网络的训练精度将会提高，但当隐含层神经元数目达到一定数值后，网络训练的精度又会有所降低。目前，关于隐含层神经元数目的确定还没有定量化的表达式，所以经常采用经验公式确定隐含层神经元的数目：$j=\sqrt{n+m}+\alpha \quad \alpha \in [1,10]$（$j$ 为隐含层节点数；n 为输入层节点数；m 为输出层节点数；α 为常数），根据经验公式，本研究 BP 神经网络隐含层神经元节点数应该在 4~14，经过反复实验比较，当隐含层神经元为 8 时，网络对函数的逼近效果较好，这样网络结构确定为 8-8-4。

（5）学习速率的确定

神经网络的学习速率表征了网络循环过程中权值的修正量。学习速率较大时，权值的修正量就较大，网络学习的速率就较快，但有时可能产生振荡，影响系统的稳定性；学习速率较小时，其学习时间较长，收敛速率较慢，但可以保证系统的稳定性。因此，一般情况下，选择 0.01~0.7 较小的学习速率，以保证系统的稳定性，本研究的学习速率选为 0.1。

（6）传递函数与网络训练参数的确定

隐含层的传递函数采用 S 型激活函数"tansig"；由于输出层的输出值限定在[0，1]，因此输出层的传递函数选用激活函数"logsig"；使用 Levenberg-Marquardt 反向传播算法"trainlm"函数来训练网络；最大训练次数为 1000；学习误差设置为 0.000 001。

4. BP 神经网络模型的训练与检验

设计好的 BP 神经网络通过 MATLAB7.5.0 软件来实现，其具体实现步骤如下：首先，列出输入向量（P）和目标向量（T），然后通过函数"newff"建立一个可训练的前馈网络，并通过训练函数"trainlm"对输入向量与其对应的目标向量进行反复学习训练，建立起两者之间的非线性映射关系，神经网络模型会自动计算出目标向量的模拟值，当模拟值与实际值误差达到设置学习误差时，网络停止训练；然后，将检验样本输入向量（P_test）代入到网络模型中，通过"sim"函数进行仿真，得到检验样本的仿真值，并与检验样本实际值（X）进行比较，如果仿真值与实际值误差较小，网络模型便可用于预测。为检验训练模型的网络性能，输入检验样本进行仿真模拟，检验网络模型的模拟效果，如果检验样本的仿真值与实际值之间的误差较小，网络模型便可以用于预测。

4.5.3 结果分析

根据训练好的网络模型，调整网络输入向量（农户意愿指标）的数值，模拟得到不同情景下神经网络的仿真值，研究农户意愿对城乡统筹实现目标的影响规律。分别以优化整合区的五里村、重点拓展区的福音社区、都市农业区的茶棚村、生态旅游区的侯冲村为例，在保持其他指标值不变的情形下，分别对单一调控指标按1%、2%、5%、8%、10%、12%、15%、18%、20%依次递增，模拟不同情景下城乡统筹实现目标的变化规律。

（1）优化整合区

优化整合区代表村五里村各主要农户意愿影响因子对城乡统筹实现目标的影响规律如图4-21所示。

从图4-21中可以看出，随着搬迁意愿度的增加，农民人均年收入、农村总产值、农村低保收入呈显著下降趋势；当社会保险满意度增加时，农民人均年收入将会下降；养老担心程度增加时，农村低保收入将会增加，由于五里村目前是江北新城建设的主战场，土地已征为国有，大部分村民已由农村居民转为城市居民，但是这部分农民对拆迁安置、安置补偿、社会保障并没有感到满意，相反，由于失去土地作为最基本的生活保障，特别是对于年老的农户来说，失去了原有的种地技能后，生活难以维持，他们对现状生产与生活不满，并表达了对原有传统农业生产回归的意愿，因而农民意愿与农民人均年收入、农村总产值、农村低保收入呈负相关关系。这说明优化整合区内农民非常关注搬迁后居住环境、安置补偿，以及安置后的生活保障问题，这些问题是他们首要考虑的问题，是影响他们生活生产的主要因素。为适应城市建设发展需要，大部分优化整合区内的农民将会通过"拆村并居"的方式直接转为城市居民，因而涉及土地征用、房屋拆迁的较多，这部分农户对拆迁的意愿程度、拆迁后享受的社会福利都与城乡统筹发展之间有着密切联系，在该区实现城乡统筹发展的过程中，失地农民的安置问题、社会保障问题值得关注，改变传统的国有土地征用模式，创新土地利用模式，在满足城市建设对土地需求的同时，保障和维护农民的权益，增强"新市民"的幸福感，以利于城乡统筹的实现。

（2）重点拓展区

图4-22显示了重点拓展区代表村福音社区各主要农户意愿影响因子对城乡统筹实现目标的影响规律。

从图4-22中可以看出，当土地规模经营愿意度增加时，农民人均年收入、农村总

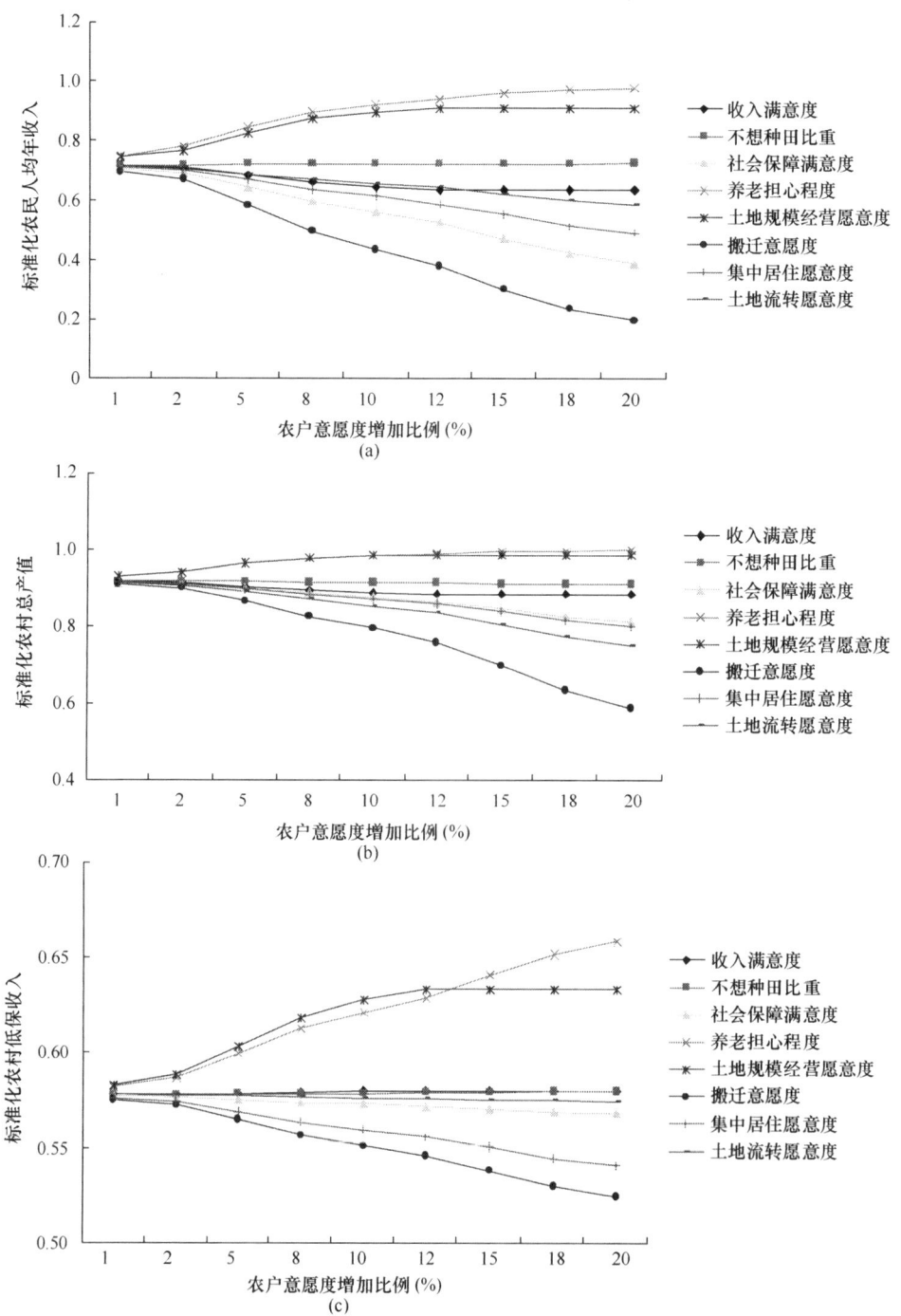

图 4-21 优化整合区农户意愿对城乡统筹目标的影响

产值、农村低保收入、单位面积生态服务价值 4 个城乡统筹实现指标都呈显著上升趋势,土地规模经营对壮大集体经济、提高农民收入与福利待遇、改善农村生态环境有着极强的推动作用。农户土地规模经营的意愿程度越高,越有利于农地的规模集中,其促进农业产业化发展,进而促进农村总产值的大幅度提高;农村经济水平的快速提升,农民收入水平将会得到提高,同时集体经济收入反哺农村社会福利事业,提高农民福利待遇,增强农民对农村福利的满足感;由于土地规模经营将会通过农地整治改善农村

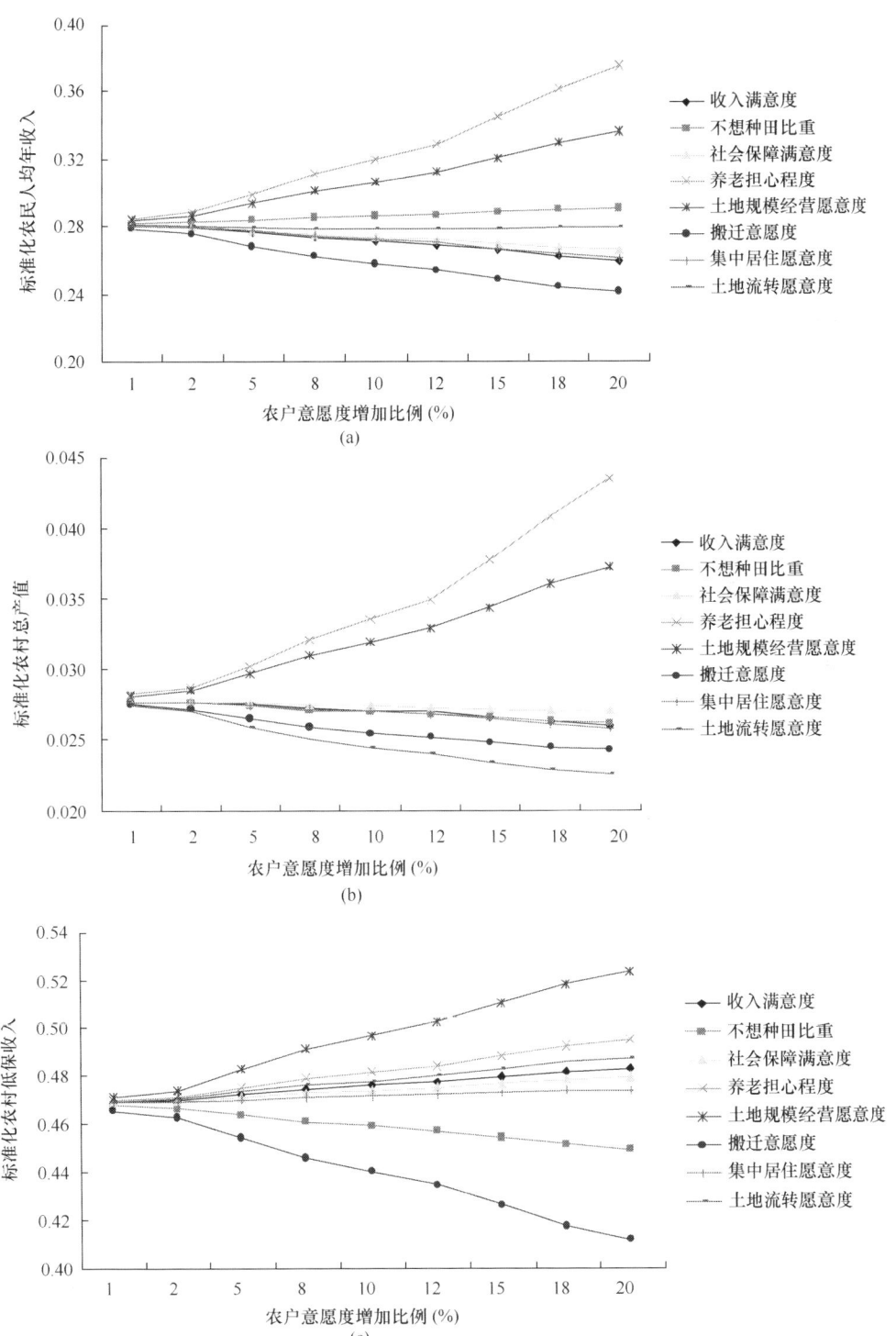

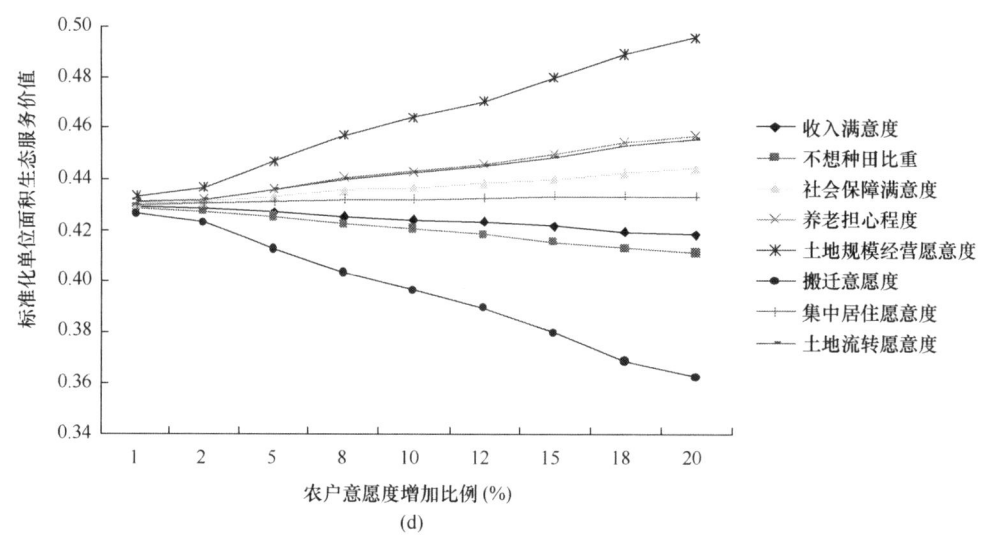

图 4-22 重点拓展区农户意愿对城乡统筹目标的影响

生态环境与居住环境,因而农户土地规模经营意愿越强,单位面积生态服务价值越高。对于重点拓展区来说,需要通过城乡建设用地增减挂钩等方式,对农村居民点进行整理,提高农村建设用地的集约利用水平,实现农用地和建设用地的集中集聚,一方面农村居民点整理为耕地,从而为土地的规模经营创造条件,另一方面剩余农村建设用地通过空间置换来满足城市建设对土地的需求。此外,养老担心程度与农民人均年收入、农村总产值呈正相关关系,搬迁意愿度与农村低保收入、单位面积生态服务价值呈负相关关系,因而在该区实现城乡统筹发展的过程中,也应考虑农民统一居住后的生产生活和社会保障问题。

(3) 都市农业区

都市农业区代表村茶棚村各主要农户意愿影响因子对城乡统筹实现目标的影响规律如图 4-23 所示。

养老担心程度与农民人均年收入、农村总产值呈显著正相关关系(图 4-23),该区农村经济实力较差,他们的恋土情结也较为浓厚,因而他们对养老的担心程度也比其他地区显得更为强烈。农村社会福利的提高在很大程度上取决于农村集体经济发展的水平,农村经济的快速发展对于促进城乡统筹发展、提高社会福利水平、增强农民对农村福利的满足感显得尤为重要,因而该区实现城乡统筹发展关键在于如何增强集体经济实力,带动城乡社会经济的快速发展。同时,从图 4-23 中也可以看出,土地规模化意愿与城乡统筹各指标都呈正相关关系,对于都市农业区来说,该区应通过土地转包、租赁、转让等流转方式,促进农地的规模集中,通过土地的综合整治,依托自身传统农业特色,调整农业种植结构,因地制宜发展特色农业,走农业专业化、产业化道路,提高农产品的科技含量和附加值,大力发展现代农业、生态农业、高值农业,最终实现城乡统筹发展。此外,搬迁意愿度也影响着农村低保收入和单位面积生态服务价值,因而在该区土地整治过程中,针对该区域农户恋土情结较为浓厚的特点,统筹考虑农户的搬迁安置问题。

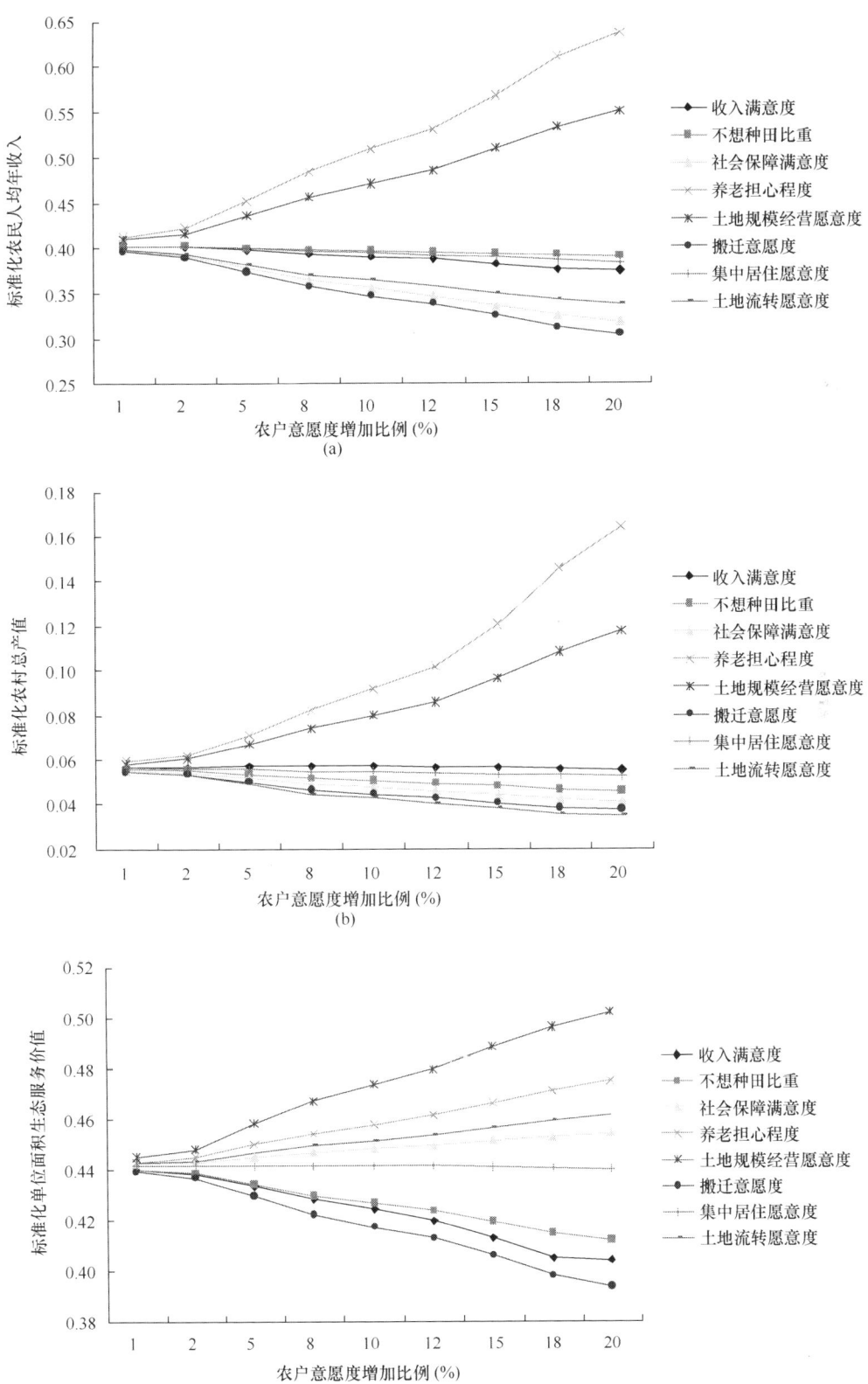

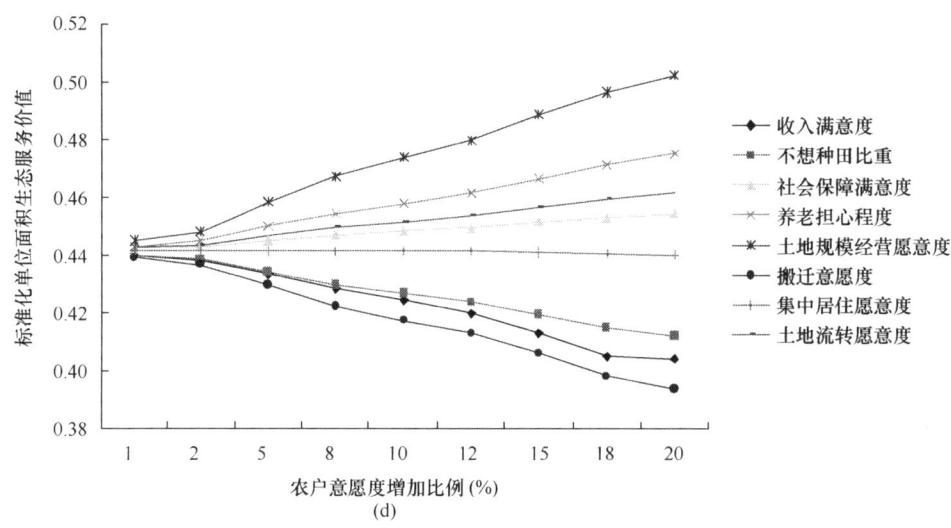

图 4-23 都市农业区农户意愿对城乡统筹目标的影响

（4）生态旅游区

生态旅游区代表村侯冲村农户意愿对城乡统筹实现目标的影响规律如图 4-24 所示。

与都市农业区农户意愿相类似，由于生态旅游区内农村经济较为落后，他们更加关注于农村的社会保障问题，特别是对于养老的担心，因而他们的养老担心程度与农民人均年收入、农村总产值呈正相关关系（图 4-24）。同时，他们的土地规模经营意愿也较为强烈，土地规模经营愿意度与城乡统筹各指标都呈较显著的正相关关系，农户土地规模经营的意愿程度越高，越有利于农地的规模集中，对于位于生态旅游区内的农村来说，应加大土地流转力度，通过土地综合整治与城乡建设用地增减挂钩等方式，对农村居民点进行整理，促进农地的集中集聚，以农地规模化为契机，调整农业种植结构，因地制宜培育乡村生态旅游资源，大力发展乡村旅游业，走"第一产业+第三产业"的城乡统筹发展之路。

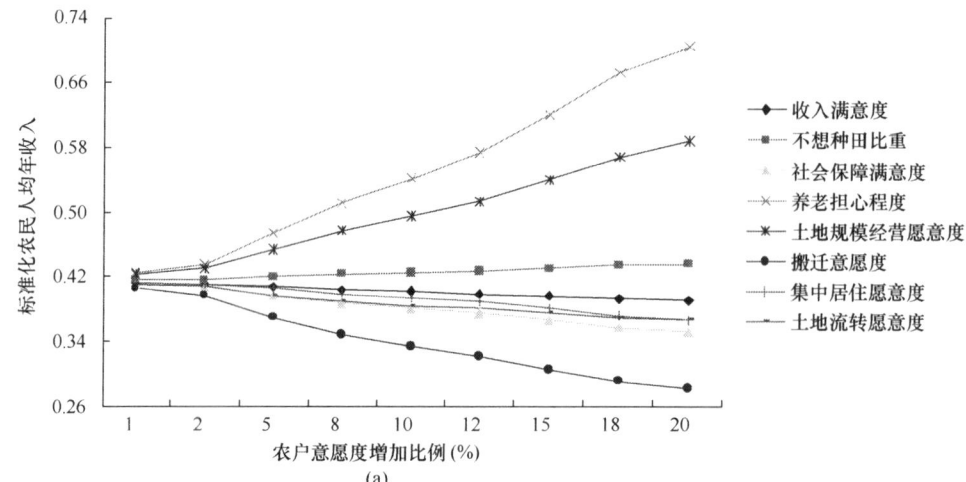

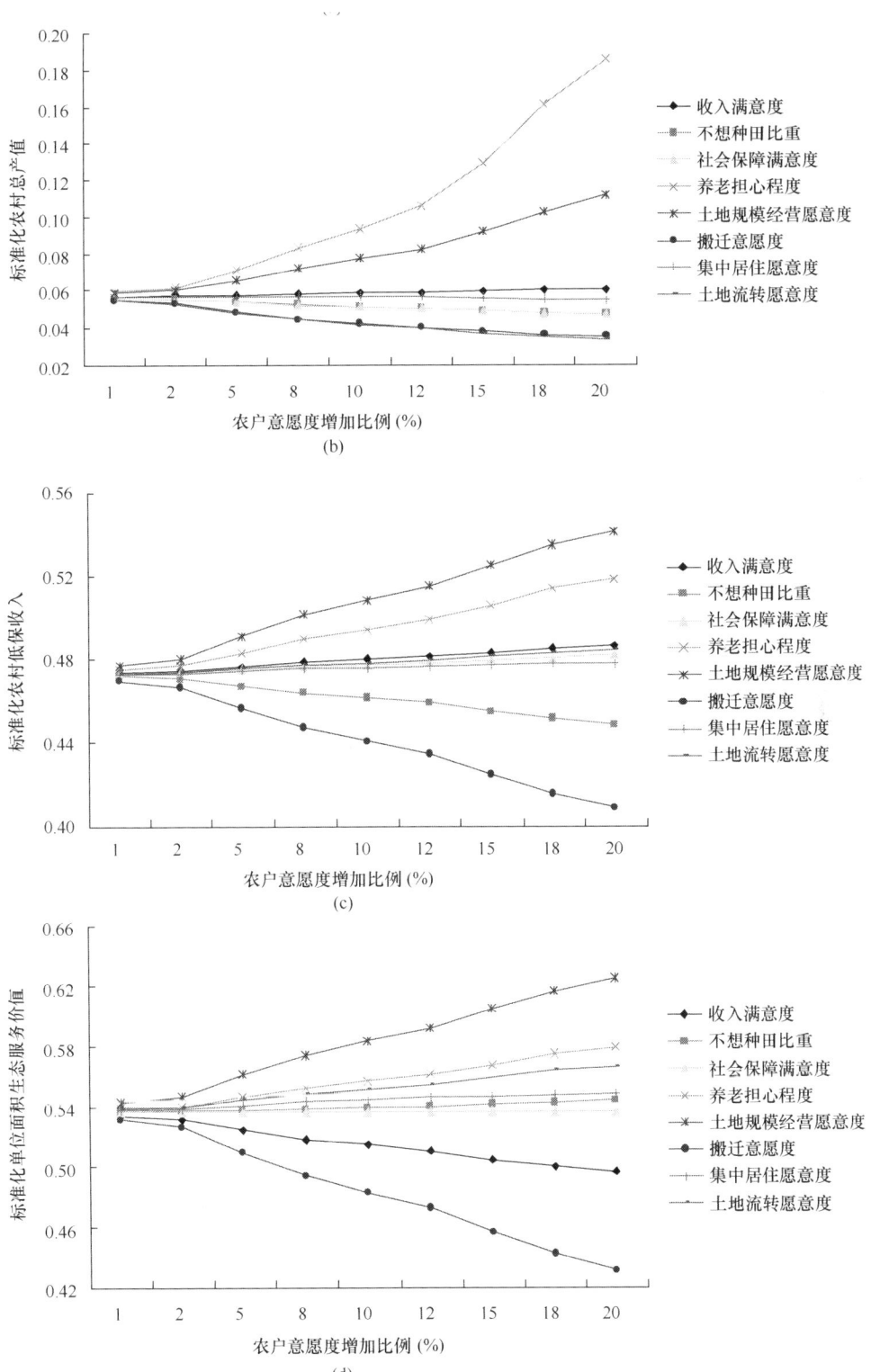

图 4-24 生态旅游区农户意愿对城乡统筹目标的影响

第 5 章 城乡统筹下土地精明利用模式构建与设计

5.1 基于"现实+意愿+政策"的土地精明利用运作体系构建

5.1.1 研究区土地精明利用的"现实+意愿+政策"状况

　　城乡统筹发展要以城乡地域系统为载体，处理好城乡人地关系问题，解决好城乡要素配置问题。在一个地域系统内，由于城乡二元结构体制的原因，造成了城乡差距过大、城乡发展不平衡等问题，从研究区的城乡统筹发展状况来看，当前研究区城乡经济发展水平、产业结构、城乡居民收入、城市功能都有很大差距。针对城乡差距问题，城乡统筹发展应将城乡地域系统看作一个整体，统筹考虑系统内的城乡关系，通过对研究区城乡社会经济发展的突变分析，研究区城乡发展尚处于量变积累的过程，还没有达到突变的阶段，但从人均 GDP、产业结构、就业结构、城镇化水平等衡量工业化发展进程的基本指标来看，目前研究区已进入到工业化的中期阶段，城乡之间处于良性互动阶段，具备了城乡统筹发展的前提与基础。因而，实现研究区城乡统筹发展应基于当前城乡社会经济发展现实，从整体上理顺城乡之间的关系，协调好城乡地域系统上的人地关系，但是从城乡地域形态上来看，研究区的土地利用状况还远没有为城乡统筹发展提供重要支撑与保障，研究区土地利用结构还不尽合理，从土地数量控制、土地形态紧凑、土地利用效益 3 个方面来看，尽管研究区的土地精明利用水平呈逐年上升趋势，但仍有待于进一步提高，其还有很大的提升空间。因而，从城乡关系的地域承载着手，依据资源环境–开发强度–发展潜力组合特性，将研究区划分为优化整合区、重点拓展区、都市农业区、生态旅游区 4 个土地利用功能区，对区域内的城乡地域关系布局进行调整，优化不同区域产业结构，发挥不同区域的功能特性，协调好区域之间的统筹关系，从而在宏观上为区域城乡统筹发展搭建好基础平台。

　　在对城乡地域系统进行调整与优化的同时，城乡统筹发展不仅需要解决好"地"的问题，还要处理好"人"的问题，城乡统筹发展也要统筹解决人地关系问题。由于城乡统筹发展的相关政策都关乎农民的切身利益，他们对现状的满意程度、他们的城乡统筹意愿都将会影响到城乡统筹政策的实施与城乡统筹发展的进程，因而城乡统筹发展必须了解农民的意愿，尊重农民的意愿，统筹考虑城乡人地关系中的主观因素，进而为制定相关城乡统筹政策提供依据。从研究区农户意愿调查的结果来看，当前研究区大部分农户现状满意度较低，城乡统筹发展意愿较强烈，但同时恋土情结又影响着农户城乡统筹意愿。分析农户城乡统筹意愿的影响因素，在农地整治的过程中，应考虑农户文化水平、种田意愿、人均年收入等因素；在村镇改造的过程中，应考虑农户文化水平、家庭生活设施满意度、人均年收入等因素；在要素配置的过程中，应考虑农户种田意愿、城乡生活喜好、人均耕地面积等因素，以增强农民参与城乡统筹发展的积极性，加快城乡统筹发展进程。分析不同功能区农户意愿对城乡统筹实现目标的影响，优化整合区在实现城乡统筹发展的过程中应考虑农户搬迁意愿度、社会保险满意度等因素；重点拓展区在实现城乡统筹发展的过程中应考虑农民土地规模经营愿意、养老担心程度、搬迁意愿度等因素；都市农业区和生态旅游区在实现城乡统筹发展的过程中应考虑农民养老担心程度、土地规模经营愿意度、搬迁意愿度等因素，以针对不同区域农户意愿，在尊重农民意愿的基础上，制定差别化的城乡统筹政策与模式，"自下而上"推动区域城乡统筹发展。

城乡地域关系、城乡人地关系的协调，最终需要发挥政府在城乡统筹发展过程中的作用，基于当前的城乡现状，在尊重农民意愿的基础上，因地制宜地采取一系列城乡统筹政策，引导城乡社会经济发展，缩小城乡差距，实现城乡统筹发展。由于土地承载着城乡社会经济关系，是城乡统筹发展的桥梁与纽带，因而通过土地利用数量、结构、利用方式的调整与优化，创新城乡土地利用模式，激活土地要素，进而促进包括土地、劳动力在内的各种要素在城乡之间流动，打破城乡二元体制，促进城乡协调发展。由于不同农村地域自然地理条件、社会经济状况不尽相同、有所差异，因而城乡统筹发展必须因地制宜地结合不同地域的特色，特别是产业优势，才能发挥不同地域的优势，带动城乡社会经济发展，实现城乡统筹发展的目的。因而，在土地利用功能分区结果的指导下，不同地域类型下的区域土地精明利用运作模式是城乡统筹发展的切入点与突破口，通过农地整治、村镇改造、要素配置等土地精明利用工具，调整与优化土地利用结构与布局，为发挥不同地区的典型地域特色提供动力与支撑，进而达到提高农民收入、增强农村集体经济实力的目的。优化整合区、重点拓展区、都市农业区、生态旅游区4个土地利用功能区则应根据不同区域特征，有针对性地选择不同地域类型的运作模式。同时，针对农地整治、村镇改造、要素配置3个土地精明利用工具，应重点探索其在城乡统筹发展中的具体实现方式与形式，即在不同调控工具下进行区域土地精明利用实施模式的设计，通过具体的实施模式，对土地、劳动力等城乡要素进行合理配置，有序引导城乡统筹发展，从而为实现城乡统筹发展、解决好城乡关系提供重要保障。

5.1.2 基于"现实+意愿+政策"的土地精明利用运作体系构成

因此，本书基于研究区城乡统筹基础现实分析与城乡统筹内在驱动意愿调查和分析，利用"农地整治、村镇改造、要素配置"3个工具，提出基于"现实+意愿+政策"的土地精明利用运作体系，通过"分区引导–意愿驱动–模式选择–差别化工具"推动区域城乡统筹发展（图5-1）。

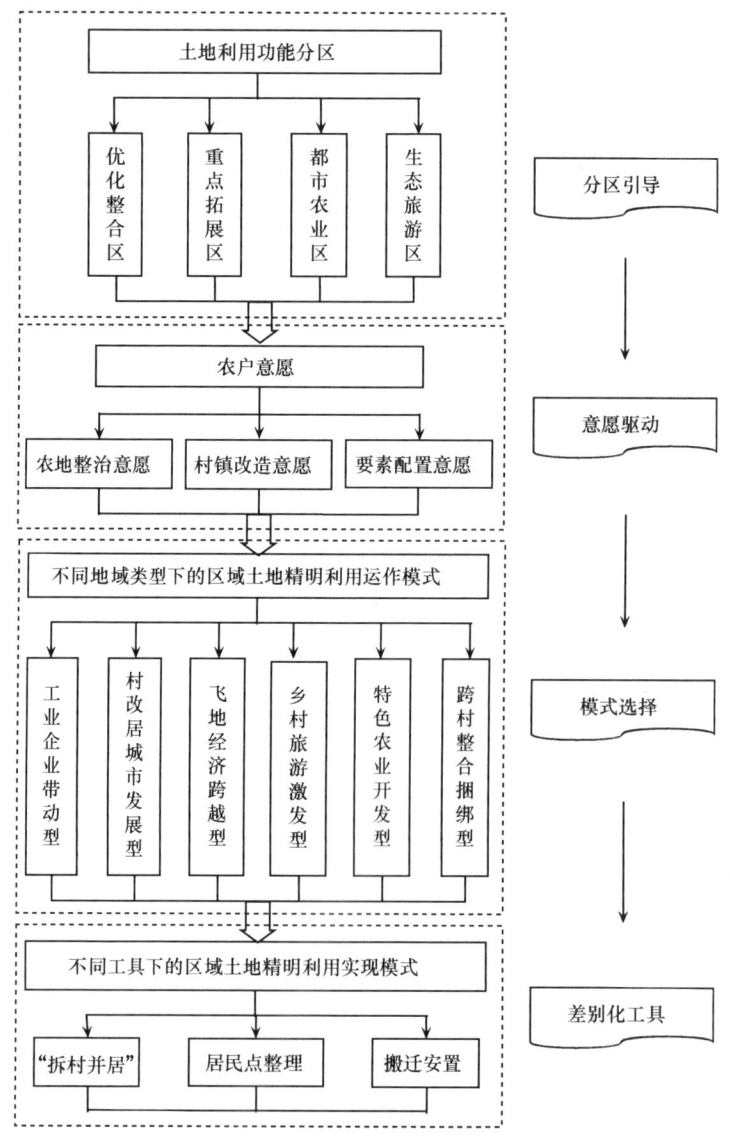

图 5-1 基于"现实+意愿+政策"的土地精明利用运作体系

从图 5-1 中可以看出，该体系主要由以下四大部分构成。

（1）分区引导

一个地区实现城乡统筹发展，首先应根据城乡社会经济发展现实和土地利用现实，进行土地利用功能分区，加强区域间的分工与协作，突出不同区域的功能性及区域间的协调性，在不同分区功能的指导下，引导产业布局与结构优化，通过分区引导加快区域城市化与农村工业化，促进城乡社会经济发展，从而为城乡统筹发展搭建良好的基础平台。基于研究区分区现状，优化整合区应重点整合区内资源，推动产业升级，发展高新技术产业，承担区域创新角色；重点拓展区应提升产业规模，承接产业转移，将其建立成为先进制造业基地；都市农业区应严格保护耕地，因地制宜发展特色农业，促进农业的规模化、产业化、集约化发展；生态旅游区应以老山国家森林公园为依托，建设国家级旅游度假区，发挥其生态调节功能。

（2）意愿驱动

同时，城乡统筹发展也需要坚持"以人为本"，尊重农民意愿，"自下而上"地发挥农民在城乡统筹发展过程中的主观能动性，通过了解不同区域农民城乡统筹发展意愿和分析农户意愿对城乡统筹实现的影响，为政府"自上而下"通过土地精明利用引导城乡统筹发展提供依据。基于研究区农民意愿调查与分析，优化整合区应重点维护搬迁农户的利益，统筹考虑搬迁安置及安置后的生活保障问题；重点拓展区应考虑土地规模经营，农村建设用地空间置换，农民统一居住后的生产生活及社会保障问题；都市农业区、生态旅游区应重点考虑农户的恋土情结，土地综合整治对农户的影响，以及农户的搬迁安置问题，以此增强农户的农地整治意愿、村镇改造意愿和要素配置意愿。

（3）模式选择

针对不同区域农户城乡统筹意愿，结合典型农村地域优势与产业特色，不同功能区应该选择不同地域类型土地精明利用运作模式，因地制宜，通过不同类型地域土地数量、结构和利用方式的调整与优化，突出不同地域优势，发挥不同地域产业特色，从而为城乡统筹发展提供动力与支撑。基于研究区代表村典型地域特色，分别构建工业企业带动型、村改居城市发展型、飞地经济跨越型、乡村旅游激发型、特色农业开发型、跨村整合捆绑型 6 种土地精明利用的地域类型与运作模式，不同功能区应结合区域功能特点，选择不同地域类型土地精明利用运作模式。

（4）差别化工具

在此基础上，针对不同地域特征，重点通过"农地整治、村镇改造、要素配置" 3 个工具在城乡统筹发展过程中的具体实现方式与形式，实施差别化的土地精明利用，优化城乡土地资源配置，合理有序地引导土地、劳动力等要素流动，最终实现城乡统筹发展。根据研究区城乡地域特征及"农地整治、村镇改造、要素配置" 3 个工具的实现差异，分别对"拆村并居"、居民点整理、搬迁安置 3 种模式进行设计，探讨不同工具下区域土地精明利用的实现模式。

5.1.3 土地精明利用的地域类型

农村地域不仅是农民生活、农业生产发展、农村产业聚集的场所，同时也是城乡统筹发展的载体，根据自身区位条件、资源禀赋、经济基础、产业优势的不同，不同农村具有不同的优势与特色，因而要实现不同功能区城乡统筹发展，应在区域土地利用功能的指导下，针对农村地域优势与产业特色，选择不同类型土地精明利用运作模式。基于代表村在自然资源环境、社会经济发展状况等方面的特色，研究区农村实现城乡统筹发展共有工业企业带动型、村改居城市发展型、飞地经济跨越型、乡村旅游激发型、特色农业开发型、跨村整合捆绑型 6 种类型。

（1）工业企业带动型

该类型以五里村为典型代表，五里村的优势在于村级集体经济实力较强，工业经济发达，非农产业人口比重较高。五里村工业基础雄厚，现有各类企业18家，现已逐步形成以五里仪表厂、瑞科特电气公司为代表的电子仪表的劳动密集型主导产业格局。2009年，工业总产值为2.49亿元，工业企业的发展增加了集体经济收入，促进了当地居民的就业。该类型地区应发挥其工业优势，以工业企业带动城乡统筹发展。

（2）村改居城市发展型

该类型以福音社区为典型代表，福音社区主要是在原有基础经济条件较好、交通方便、综合实力较强的居委会的基础上整体并入了相邻的村庄。由于并入的村庄农业人口较多，村庄虽改名为居委会，但社区人均耕地面积较大，从事非农产业的人口比例仍较大，其管理模式和运行机制仍沿袭过去的方式，仍具有"城中村"的某些特征。该类型社区在今后的发展中应利用社区管理、驻地企业较多、工业基础较好等优势，进行开发式改造，减少农业产业人口比重，使村庄逐步融入城市，建设新型社区，走村改居城市发展道路。

（3）飞地经济跨越型

该类型以双庙村为典型代表，飞地经济跨越型村庄的主要特点为村级集体经济相当薄弱，仍然以传统种植业为主。双庙村耕地种植以水稻、小麦、玉米为主，经济作物尚未形成规模，养殖业层次较低。2009年，该村集体经济收入仅为100万元，村集体负债32万元。双庙村经济落后，产业特色不明显，在今后的发展过程中，政府应加大投入，积极通过政策资金扶持，引入符合产业政策的外地企业，通过飞地经济方式促进城乡统筹发展。

（4）乡村旅游激发型

该类型以茶棚村为典型代表，茶棚村的主要特色为乡村旅游经济基础较好，已培育出大批乡村旅游资源。茶棚村为该类型的典型代表，作为乌江镇十里庄园经济带的主体村，该村农庄经济发达，全村有12家庄园，目前南京地区品种最好、品质最优、面积最大的果树种植园——帅旗农庄位于该村，南京市旅游村项目在此建设。茶棚村应利用其位于南京市郊的区位优势，以南京市民与浦口区"一山三泉"旅游游客为潜在客源，大力调整农业种植结构，发展以短途游、周末游为主的农庄度假旅游经济，促进城乡社会经济的快速发展。

（5）特色农业开发型

该类型以侯冲村为典型代表，经济基础、工业基础薄弱、农业产业比重大是该类型村庄的主要特点。但该类村庄耕地资源富足，农业产业特色明显。侯冲村级经济薄弱，但通过农业结构调整，大力发展苗木种植和水产养殖，通过发展农民协会，大幅度提高了农民收入，逐步形成了以苗木花卉、水产家禽等为主导的产业格局。侯冲村在今后的发展过程中，应进一步大力发展特色农业产业，规模化经营，培育农产品特色品牌，积极引进工业企业，着力发展农业生态旅游业。

(6) 跨村整合捆绑型

该类型以张圩村为典型代表，经济基础薄弱、农业产业比重大、区位条件差为该类型村庄的主要特点。张圩村地处纯圩区，地势低洼，紧靠滁河，自然灾害频繁，全村以农业种植为主，农作物受滁河两次特大洪水灾害影响损失严重，农业产业结构亟待调整和转型。张圩村的发展，政府应积极引导经济发达、区位条件较好的村庄与张圩村捆绑，两村资源优势互补，走跨村整合捆绑式发展道路。

5.1.4　区域土地精明利用的实现工具

针对不同区域特征，实行差别化的土地精明利用方式，有步骤、分时序地实现城乡统筹发展，是城乡统筹发展下区域土地精明利用的必然要求。同时，采用不同的土地精明利用工具，其实现方式也会有所差异，"农地整治、村镇改造、要素配置" 3 个土地精明利用工具在城乡统筹发展过程中的具体实现方式如下。

(1) "拆村并居"模式

"拆村并居"模式主要通过农村居民点拆迁、集中安置的方式，改变土地利用权属，将农村建设用地转为国有建设用地，剩余建设用地可直接供城市发展使用，村委会改为社区，改变传统的农业生产生活方式，实现农民城镇就业，逐步剥离土地的社会保障功能，农村居民逐渐融入到城镇社区中，享受城镇良好的社会福利，成为新型城镇居民，从而打破城乡二元体制，最终实现城乡统筹发展。根据"拆村并居"模式的特点，本书将从土地所有制形式的角度，重点探讨"拆村并居"的土地流转模式。

(2) 居民点整理模式

农村建设用地整理，特别是农村居民点整理，能够盘活农村建设用地，能够达到农用地（耕地）和建设用地在空间上集中集聚、合理布局的目的。农村建设用地整理应以城乡建设用地增减挂钩为主，中心村建设为辅，集中安置农户，空间置换出来的建设用地可供城镇发展使用，保障城镇的快速发展，农村建设用地整理复垦为耕地，增加耕地面积，逐步减少零散的建设用地，同时通过农村居民统一居住，采取多元化的安置补偿方式，引导农村剩余劳动力的快速转移，进而逐步促进城乡之间各种要素（土地、劳动力）重组，加快城乡统筹发展进程。根据居民点整理模式的特点，本书将重点讨论居民点整理模式优选问题。

(3) 搬迁安置模式

在利用土地精明利用工具促进城乡统筹发展的过程中，农地整治、居民点整理、城乡建设用地增减挂钩、中心村建设等都将涉及农村居民的搬迁安置问题，统筹解决好农村居民的搬迁安置，一方面，将会促进农村建设用地的节约集约利用，搬迁安置后，通过对剩余农村建设用地的整理，将农村建设用地置换出来，保障城镇的用地需求，促进建设用地的规模集聚；另一方面，搬迁安置将逐步引导农民向城镇或中心村集中，从而促进城乡一体化进程。根据当前搬迁安置模式的特点，本书将重点讨论搬迁安置模式优选问题。

5.2 不同地域类型下区域土地精明利用运作模式的构建

5.2.1 工业企业带动型运作模式

工业企业带动型农村的主要特点是工业基础雄厚、工业经济发达，这种类型农村实现城乡统筹发展的重点在于以工业企业为依托，整合土地、劳动力、资金、技术等要素，通过工业企业的发展壮大，带动农村社会经济的全面发展，促进农民增收，改善生活居住环境，提高福利水平，最终实现城乡统筹发展。工业企业带动型土地精明利用运作模式如图5-2所示。农村整治的重点在于工业企业发展过程中形成的低效用地、废弃用地、污染用地，盘活存量建设用地；通过村镇改造，引导农民统一居住，改善农民居住环境，促进第三产业发展，促进土地的节约集约利用，为农村工业化的发展提供土地、劳动力等基础支撑，重点承接产业的转移，吸引外出打工者回乡创业，进一步招商引资，做强做大优势产业，鼓励能人自主创业，优化工业产业结构，提升产业层次，加大剩余劳动力就地转移力度，促进农民增收，壮大村集体经济实力，提高农村福利水平。工业经济的发展壮大将为农业的发展提供基础支撑，为"以工哺农"创造条件，将会促进农业规模化经营、农业专业化和产业化发展，带动农业旅游健康发展，通过"以工带农""以工促农"的方式实现城乡统筹发展目标。

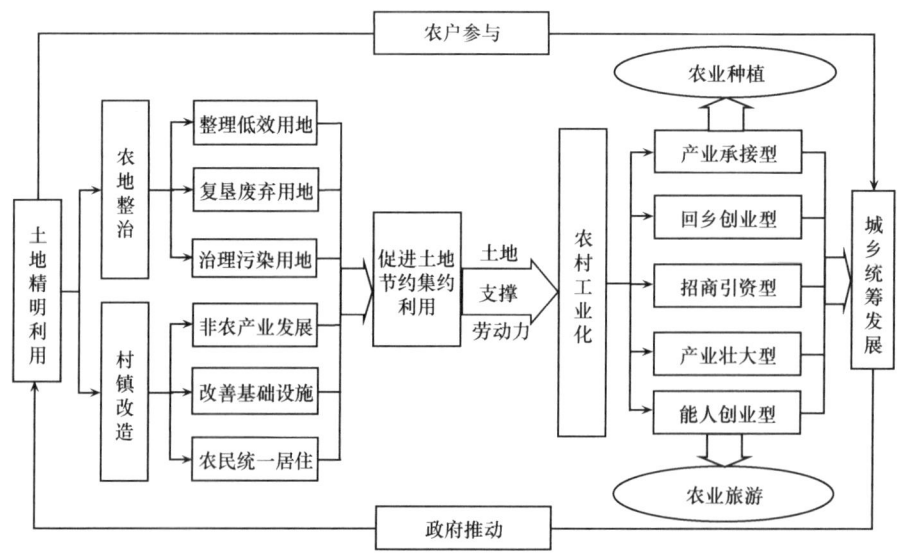

图 5-2 工业企业带动型土地精明利用运作模式

这一类型的代表村五里村有着良好的工业基础，20个世纪80年代，五里仪表厂、五里砖瓦厂、三乐电器厂先后在五里村建厂并开始投入生产，30年间，五里村坚持走工业化兴村的道路，从3家企业逐步发展到现今的18家企业，逐步形成了以五里仪表厂、瑞科特电气公司为代表的电子仪表、机械制造主导产业格局，建成了"五里村办工业集中区"，工业产品已由原来的初级产品升级到目前的高科技产品。为顺应市场化的发展，自20个世纪90年代末和21世纪初，村级企业开始逐步改制，现在五里村的企业主要有两种形式：一是村企合资企业，二是私营企业，主要大型企业都已经由个人独自经营，实行市场化运作模式。2009年，五里村工业总产值达到2.49亿元。但目前五里村的发展也面临着一些突出问题，特别是随着江北新城的建设，五里村作为江北新城建设的主战场，农民土地被征，失地农民，特别是年龄较大的老年人的生活保障问题、土地征用过程中拆迁补偿问题、工业发展引起的污染问题，都影响着五里村的城乡统筹发展进程。

因此，五里村的发展应在"明确所有权、稳定承包权、搞活经营权、保障收益权"的基础上建立农村土地股份合作社，保持土地集体所有权不变，通过土地入股经营，保障农民长期的土地收益权，并享有土地增值收益；盘活现有存量建设用地，整治低效用地，复垦废弃用地，整治污染用地，利用江北新城建设的契机，对集体土地进行统一规划，一方面通过招商、招标等形式，与外商合作开发经营；另一方面引导现有企业向工业集中区集中集聚，避免"村村点火，处处冒烟"现象的出现，发展工业企业，积极承接东部产业转移，重点发展电子仪表、机械制造等现代制造业，拓展产业链条，促进产业技术改造与升级，引进符合产业政策的企业，提高企业进驻环保门槛，避免引进不符合产业政策的污染企业，发展壮大村级集体经济。土地收益一份返还给农民，保障他们的生产生活，一部分留给土地合作社，为集体福利和社会保障提供资金来源。从土地脱离出来的农民，一方面享有土地收益，另一方面通过合作社组织的专业技能培训后进入当地企业工作，增加生活收入，这将极大地解决江北新城建设过程中征地补偿引起的矛盾，他们将长期享受到土地的收益和增值利益，不再为失去土地后的生活保障问题而担心。此外，江北新城建设和五里村工业企业的进一步发展壮大，未来大量外来企业和外来打工人员将落户五里村，因而在尊重农民自愿的原则下，通过土地的转让、转包、转租等方式，将农民住宅用地集中集聚，并通过村镇改造，引导农民统一居住，改善农民生活居住条件，挖掘存量建设用地，由土地股份合作社统一规划，统一投资，建造标准厂房、临时住房、农贸市场、店面房，向外商和外来务工人员出租，农民论股分红，使农民分享土地增值带来的收益。

在工业经济发展壮大的同时，为工业反哺农业、工业带动农业创造了有力条件，为土地股份合作社集中聚集的农用地规模化利用提供了资金来源，如五里村2003年投入建成南京江浦五里农业科技园，其中生产碗莲、睡莲等水生花卉的南京艺莲苑已发展成为浦口区首家出口创汇型特色的农业种植基地，并带动了农业旅游的发展。

5.2.2 村改居城市发展型运作模式

城乡统筹发展的关键在于农村的城镇化，关键在于农村剩余劳动力向非农产业的转移。在城市化进程中，各地都在大力推进"村改居"工程，将村委会改制为居委会，将农民改为居民，村改居是农村社区向城市社区转变的过渡阶段，由于村庄的位置不同，村改居又可分为两种类型：一类是位于城市建成区内的"城中村"，该类村庄已被城市各类建筑所包围或部分已被城市开发；另一类是位于城市建成区外、城市边缘的村庄，该类村庄农业人口比重仍较大，农村社区依然存在，传统的农业生产方式正在逐步消失（段丽，2006）。由于我国目前还没有制定统一的"村改居"的具体条件和标准，因而在"村改居"的实践中出现了一系列问题，如农民户口虽改为城镇户口，但仍然没有享受到城镇良好的社会福利待遇，存在农民土地被征用后的生活保障问题等。因此，要实现该类型农村的城乡统筹发展，其重点在于进行开发式改造，使村庄融入城市，使农民变为真正意义上的市民，建设新型社区。村改居城市发展型土地精明利用运作模式如图 5-3 所示。在政府指导及农户的积极参与下，加大土地流转力度，开展土地综合整治，引导土地规模经营，促进农业的产业化，增加耕地数量，提高耕地质量，为城市化建设提供基础保障；控制村庄扩展边界，整治农村居民点用地，逐步引导农民统一居住，促进土地的节约集约利用，为城镇建设提供发展空间，并减轻城镇扩张对农用地的胁迫；在城镇化的辐射带动下，加快农村剩余劳动力向非农产业转移的步伐，使农民逐步摆脱对土地的依靠，改变传统的农业生产方式，完善土地征用制度，保障失地农民权益，推动农民非农就业，使农民逐步融入到城市发展中，引导产业聚集发展，推动农村产业升级，加快城市化进程，增强集体经济实力，实现农村用地向城市用地、农民向城市居民、农村向社区的转变，最终实现城乡的全面融合。

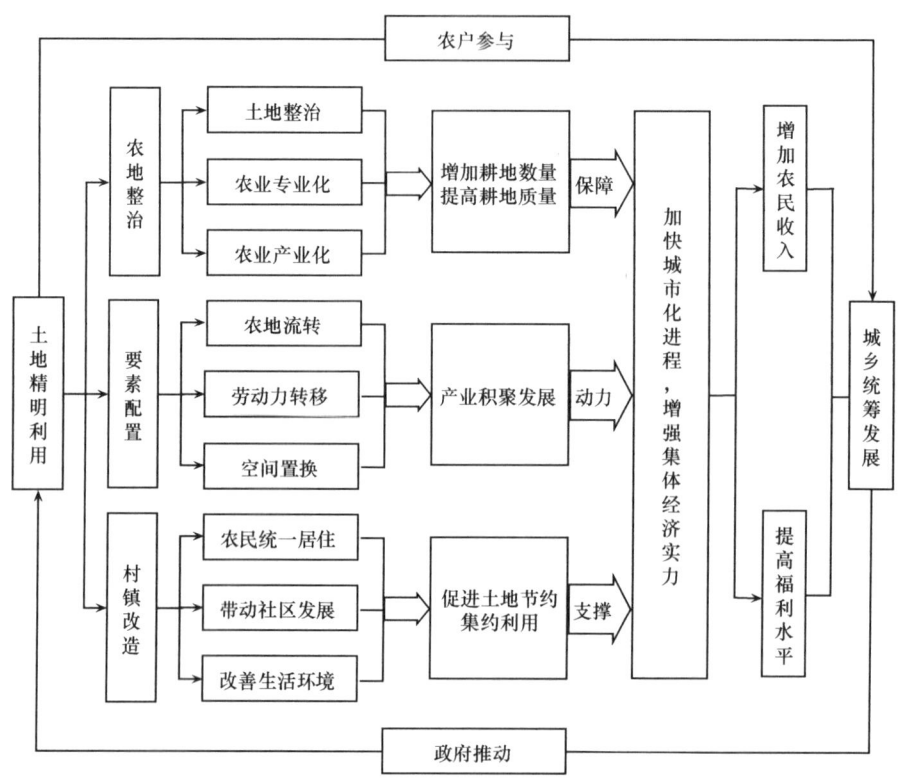

图 5-3 村改居城市发展型土地精明利用运作模式

这一类型的代表村福音社区由原桥林街道福音居委会并入大卢村后，农业人口比重高达 20%~30%，而且仍然以传统种植业为主，农村集体经济稳定性收入较少，整个社区未能真正融入城市，但福音社区的优势在于该社区驻地企业较多，多达 10 余家，尤以硅橡胶及其制品的新型材料产业为特色，东爵精细化工（南京）有限公司和高尔特硅橡胶制品（南京）有限公司两家企业产值都在亿元以上，其中东爵公司是由香港新能源化工集团有限公司在大陆投资的外商独资企业，主要生产甲基乙烯基硅橡胶、混炼胶和绝缘胶三大系列 190 多个品种，年产 5 万 t 生胶，目前是国内最大的硅橡胶企业，占国内市场 23%的份额。高尔特硅橡胶制品（南京）有限公司依托东爵公司生产的硅混炼胶为原料，专业生产硅胶下游产品，如太阳能密封圈、硅胶轮、绝缘子避雷器等高新技术产品。

土地是农民最基本的生产资料，是农民维持生计的依托。在"村改居"过程中，由于城市发展的需要，大部分地区的做法是将原集体土地征为国有，对被征地农民给予相应的征地补偿费用以维持他们的生计。这种做法为城市发展提供了大量的土地，但是失地农民的生活保障问题日益显现，"村改居"的城市化道路远不比城区内的城市发展，"村改居"所依托的城镇社会保障体系尚未健全，远不如发达城市社会保障体系，失地农民祖祖辈辈以土地为依托，他们最主要的生活技能就是种田种地，而且这些农民的受教育水平较低，当他们失去土地后，他们的生活技能也相继失去，在社会保障尚未健全的阶段，失地等于失去生活依靠和生活保障，而且福音社区农村老年人居多，其中 60 岁以上的人口比例达到了 30%，他们失地后的生活保障问题更值得关注；此外，征地补偿标准偏低，补偿主要以货币补偿为主，形式单一，失地农村虽然在被征地时拿到一笔数额不小的补偿费用，但随着时间的推移，征地补偿款被花费完后，被征地农民的生活将完全没有依靠，这将极大地影响城乡统筹进程。

因而，福音社区应对社区内的土地进行统一规划与管理，针对福音社区驻地企业征用土地较多，但征地费用较低（现金补偿，3 元/m^2）的特点，在征地的过程中，应该保持农村集体土地所有权不变的原则，对土地进行规模化开发使用，将集体土地和农民承包土地经营权、建设用地使用权在一定时期内通过转让、出租、转包、入股、抵押等形式流转给社区土地合作社，土地合作社空间置换，通过城乡建设用地增减挂钩复垦项目，如 2010 年福音社区在卢庄组、陈段组、三合组实施了挂钩复垦项目，通过对农村居民点的整治，有效增加耕地面积 9.46 hm^2，积极引导农民向桥林福音家园农民集中居住区居住，该新建农民集中居住区面积为 1.33 hm^2，仅占用耕地 0.55 hm^2，引导农村人口的集中集聚，实现农用地、建设用地的规模集中，并将土地折价定股，对于土地合作社内的建设用地，统一征用给驻地企业使用，原土地上的农民以土地股的形式入股到各类驻地企业，部分年富力强而又符合企业招工标准的农民进入企业就业，并参与企业分红，保障农民的土地收益权和土地的增值收益，土地收益一部分返还给农民，一部分留给土地合作社，壮大集体经济实力，为社区社会保障提供基础支撑；对于土地合作社内的农用地，通过驻地企业分红所得的土地收益，对集中起来的土地进行整治，积极引导现有农业种植大户，种植花卉苗木、蔬菜等经济作物，调整农业种植结构，并整合已有的畜禽养殖合作社，扩大养殖规模，规范养殖技术，提高产品质量，扶持"谷乐"牌草鸡蛋等品牌农产品，走品牌化战略，提高产业化、专业化水平，促进农民增收。

5.2.3 飞地经济跨越型运作模式

"飞地"经济是指发达地区与欠发达地区双方政府打破行政区划限制，把"飞出地"的资金和项目迁到行政上互不隶属的"飞入地"的工业基地，通过共同合作、实现两地互惠共赢的合作发展模式（安增军和林昌辉，2008）。通过"飞地"经济合作，打破行政地域界限，充分利用和整合区域比较优势，实现区域间的协调发展，这对于促进区域间的统筹发展有着极强的借鉴意义。因而，针对浦口区部分农村经济基础薄弱、农村产业特色不鲜明的现状，通过政府引导，积极采用"飞地"经济模式承接发达地区产业转移，接受发达地区的经济辐射，推进新农村建设，实现城乡统筹发展。飞地经济跨越型土地精明利用运作模式如图5-4所示。整合已有土地股份合作社，通过转包、出租、转让、互换等多种形式，加大土地流转力度，实施城乡建设用地增减挂钩，引导农民统一居住，改善基础设施，建设新型社区，提高土地的集约化利用水平，促进土地的规模集中，在政府的积极运作下，承接发达地区产业转移，积极引进符合产业政策的企业进入乡镇工业集中区，由村土地股份合作社统一运作，将结余下来的建设用地指标提供给"飞入"企业，合作社对符合招工条件的农村剩余劳动力进行集中教育与培训，节约"飞入"企业的土地、劳动力成本，企业收益一部分留给土地合作社，壮大集体经济，原土地上的农民通过股份分享一部分企业收益，解决他们生活的后顾之忧。土地合作社对集中起来的耕地进行综合整治，根据土地适宜性，调整农业种植结构，规模化经营，建设农业种植基地，发展现代农业、设施农业、高效农业，并开展农业旅游，提高农地效益，为农村生活保障提供有力支撑，进而促进城乡协调发展。

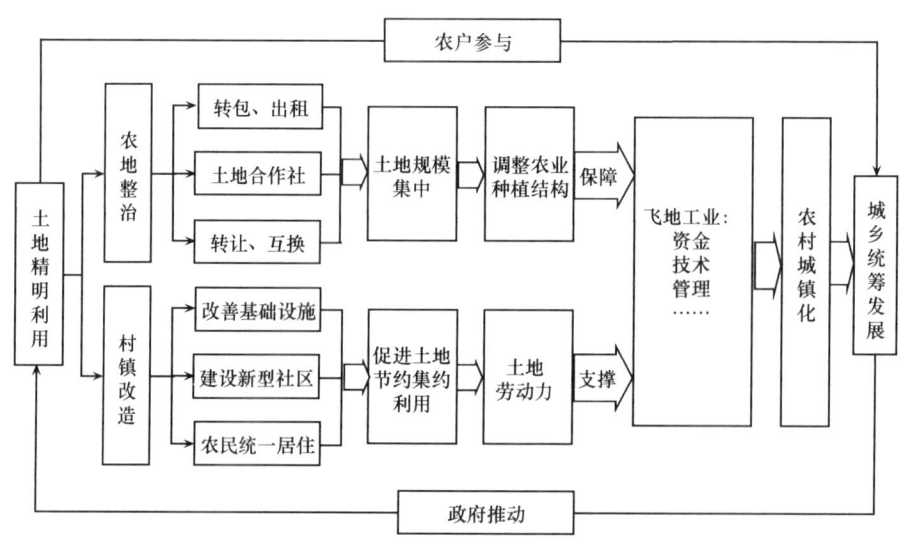

图 5-4 飞地经济跨越型土地精明利用运作模式

这一类型的代表村双庙村属于典型的丘陵地形，以传统种植业为主导，耕地种植以水稻、小麦、玉米为主，经济较为落后，农民收入水平较低。但双庙位于桥林街道西北方向，距桥林街区5 km，桥星线、陡星线穿村而过，交通较为便捷。农民对于实现城乡统筹发展的愿望强烈，对于土地规模经营和土地整治都表达了强烈的愿望。

因而，双庙村实现城乡统筹发展的关键在于成立土地合作社，在尊重农民意愿的基础上，通过转让、转包、出租等多种方式加快土地流转，积极通过城乡建设用地增减挂钩，引导农民统一居住，提高土地集约化利用水平，2010年双庙村分别在小李组、冶山组、童庄组、小豆组等村组实施城乡建设用地增减挂钩，可新增耕地12.77 hm^2，可结余大量建设用地指标。根据浦委发（2009）53号文件，浦口区调整全区工业经济发展新布局，江北新城核心区内新引进工业项目和现有工业项目都将搬迁到桥林新城和周边石桥、星甸和永宁等工业园，并按省市级工业园区标准规划和建设桥林、石桥、星甸、永宁等现有工业园区。目前，浦口经济开发区的行政总部已经搬移到桥林新城，桥林工业区现有企业43家，2008年工业总产值达36 199万元，已形成装备制造与金属制品业、新材料产业、电子电器三大主导产业门类。因而，双庙村应该抓住桥林新城建设的机遇，在政府的积极引导下，积极从南京、苏南等地引入符合产业政策的"飞入"企业进入桥林工业区，双庙和"飞入"企业开展合作，由"飞入"企业提供资金、技术发展现代制造业，并优先吸纳双庙村中符合招工政策的村民进入企业工作；双庙村通过城乡建设用地增减挂钩指标为"飞入"企业提供土地，并为"飞入"企业提供优质的劳动力，统一对拟进入"飞入"企业的农民进行教育培训。企业收益一部分返回给土地合作社的股民，保障他们享受土地的收益权，一部分留给土地合作社，壮大集体经济实力，提高农民的福利水平。土地合作社统一对流转土地进行综合整治，规模化经营，成立养鸡、茶叶合作社，建立农业生产基地，重点发展有机鸡、绿色有机茶，由土地合作社统一管理、统一加工、统一销售，打造双庙自己的品牌，利用好农业种植基地等农业旅游资源，开发蒋山口水库旅游资源，发展农业旅游业，促进农民增收，提高生产效率，改善生态环境，最终实现城乡统筹发展。

5.2.4 乡村旅游激发型运作模式

乡村旅游是一种重要的旅游类型，同时也是促进城乡协调发展的主要动力之一。在乡村旅游资源丰富的地区，应通过调整农业种植结构，发展生态农业、规模农业、高效农业，培育乡村旅游资源，大力发展以农家乐、观光园等形式的乡村旅游，推动第一、第三产业的结合，改善农村生态环境，提高农民收入，达到城乡统筹发展的目的。总体而言，乡村旅游激发型土地精明利用运作模式如图5-5所示。通过租赁经营、股份合作、承包经营等方式，加大土地流转力度，促进土地的规模集中，土地合作社对土地进行统一规划与管理，因地制宜，调整农业种植结构，培育丰富的乡村旅游资源；通过城乡建设用地增减挂钩等方式，推动村镇改造，引导农民统一集中居住，改善农村基础设施，建设新型社区，并为旅游设施用地提供足够的发展空间，提高土地集约利用程度与水平，为乡村旅游的发展提供保障；鼓励经济条件较好的农户自发开展农家乐旅游，通过土地合作社建立旅游开发公司，积极引进资金与技术，以农业种植园为依托，通过土地合作社提供劳动力、土地等资本，通过外商提供资金、技术等资本，合作开发多种形式的乡村旅游；以周围城市人群和区域内自然人文旅游资源的游客为主要目标人群，开展观光观赏型、参与体验型、休闲度假型、民俗文化型等多种形式的乡村旅游，提高农民收入，最终实现城乡统筹发展。

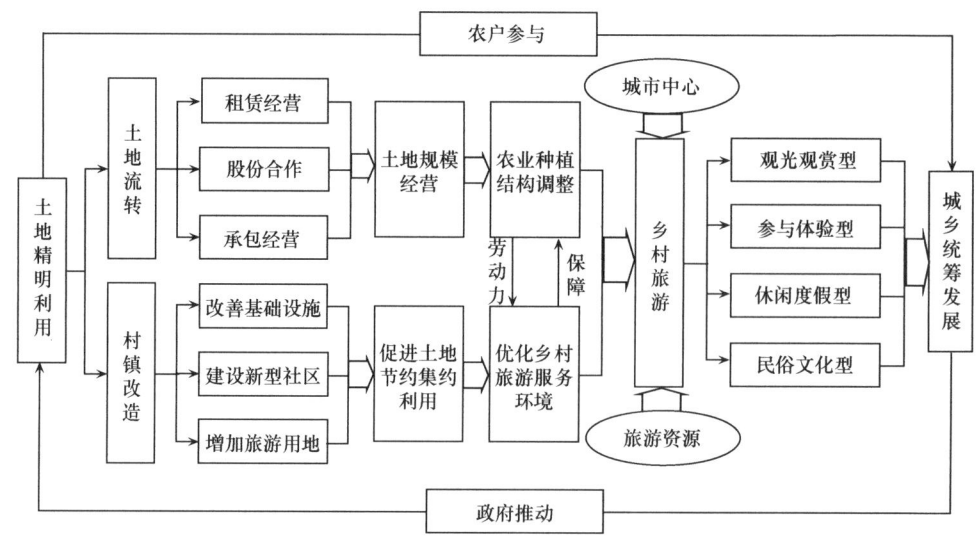

图 5-5　乡村旅游激发型土地精明利用运作模式

这一类型的代表村茶棚村是乌江镇十里庄园经济带的主体村，十里庄园经济带始建于 1995 年，占地面积 8 km²，以花卉苗木、森林景观、历史遗迹、名人故居为主，集水、山、林为一体，葱郁的观赏苗木、成行的果树、池塘边成群的野鸭、富有特色的农庄、淳朴的乡情是其主要特色，它是过去江南田园风光的一种历史再现。但是由于茶棚农业旅游起步较晚，旅游资源以休闲农庄为主，类型单一，规模小，特色不鲜明；现有开发基础薄弱，大多数资源还未合理开发，农业旅游资源分布较为分散；旅游基础设施、服务质量有待进一步提高；农业旅游产品较为单一且缺乏吸引力；没有形成旅游品牌，知名度不高，如雨花台的江心洲、栖霞区的八卦洲、高淳县的瑶宕村、溧水县的傅家边及浦口区的老山森林公园等旅游景点都有较高的知名度，但旅游规模偏小，游客数量有限，游客逗留时间短，旅游收入少，这都极大地影响了茶棚村城乡统筹发展进程。但同时也应该看到，农业旅游具有巨大的市场空间，如南京傅家边农业科技观光园 2006 年接待游客 50 万人次，2007 年为 30 万人次，旅游收入达到 4000 万元。

因而，茶棚村在保障农村集体所有权不变的原则下，通过转让、转包、入股、抵押等形式，鼓励农户加入土地股份合作社，加大土地流转力度，促进土地的规模集中，在种植大户的带动下，因地制宜，调整农业种植结构，形成规模化生产，发展生态农业、精准农业、设施农业，带动农业的规模化经营，培育农业旅游资源，土地合作社组建农产品销售公司，统一组织、统一管理、统一销售，采用"公司+基地+农户"的运行模式，以订单农业的方式，实行一体化经营，减小农民销售农产品的市场风险；在此基础上，由土地股份合作社组建农业旅游开发公司，整合现有休闲农庄，积极吸引外来资金与技术，旅游开发公司为外商提供土地、旅游资源、劳动力，外商提供资金与技术，合作开发农家乐、观光园、休闲农庄、农业科技园等多种形式的农业旅游资源，借助茶棚地理位置优越、交通便利（离市中心约 1 h 路程，距长江三桥仅需 8 min 的车程，距 312 国道、宁合高速仅 15 km）的优势，积极吸引南京周边城市及长江三角洲游客，同时利用浦口区内"一山三泉"的游客及浦口区大学生城的学生游客资源，开展以短途游、周末游为主的乡村旅游，开发多种多样的旅游产品，形成旅游品牌效应，做大做强农业旅游，提高旅游收入，农民以土地合作社社员的身份入股定价，分享土地收益和增值旅游利润，提高农户收入，保障农民生活。

同时，积极实施城乡建设用地增减挂钩等项目，引导农民统一居住，改善农民居住环境，建设农村基础设施，保留特色村庄，为开展民俗文化旅游创造条件；有效增加耕地面积，盘活存量建设用地，2010 年茶棚村在捋马组、湖洼组、松元组、五组、巷南组、阮安组、东阮组对农村居民点实施城乡建设用地增减挂钩项目，共增加耕地面积 37.31 hm²，农民统一居住茶棚村捋马组农民集中居住区，其中占地 0.50 hm²，占用耕地面积仅为 0.03 hm²，从而有利于土地规模化经营，为乡村旅游资源的培育创造了良好的条件，同时为乡村旅游用地留足了发展空间。

5.2.5 特色农业开发型运作模式

特色农业开发型农村由于有着传统的农业基础并形成一些特色农业产品，因而该类型农村实现城乡统筹发展的关键在于依托区域内农业特色优势，围绕一个特色农产品，实行农业规模化、专业化经营，并逐步延伸产业链条，实现农业产业化生产，提高农民收入，最终实现城乡统筹协调发展。具体而言，特色农业开发型土地精明利用运作模式如图 5-6 所示。通过转包、出租、转让、互换、土地合作社、土地换社保、土地托管等多种形式，促进农用地的规模集中，大力推进土地综合整治，依据当地种植传统和农业种植特色，因地制宜地进行规模化经营，大力发展现代农业，培育品牌农产品，走农业专业化、产业化道路；通过城乡建设用地增减挂钩、建立农村建设用地交易市场等形式，促进建设用地的集中集聚，引导农民统一居住，增强人口的集聚效应，通过村镇改造改善农民居住环境，带动新型农村社区发展，促进非农产业发展，促进土地节约集约利用，建立农业生产服务中心，逐步引导剩余劳动力的快速转移，为现代农业的发展提供更好的服务与保障；在大力发展现代农业的同时，积极拓展产业链条，以高效农业、设施农业为依托，积极培育乡村生态旅游资源，重点发展都市休闲型、农庄经济型、农业科技园型、生态体验型、特色产业型等多种形式的乡村旅游产业，在农户的积极参与和政府的引导下，走出一条以"特色农业+乡村旅游业"发展农村经济的城乡统筹发展之路。

这一类型的代表村侯冲村为永宁镇政府所在地，一直以农业生产为主。侯冲村的农业生产最早也是以生产水稻等粮食作物为主，自 20 世纪 70 年代末开始种植经济苗木，但 2000 年以来，由于苗木市场饱和、市场竞争激烈，苗木价格持续下跌，在这一形势下，侯冲村大力发展水产养殖业，在原有水产养殖的基础上加大规模，组织农民协会帮助农民解决生产、技术、销售等问题，从而通过农业产业结构不断调整与优化，大力发展农民协会，逐步形成以苗木种植和水产养殖为主导的产业结构。目前，侯冲村苗木种

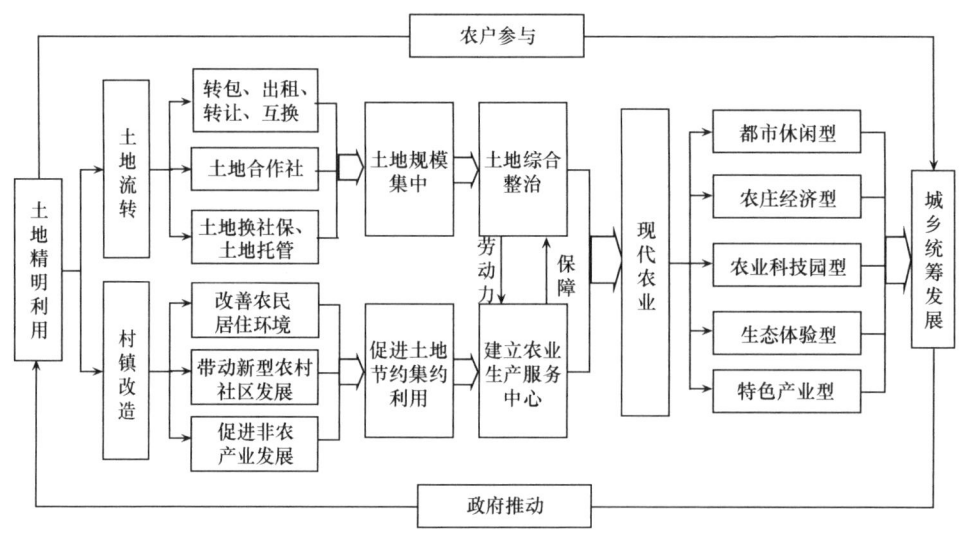

图 5-6 特色农业开发型土地精明利用运作模式

植面积达 533.60 hm²，种植户为 1200 户，总收益为 700 万元；养殖水面近 53.36 hm²，养殖户为 50 户，总收益达 175 万元。此外，侯冲村水稻、小麦、油菜、玉米等传统农业种植面积为 76.04 hm²，收益为 115 万元。

由于侯冲村有着良好的农业种植基础，并形成了产业特色，发挥了一定的效益，而且侯冲村农民对土地规模化经营表达了强烈的愿望。因而，侯冲村通过土地精明利用实现城乡统筹发展的重点在于，如何通过土地经营规模化推动现代高效农业的发展。在当前我国家庭联产承包责任制下，农地分散经营，不利于农业机械、农业高科技的使用，只有土地的规模经营，才有利于高效农业、设施农业、精准农业的发展，才能推动农业现代化进程，因而土地规模化经营是实现现代农业发展的前提与基础。侯冲村应在不改变土地性质的前提下，重点加大土地流转力度，大力发展农民专业合作社组织，积极探索土地股份合作，以 2008 年 10 月成立的南京市第一家土地股份联合社——南京侯冲土地股份联合社为依托，该联合社下设农机、养殖、种植、设施 4 个专业分社，独立运行、协调发展，调动种植大户的带动作用，调整农业种植结构，整合现有园林苗木、水产养殖资源。根据现代都市人对无污染、纯天然农产品的青睐，以南京中高层收入人群为主要消费群体，重点发展以有机猪、有机蔬菜、有机林果、有机水产养殖为主体的有机农业，建设有机农业生产基地；通过招商引资，侯冲村提供劳动力、土地、原材料，外商提供资金、技术，共同建设农产品精致加工项目，增加有机产品附加值，生产高端农产品，注册农产品商标，走品牌化道路，树立侯冲村有机农业形象。挖掘侯冲村手狮文化特色，依托老山国家森林公园和有机农业基地，面向南京市及长江三角洲都市圈，建设集观光、旅游、休闲、度假、体验于一体的农业生态休闲旅游基地，从而实现一产（有机农产品生产）、二产（有机农产品加工）、三产（以有机农产品为依托的农业生态旅游）的协调发展。

在城乡建设用地增减挂钩和万顷良田工程的实施下，有效增加耕地面积，提高建设用地集约化利用程度，其中万顷良田工程的实施在侯冲村高陈组、北梗两个自然村内，居民点整理面积为 18.62 hm^2，将新增耕地 16.86 hm^2。永宁镇侯冲村片的所有拆迁农户拟安置在原有的侯冲生态小区南侧安置区内，需要占用土地面积 2.71 hm^2，其中占用耕地 0.68 hm^2。剩余 16.18 hm^2 作为留用区，用于浦口区和永宁镇城镇建设。耕地的增加和有效集聚为侯冲村发展有机农业提供了有力保障，建设用地的有效集中一方面为城市发展用地提供了有力支撑，减少了建设用地对耕地的胁迫；另一方面，在保障城市发展和农民居住的同时，侯冲村有机农业加工和农业生态旅游的发展也得到了保障。农民以土地股的身份加入土地股份联合社，享受到了土地的收益权和增值效益，在侯冲村发展有机农业的同时，农村剩余劳动力就地转移，经过劳动就业培训，他们由传统的农民转变为农业产业工人，收入得到了提高，集体经济发展壮大，农民也将享受到更多的社会福利与待遇。

5.2.6 跨村整合捆绑型运作模式

在浦口区城乡统筹发展过程中，部分农村由于区位条件的限制或受自然灾害的影响，农村发展基础薄弱，没有形成特色与优势，因而这部分农村要实现城乡统筹发展，除依靠自身的经济实力外，更多地需要政府推动经济落后的村庄与经济实力较强的村庄实施捆绑，跨村整合两村的土地资源，优势互补，共同实现城乡协调发展。图 5-7 显示了跨村整合捆绑型土地精明利用运作模式。在政府的推动与帮助下，选择经济发展较好且土地需求压力较大的村庄与经济发展较落后的村庄实施捆绑，在尊重农民自愿的基础上，实施落后村庄整村搬迁，跨村和经济发达村庄的居民在区位条件较好的地点统一居住，建设新型社区。经济落后村庄的农民自愿将土地承包经营权、宅基地使用权统一流转给土地合作社，经济发达村庄提供资金与技术，帮助经济落后村庄进行土地整治，因地制宜，实行土地规模化经营，发展生态农业、现代农业，开展农业旅游，实现农业的专业化与产业化；经济落后村庄通过对宅基地复垦，挂钩指标提供给经济发达村庄使用，发展壮大集体经济，落后村庄通过统一组织就业培训，向发达村庄提供丰富的劳动力资源，发达村庄承担一定的农村剩余劳动力转移的任务。农民作为土地合作社的股民，将享有土地股份的分红和土地增值收益，他们的生活得到保障，收入得到提高，最终实现农村现代化，达到城乡统筹发展的目的。

这一类型的代表村张圩村地处纯圩区，地势低洼，紧靠滁河。张圩村属于农业大村，全村无二、三产业，村级集体经济十分薄弱，道路建设和基础设施较差。全村现有水稻种植面积 85.64 hm^2，苗木种植面积 156.75 hm^2，水产养殖面积 53.36 hm^2。2003 年和 2008 年滁河两次特大洪水灾害，使全村农作物受损严重，特别是苗木种植业遭遇致命打击。从城乡统筹意愿调查来看，农民对于土地规模化经营、实现城乡统筹发展表达了强烈的愿望，该村也实现了整村搬迁，目前正处于搬迁过渡阶段。

因而，张圩村应利用已成立的南京张圩土地股份合作社，该合作社下设种植专业合作社、养殖专业合作社和农机专业合作社，加大张圩村土地流转的力度，促进土地的集中集聚，在政府的积极协调下，与经济发达但土地资源约束较大的村庄进行跨村捆绑，在发达村庄资金、技术的帮助下，推进农地整治，调整农业种植结构，以南京中高层次

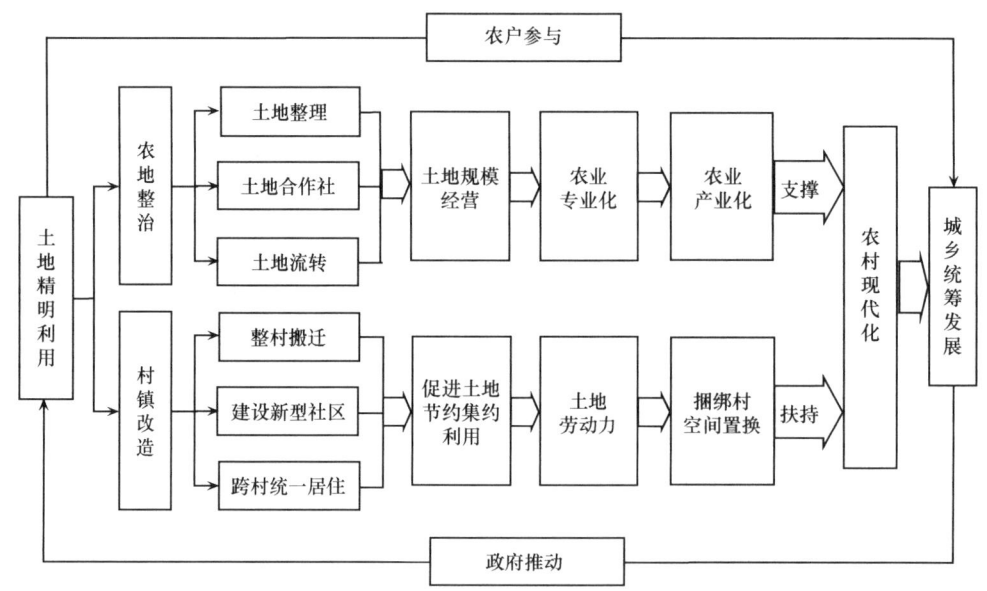

图 5-7 跨村整合捆绑型土地精明利用运作模式

人群为消费群体，大力建设优质有机水稻、绿色有机蔬菜、特种水产养殖等农业生产基地，打造农业特色产业园，由土地股份合作社对农产品进行统一管理、统一加工、统一销售，以生产绿色有机农产品为主，大力发展农产品深加工产业，提高农产品科技附加值，形成张圩村农业品牌，推动农业专业化、产业化发展，促进农民增产增收；土地股份合作社组建农业旅游开发公司，结合滁河湿地开发规划，依托优越的生态环境，建设湿地主体公园，结合农业产业园，吸引南京城市周边及长江三角洲游客，发展农业休闲旅游、农业劳作体验等项目，满足高层次生活需求，促进农业生态旅游的发展。土地收益一部分返回给农民，促进农民收入的提高，一部分留给土地合作社，壮大集体经济，提高农民福利水平。张圩村村民整体搬迁，农民统一居住到区位条件较好的地点，通过村庄整治改善农民居住环境，建设新型社区，宅基地等建设用地复垦整理后，结余的建设用地指标调剂给发达村庄使用，促进发达村庄经济水平的进一步提升，部分新增就业岗位留给张圩村村民，张圩村土地股份合作社统一对符合条件的村民进行集中就业培训与指导，促进张圩村剩余劳动力在外地转移，促进农民收入的提高。

5.3 不同工具下区域土地精明利用实现模式的设计

5.3.1 "拆村并居"实现模式

(1)"拆村并居"模式

"拆村并居"模式下，目前大部分地区采用土地征用模式，即将农民集体土地征为国有建设用地，满足城镇发展需求，但是由于目前存在社会保障制度不健全、土地征用补偿标准偏低、土地征收补偿费用分配不合理等问题，土地征用模式已凸显出诸多弊端，有限的土地补偿金已不能保障失地农民未来的生活问题。鉴于此,应积极探索新型"拆村并居"模式,总体来看,根据土地所有制存在形式,城镇建设区"拆村并居"模式又可分为以下 3 种模式:国有化土地模式、"两制并存"模式、保权让利流转模式(洪增林和薛惠锋,2007),如图 5-8 所示。

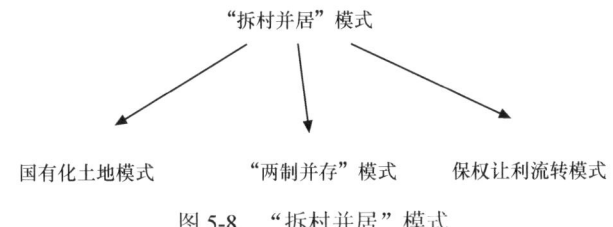

图 5-8 "拆村并居"模式

1) 国有化土地模式:即将集体土地一次性整体转为国有土地,实现"拆村并居",集体土地上的农民全部直接转为城镇居民,并融入社区,这种模式将有利于村集体通过盘活集体建设用地获得村镇改造的资金,也有利于政府对土地进行统一规划。由于"拆村并居"地区一般区位条件较好,土地资源紧缺,国有化土地模式将为城市发展提供足够的发展空间,同时为了显化土地资产,发挥市场在土地配置中的作用,维护失地农民的基本利益,有效促进城乡统筹发展,集体土地征地补偿必须打破原有规定标准偏低的束缚,可借鉴政府公布的国有土地基准地价,修正后确定集体建设用地转为国有土地的标准。

2) "两制并存"模式:是指实行"拆村并居"后,依据行政村内的人口、生产生活等状况,留用一定面积的土地,以保障村民安置和生产生活,区域内土地仍保留集体土地所有制性质,村集体可自行开发建设;对于通过农村居民点整理、村镇改造后结余的土地将转为国有建设用地,政府可依据城市规划的要求对这部分土地依法开发经营,以保障城镇社会经济发展。

3) 保权让利流转模式:在保持农村集体建设用地经营权、所有权不变的前提下,依照国有土地有偿使用管理方式,参照同级同样用途国有土地转让价格,将农村集体建设用地经营权按一定年限作价,通过转让、转包、出租、入股、抵押等形式进行流转,土地收益大部分(90%)留给村民和集体经济组织。保权让利流转模式符合市场经济发展规律,减轻征地难度,缓解城镇用地压力,同时能够让农民分享到更多的土地收益。

(2)"拆村并居"模式优选

为进一步优选"拆村并居"模式,针对 3 种"拆村并居"模式,以浦口江浦街道五里村为例,分别测算了 3 种模式的经济效益。在"拆村并居"模式推动城乡统筹发展的过程中,如何在保障城镇社会经济发展的同时维护农民的合法利益成为该模式的关键,因此以下分析主要从保障农民权益的角度,对 3 种"拆村并居"模式的经济效益进行分析。

五里村位于江浦街道以西,宁乌公路穿境而过。东接巩固村,西连虎桥村,南临新合村,北与华山村毗邻(图 5-9)。

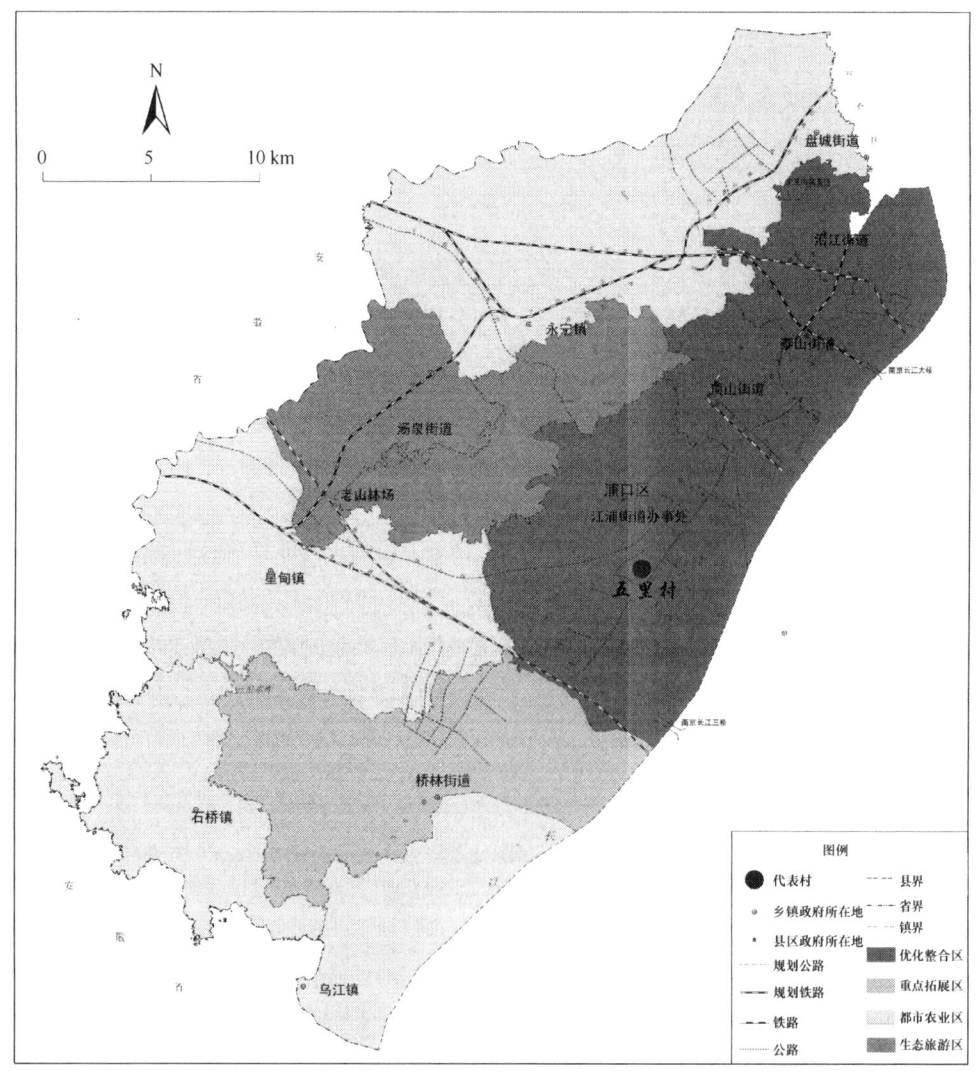

图 5-9 浦口区五里村区位图

1)国有化土地模式：根据 2008 年 1 月 1 日南京市浦口区土地级别与基准地价更新成果，五里村土地级别为两级，集体土地转为国有土地后，由于现行土地利用规划修编尚未完成，转制后的土地用途尚有一定的不确定性，因此假设转制后的土地用途为综合用地，并达到"五通一平"（通路、通电、通上水、通下水、通讯、场地平整）的开发条件，因此取二级土地各用地类型（商业、住宅、工业）基准地价的平均值作为转制后国有土地基准地价（表 5-1），即为 1633 元/m^2，在此基础上扣除浦口区"五通一平"土地综合开发费用（150 元/m^2），同时考虑到国家政策的影响、区域经济水平差异、集体土地所有权的不完全性，需要对转制后国有土地综合基准地价进行修正，在此修正系数取 0.6，因此最终确定集体土地转制后土地的价格为 890 元/m^2。目前，五里村村庄面积为 46.65 hm^2，可根据如下公式计算土地总收益：$S = r \cdot A \cdot (P - f)$，式中，$S$ 为转制后土地总收益；r 为修正系数（取 0.6）；A 为集体土地面积；P 为转制后土地价格；f 为土综合开发费用。通过上述公式,最终得到国有化土地模式下土地总收益为 4.15 亿元。

表 5-1 浦口区土地级别基准地价表

类型	级别	基准地价(元/m²)
商业用地	一	3130
	二	2410
	三	1700
住宅用地	一	2855
	二	2160
	三	1315
工业用地	一	420
	二	330
	三	288

2)"两制并存"模式:"两制并存"模式下的集体土地主要分为三部分:第一部分为农民安置居民与公共设施用地;第二部分为村民留用生产经营性用地;第三部分转为国有建设用地。目前,五里村现有总人口 2826 人,参照建设部制定的《城市用地分类与规划建设用地标准》GBJ137–90–用地规划–用地标准,结合浦口区当地经济发展水平和居民居住习惯,人均居住与公共设施用地面积取 65 m²,人均生产经营性用地面积取 80 m²,根据如下公式可分别计算出三部分用地类型面积:$A_1 = r \cdot a_1 / n$,$A_2 = r \cdot a_2$,$A_3 = A - A_1 - A_2$,式中,A_1 为居民与公共设施用地面积;r 为农村总人口数;a_1 为人均居民与公共设施用地面积;n 为楼层数(取 5 层);A_2 为生产经营性用地面积;a_2 为人均生产经营性用地面积;A_3 为转制国有土地面积;A 为集体土地面积。通过上述公式计算,居民与公共设施用地、生产经营性用地、转制国有建设用地面积分别为 3.72 hm²、22.91 hm²、20.01 hm²。该模式下,土地总收益为生产经营性用地和转制国有建设用地收益之和,计算公式如下:$S = S_2 + S_3 = r_2 \cdot A_2 \cdot P_2 + r_3 \cdot A_3 \cdot (P_3 - f)$,式中,$S$ 为土地总收益;S_2 为生产经营性用地总收益;S_3 为转制国有建设用地总收益;r_2 为生产经营性用地修正系数(取 0.8);A_2 为生产经营性用地面积;P_2 为生产经营性土地价格(为体现利益最大化,取同级商业用地基准地价);r_3 为转制国有建设用地修正系数(取 0.6);P_3 为转制国有建设用地价格;f 为土地综合开发费用。根据上述公式,分别计算出生产经营性用地收益为 4.42 亿元,转制国有建设用地收益为 1.78 亿元,土地总收益为 6.20 亿元。

3)保权让利流转模式:农村集体土地流转,一般来说,以工业用地用途为主,因而参照同级国有土地转让价格,该模式下土地流转价格主要采用同级工业用地基准地价标准,由于目前国家对农村集体土地流转还有一定的限制,集体建设用地流转具有一定的不确定性和风险,因而流转年限不宜过长,一般不高于集体土地承包经营的最高年限,流转年限在 3~15 年较为合理,土地流转后会产生收益,一般采用收益还原法计算土地流转收益价格:$P = \dfrac{a}{r} \cdot \left[1 - \dfrac{1}{(1+r)^n}\right]$,式中,$P$ 为收益价格;a 为土地年纯收益;r 为土地还原利率(取 8%);n 为流转年限(取 3 年、5 年、8 年、10 年、15 年);土地流转后的总收益根据如下公式计算：$S = r \cdot A \cdot P$，式中，S 为土地流转的总收益；r 为修正系数（取 0.6）；A 为集体土地面积；P 为收益价格。根据上述公式，分别计算土地流转 3 年、5 年、8 年、10 年、15 年后的效益分别为 2.38 亿元、3.69 亿元、5.31 亿元、6.20 亿元、7.91 亿元（表 5-2）。

表 5-2 "拆村并居" 3 种模式效益分析

类型	国有化土地模式	"两制并存"模式	保权让利流转模式				
			3 年	5 年	8 年	10 年	15 年
效益（亿元）	4.15	6.20	2.38	3.69	5.31	6.20	7.91

"拆村并居" 3 种模式经济效益见表 5-2。国有化模式考虑区位条件、土地增值等因素，参考土地级别与基准地价标准，对原有土地征用制度进行修正，弥补了原有土地征用补偿标准过低的缺陷，在一定程度上保证了失地农民的利益，同时也保障了城市发展对土地的需求，有利于政府对土地进行统一规划与布局。"两制并存"模式部分剥离了土地的社会保障功能，但农民仍有一定的生产经营性土地，农民的基本生活保障得到了有效保护，同时一部分集体土地转制为国有土地，政府可依法对土地进行开发使用，保障城镇社会经济发展，该模式经济收益也较为理想。受国家政策、农村建设用地流转年限、土地年纯收益、土地还原利率、社会经济发展因素的影响，保权让利流转模式下的土地总收益具有一定的不确定性，比较 3 种模式经济效益，该模式下土地流转年限以 5~10 年较为合适。因此，从"拆村并居" 3 种模式效益分析来看，"两制并存"模式更为合适，在"拆村并居"中应优先考虑采用此模式。

5.3.2 居民点整理实现模式

1. 居民点整理模式

由于研究区农村居民点长期以来呈自发性增长趋势，缺乏统一的布局规划，基本上在一定的农田耕作半径周围建设，造成了现状农村居民点分散杂乱的分布特点，居民点用地与农用地相互错落，农用地被分割得支离破碎，无法实现农业的规模经营，降低了土地利用效率；此外，农村居民点以外延式扩展为主，居民点用地规模不断扩大，破旧的居民点不断被荒废，大量青壮年劳动力外出务工或在城市中居住，导致了原有房屋的闲置或荒废，"空心村" 现象不断加剧。目前，根据区域差异，农村居民点整理模式主要可分为整村搬迁模式、空心村整治模式、中心村建设模式，如图 5-10 所示。

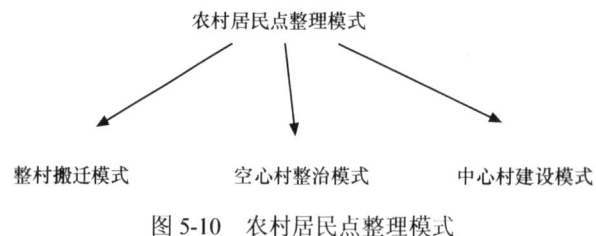

图 5-10 农村居民点整理模式

1) 整村搬迁模式：该模式主要针对受自然环境限制严重的农村居民点或自然村，通过将受洪涝灾害严重或位于贫瘠山麓上的村庄整体迁出，重新选址另建新村，或与区位条件、经济条件较好的村庄实施捆绑，本着村民自愿的原则，将村民统一搬迁到区位条件较好的地点居住，并逐步向城镇集中，同时将旧村建设用地整理复垦为耕地。该模式的土地整理潜力较大，置换出的农村建设用地面积大，村民搬迁意愿强烈，搬迁农民易于统一居住，但整理复垦的难度相对较大。

2) 空心村整治模式：该模式主要适用于闲置、空闲农村建设用地较多的空心村，通过空心村整治改造，拆旧建新，采用整体整治或滚动式治理模式，可有效减少闲置土地数量，增加耕地面积。

3) 中心村建设模式：该模式主要适于农村居民点较多、村民居住分散的大自然村，在尊重农民意愿的基础上，采取将几个行政村合并、集中建设中心村的措施，可置换出大量农村建设用地，通过居民点复垦，有效增加耕地面积。

2. 居民点整理模式优选

针对不同农村居民点的自然地理因素、社会经济因素、土地利用因素，农村居民点整理模式也会有所不同，从居民点整理的迫切程度和优先时序来看，3 种整理模式的先后次序为整村搬迁模式>空心村整治模式>中心村建设模式。为进一步优选农村居民点整理模式，以浦口区永宁镇张圩村、桥林街道福音社区、乌江镇茶棚村为例，在分析三村村域特征的基础上，探讨三村农村居民点整理模式的优选问题。

张圩村位于永宁镇境内，地处浦口区西北部，紧邻安徽省滁州市黄圩乡，该村地处纯圩区，地势低洼，紧靠滁河（图 5-11）。福音社区位于桥林街道西大门原陡岗乡政府所在地，交通便利。茶棚村位于浦口区乌江镇，东与南一村接壤，南与周云村、五一村为邻，宁乌一级公路穿境而过，属于丘陵地区（图 5-11）。

（1）居民点整理影响因素

进行农村居民点整理，需要统筹考虑多方面因素。总体来看，影响农村居民点整理的因素主要包括自然环境、社会经济、用地状况。

1) 自然环境：农村居民点整理主要受到地形地貌、地质灾害、区位条件等自然环境的影响。一般来说，地处丘陵高山、地质条件较差、洪涝灾害严重的农村居民点的整理迫切程度较大，但整理难度和整理成本也较大；平原地区、地质条件好、自然灾害小的农村居民点的整理成本相对较少，整理潜力也较大。由于浦口区除老山林场外，地形地貌主要为丘陵、平原、岗地、圩区，因而高程、坡度、坡向对居民点整理的影响不大，影响浦口区农村居民点整理的自然环境因素主要为洪涝灾害和生态敏感区限制。因此，选择距河流距离和距生态敏感区距离两个指标作为浦口区农村居民点整理的自然环境影响因素。

2) 用地状况：农村居民点的用地状况决定了居民点整理的潜力和迫切程度，其中居民点居住状况、居民点斑块面积、居民点斑块数量是其主要的影响因素，因此选取人均居民点面积、居民点斑块密度、居民点斑块面积作为影响农村居民点整理的 3 个用地状况指标。人均居民点面积越大，居民点斑块密度越大，居民点面积越大，农村居民点

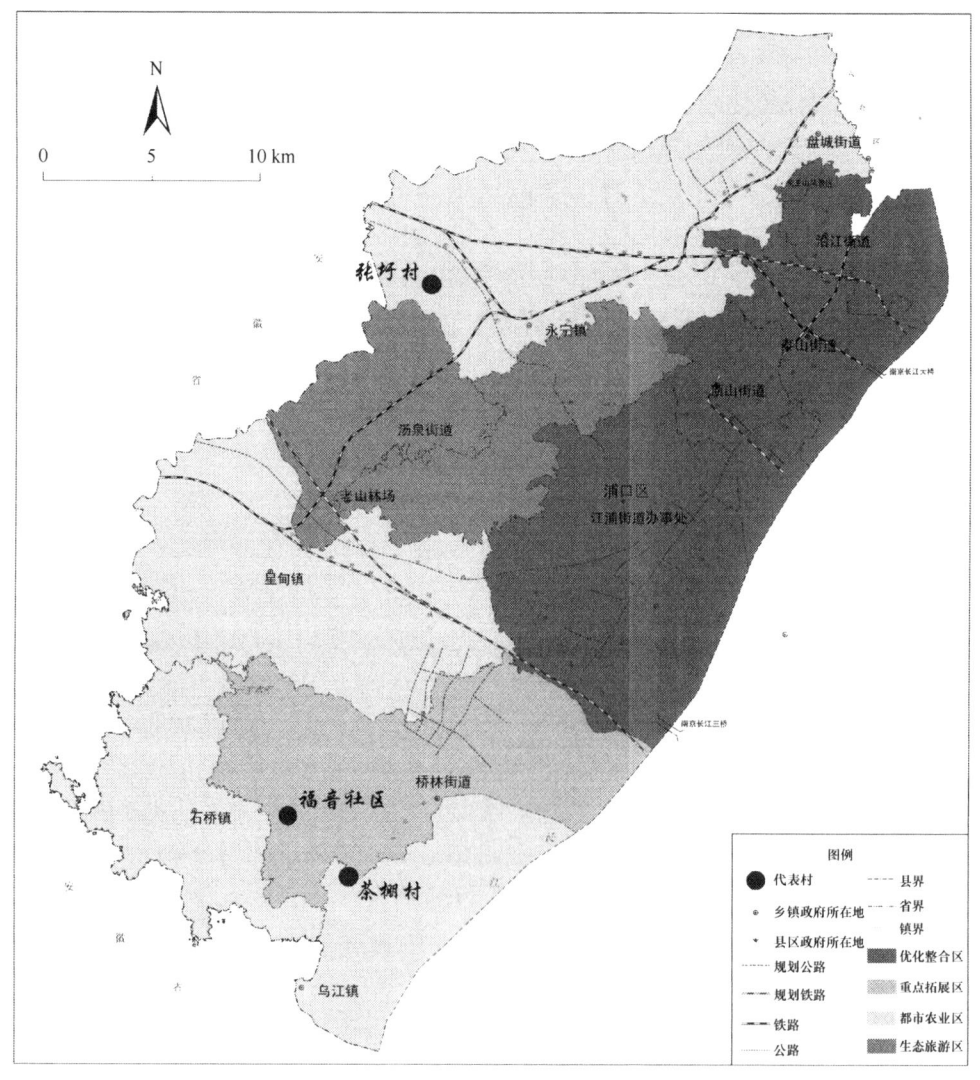

图 5-11 浦口张圩村、福音社区、茶棚村区位图

整理的潜力就越大,整理的迫切程度就越强;反之,整理的潜力就越小,整理的迫切程度也就越弱。

3) 社会经济:由于农村居民点整理是一项系统工程,不仅涉及居民点的拆迁,还涉及安置补偿、新建建设等问题,因而农村居民点整理不仅受自然环境、用地状况的影响,还受社会经济因素的影响。道路通达性、生产生活的便利程度、村域集体经济实力、农民生活水平等是主要的影响因素。总体来看,道路通达性越差、生产生活便利度越差、集体经济实力越差、农民生活水平越差的村庄,居民点整理的迫切程度将会越强,整理的难度也会越大;反之,道路通达性越好、生产生活便利度越好、集体经济实力越好、农民生活水平越好的村庄,居民点整理的难度也会越小。因此,距道路距离、距建制镇距离、农民人均年收入被选择作为影响农村居民点整理的 3 个社会经济因素。

浦口区农村居民点整理指标体系见表 5-3。

表 5-3 浦口农村居民点整理指标体系

目标层	约束层	指标层
x 农村居民点整理	u 自然环境	u_1 距河流距离（m）
		u_2 距生态敏感区距离（m）
	v 用地状况	v_1 人均居民点面积（m²/人）
		v_2 居民点斑块密度
		v_3 居民点斑块面积（hm²）
	w 社会经济	w_1 距道路距离（m）
		w_2 距建制镇距离（m）
		w_3 农民人均年收入（元/人）

（2）居民点整理评价方法

突变级数法基于突变理论，突变理论采用势函数描述系统控制变量和状态变量之间的关系（陈云峰等，2006；郭健，2004）。常用突变模型中控制变量和状态变量之间的关系如图 5-12 所示。

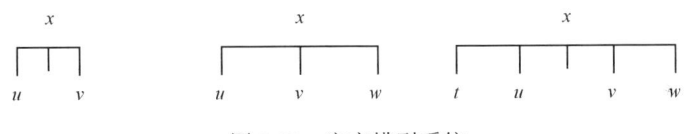

图 5-12 突变模型系统

对于一个尖点突变模型来说，决定系统状态 x 的控制变量有两个：u 和 v，根据它们对状态变量作用的不同，设 u 为主要因子，v 为次要因子，对分叉集公式进行变换和推导，可以得到尖点突变模型的归一公式：$x_u=\sqrt{u}, x_v=\sqrt[3]{v}$。在突变级数法中，通过主要指标 u 和次要指标 v 的值就可计算上级指标 x 的值。因此，突变级数法的评价步骤如下。

1) 在建立评价指标体系的基础上，确立各评价指标在系统中的重要性，并对原始数据进行归一化处理。

2) 利用突变模型的归一公式计算突变级数值，并根据"互补"和"非互补"原则，得到总突变级数值。如果一个系统的控制变量（u, v）之间存在明显的相互关联作用，在利用归一公式计算系统状态变量 x 时，应取控制变量相应的突变级数值（x_u, x_v）的平均值作为系统的 x 值，即遵循"互补"原则；如果控制变量之间不存在明显的相互关联作用，则应遵循"大中取小"的"非互补"原则，即取控制变量相应的突变级数值的最小值作为系统的 x 值。

3) 根据计算出的不同时间或地区的总突变级数值的变化规律，对系统的状态进行综合分析与评价（彭越和樊宏，2004；史志富等，2006）。

（3）居民点整理评价

A. 居民点整理突变模型的确立

在建立浦口区农村居民点整理指标体系的基础上，通过专家咨询法并依据指标间的内在逻辑关系进行重要性排序,其结果如图 5-13 所示的浦口区农村居民点整理指标体系。

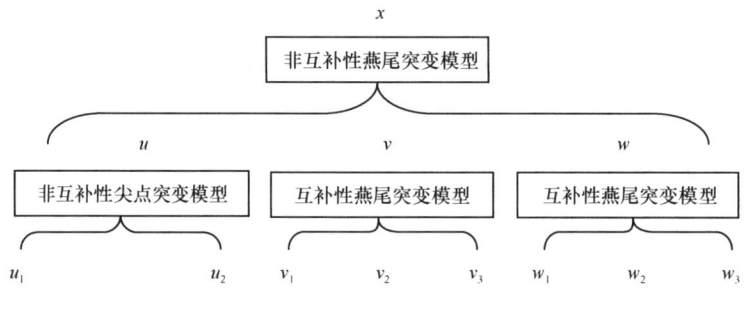

图 5-13 浦口区农村居民点整理突变模型

1)农村居民点整理:自然环境>用地状况>社会经济。从居民点整理的迫切程度和整理时序来看,受自然环境因素限制越大的居民点,其整理的迫切程度越强,由于受到地质地貌、洪涝灾害等因素的影响,居民点内农民对于居民点整理的意愿也会更加强烈。因而,自然环境因素在影响农村居民点整理的三大因素中居于首位。

2)自然环境:距河流距离>距生态敏感区距离。在自然环境影响因子中,相比生态敏感区,村庄距离河流越近,发生洪涝灾害的频率也会越大,居民点整理的迫切程度也会越强,因此距河流距离的重要程度要强于距生态敏感区距离的重要程度。

3)用地状况:人均居民点面积>居民点斑块密度>居民点斑块面积。农村人均建设用地面积过大是当前城乡土地利用中的突出问题,人均居民点面积越大,居民点整理的迫切性越强,整理的潜力也越大。因而,人均居民点面积指标在用地状况中的重要性越大。

4)社会经济:距道路距离>距建制镇距离>农民人均年收入。一般来说,农村居民点距离道路越远,其区位条件越差,生产生活将越不便利,农村居民点整理的迫切性也会越强,整理时序性也会越早,所以在所有影响农村居民点整理的社会经济因子中,距道路距离的重要性最强。

根据农村居民点整理、自然环境、用地状况和社会经济内部各评价指标间相互关联作用关系,确定了浦口区农村居民点整理突变模型,如图 5-13 所示。

B. 数据的采集与标准化

以浦口区永宁镇张圩村、桥林街道福音社区、乌江镇茶棚村为研究对象,根据上述浦口区农村居民点整理指标体系,分别获取各指标数据。利用浦口区土地利用现状图,在 ArcGIS 9.3 软件中提取农村居民点、生态敏感区、建制镇、河流、道路等信息,通过 ArcGIS 空间分析、距离量算等功能,得到距河流距离、距生态敏感区距离、距道路距离、距建制镇距离等指标数据;在 ArcGIS 9.3 软件空间分析模块的支持下,将农村居民点矢量数据转换为单元大小为 30m×30m 的栅格数据(grid 格式),并导入 Fragstats 3.3 软件中进行景观计算,得到居民点斑块密度、居民点斑块面积等指标数据;各研究单元农村人口、农民人均年收入数据通过浦口区城乡统筹实地调研获取,并通过人口数据和居民点斑块面积数据计算得到各村庄人均居民点面积数据。各指标因子数据见表 5-4。

第5章 城乡统筹下土地精明利用模式构建与设计

表5-4 浦口区农村居民点整理指标值及标准化参考值

目标层	约束层	指标层	张圩村	福音社区	茶棚村	参考值	备注
农村居民点整理	自然环境	距河流距离（m）	730	3 880	5 800	7 500	浦口区最大值
		距生态敏感区距离（m）	7 972	19 716	21 006	27 300	浦口区最大值
	用地状况	人均居民点面积（m²/人）	281.81	337.95	437.34	700.95	浦口区平均值的2倍
		居民点斑块密度（个/hm²）	2.22	1.82	2.41	18.74	浦口区平均值
		居民点斑块面积（hm²）	45.09	135.18	108.68	245.48	浦口区最大值
	社会经济	距道路距离（m）	2 070	194	291	7 000	浦口区最大值
		距建制镇距离（m）	4 424	5 137	5 386	13 000	浦口区最大值
		农民人均年收入（元/人）	9 000	5 000	10 750	19 804	浦口区平均值的2倍

采用百分比标准化法将原始数据转化为0~1的无量纲可比较数值：$u = \dfrac{u_s}{u_c}$（正指标），$u = 1 - \dfrac{u_s}{u_c}$（负指标），式中，u 为初始标准化值；u_s 为指标实际值；u_c 为指标参考值。根据上述数据采集方法得到各评价因子的参考值，见表5-4。

C. 居民点整理评价结果

利用突变级数法，分别对张圩村、福音社区、茶棚村农村居民点整理进行评价。现以张圩村为例来说明计算过程（表5-5）。

表5-5 张圩村农村居民点整理评价结果

子系统	指标	初始标准化值	底层指标突变级数值	中间变量指标值	中间变量突变级数值	总突变级数值
u 自然环境	u_1 距河流距离	0.90	0.95	0.89	0.94	
	u_2 距生态敏感区距离	0.71	0.89			
v 用地状况	v_1 人均居民点面积	0.40	0.63			0.84
	v_2 居民点斑块密度	0.12	0.49	0.59	0.84	
	v_3 居民点斑块面积	0.18	0.65			
w 社会经济	w_1 距道路距离	0.30	0.54			
	w_2 距建制镇距离	0.34	0.70	0.54	0.86	
	w_3 农民人均年收入	0.55	0.86			

1）数据的标准化：

$u_1 = 1 - \dfrac{730}{7500} = 0.90, u_2 = 1 - \dfrac{7972}{27\,300} = 0.71$；

$v_1 = \dfrac{281.81}{700.95} = 0.40, v_2 = \dfrac{2.22}{18.74} = 0.12, v_3 = \dfrac{45.09}{245.48} = 0.18$；

$w_1 = \dfrac{2070}{7000} = 0.30, w_2 = \dfrac{4424}{13\,000} = 0.34, w_3 = 1 - \dfrac{9000}{19\,804} = 0.55$；

2）利用突变模型归一公式计算底层指标突变级数值：

$x_{u_1}=\sqrt{0.90}=0.95, x_{u_2}=\sqrt[3]{0.71}=0.89$ ；

$x_{v_1}=\sqrt{0.40}=0.63, x_{v_2}=\sqrt[3]{0.12}=0.49, x_{v_3}=\sqrt[4]{0.18}=0.65$ ；

$x_{w_1}=\sqrt{0.30}=0.54, x_{w_2}=\sqrt[3]{0.34}=0.70, x_{w_3}=\sqrt[4]{0.55}=0.86$ ；

3）根据"互补"与"非互补"原则，得到中间变量指标值：

$u=\min\{x_{u_1}, x_{u_2}\}=\min\{0.95, 0.89\}=0.89$ ；

$v=(x_{v_1}+x_{v_2}+x_{v_3})/3=(0.63+0.49+0.65)/3=0.59$ ；

$w=\min(x_{w_1}, x_{w_2}, x_{w_3})=\min(0.54, 0.70, 0.86)=0.54$ ；

4）由突变模型归一公式计算中间变量突变级数值：

$x_u=\sqrt{0.89}=0.94, x_v=\sqrt[3]{0.59}=0.84, x_w=\sqrt[4]{0.54}=0.86$ ；

5）根据"互补"与"非互补"原则，确定总突变级数值：

$x=\min(x_u, x_v, x_w)=\min(0.94, 0.84, 0.86)=0.84$ ；

利用突变级数法，对张圩村、福音社区、茶棚村农村居民点整理进行评价，可以得到 3 个村的总突变级数值分别为 0.84、0.64、0.69（表 5-6）。从评价结果来看，3 个村农村居民点整理的迫切性和优先时序为张圩村>茶棚村>福音社区。

表 5-6 浦口区农村居民点整理评价结果

农村居民点	张圩村	福音社区	茶棚村
总突变级数值	0.84	0.64	0.69

张圩村地处滁河圩区，地势低洼，洪涝灾害频繁，特别是 2003 年和 2008 年滁河两次特大洪水灾害，全村农业生产遭遇致命打击。从表 5-4 中可以看出，张圩村距河流距离为 730 m，距生态敏感区距离为 7972 m，在 3 个村庄中，张圩村与河流、生态敏感区的距离最近，受自然环境因素约束较大，农村居民点整理的迫切性最强，农民搬迁意愿强烈，该村实施农村居民点整理应采用整村搬迁模式，村庄整体搬迁，重新选址建设新区，并逐步向城镇集中，通过居民点整理复垦为耕地，建设用地空间置换，保障城乡社会经济快速发展。

茶棚村地处丘陵地区，由于农业生产落后，集体经济实力较弱，因而该村外出务工村民较多，闲置居民点用地较多，该村人均居民点用地面积高达 437.34 m²/人，居民点斑块密度也达到 2.41（表 5-4），因而茶棚村农村居民点整理的迫切性较强，整理的潜力也较大，在农村居民点整理模式中应采用空心村整治模式，提高农村建设用地的集约利用程度，通过空心村改造，减少闲置土地面积，增加耕地数量。

福音社区由桥林街道西大门原陡岗乡政府所在地福音居委会与大卢村和并而成，社区区位条件优越，交通便利，其中社区距道路距离、距建制镇距离仅分别为 194 m、5137 m（表 5-4），同时该社区驻地企业较多，福音社区应发挥这些优势，集中建设中心村，采取中心村建设模式，实施城乡建设用地增减挂钩，置换农村建设用地，通过居民点复垦，有效增加耕地面积，转移农村剩余劳动力，促进城乡要素流动，达到城乡统筹发展的目的。

5.3.3 搬迁安置实现模式

1. 居民搬迁安置模式

除农村居民点整理外,搬迁安置的选择也是在城乡建设用地增减挂钩或土地整治中所要考虑的问题。目前来看,居民搬迁安置总体上可分为城市安置、城镇安置、就地集中安置3种方式,如图5-14所示。

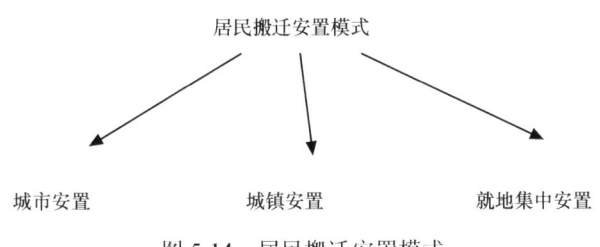

图5-14　居民搬迁安置模式

2. 居民搬迁安置优选

(1) 居民搬迁安置影响因素

影响居民搬迁安置的主要因素包括自然环境、社会经济、交通、农业生产、现状居民点等。

1) 自然环境影响:影响居民搬迁安置的自然环境因素主要包括高程、坡度、坡向、河流水系等。从浦口区的地形地貌特征来看,除老山林场外,高程、坡度、坡向对搬迁安置区的选择影响不大,为保障安置区搬迁居民的生产和生活用水,距离水源地远近成为居民搬迁安置区选择的限制性因素,因此选择距水源地距离作为影响浦口区居民搬迁安置的自然环境因子。

2) 社会经济影响:居民点搬迁安置同样受到社会经济因素的影响,特别是安置区的选址将影响到搬迁居民生产生活能否受到城镇社会经济发展的辐射,安置区距离城镇越近,搬迁居民受到城镇社会经济发展的辐射越强,反之,受到的辐射就会越弱。以距建制镇距离作为居民搬迁安置的一个社会经济影响因素。

3) 交通影响:由于安置区交通的便利程度将会影响到搬迁居民生活生产的便利程度,从一定程度上来说,道路通达性是城乡建设用地增减挂钩居民安置区选址所要考虑的重要因素,因此距道路距离被选择作为一个影响因素。

4) 农业生产影响:从搬迁居民的角度来看,由于目前浦口区大部分搬迁居民仍然从事着农业生产活动,因此安置区距耕作农田的距离将会影响到搬迁居民生产便利性,搬迁农户对耕作半径有一定的心里承受范围,耕作半径越小,安置区距离农业生产地越近,农户搬迁的意愿也会越强烈。

5) 现状居民点影响:由于搬迁安置是一个村庄重构的过程,涉及农民方方面面的利益,在搬迁安置的过程中应尽量简化搬迁环节、减少拆迁费用、缩短搬迁距离。搬迁农民对原搬迁地有着浓重的乡土情结,因此在安置区选择的过程中,距搬迁地的距离越近,越有利于农民搬迁,他们的搬迁意愿也会越强烈。

浦口区农村居民搬迁安置指标体系见表5-7。

表5-7 浦口区农村居民搬迁安置指标体系

目标层	指标层（m）
居民搬迁安置	距水源地距离
	距建制镇距离
	距道路距离
	耕作半径
	距搬迁地距离

（2）居民搬迁安置评价方法

20世纪80年代初,中国学者蔡文创立了物元分析理论。它以可拓数学为基础,将复杂问题抽象为形象化的模型,研究现实中的不相容问题。该理论为解决矛盾问题提供了有力工具。本书的研究在物元分析的基础上,结合灰色系统理论,运用灰色物元分析探讨居民安置区优选问题（冯玉国和王渭明,2009;黄辉玲等,2010）。

1）物元基本模型。在物元分析中,以事物名称 N、特征 C、特征值 V 三要素组成的有序三元组 $R=(N, C, V)$ 作为描述事物的基本元,简称物元。若事物有多个特征,并以 n 个特征和相应的特征值来描述,R 为 n 维物元,则可表示为

$$R = \begin{bmatrix} R_1 \\ R_2 \\ \vdots \\ R_n \end{bmatrix} = \begin{bmatrix} N & c_1 & v_1 \\ & c_2 & v_2 \\ & \vdots & \vdots \\ & c_n & v_n \end{bmatrix}$$

2）样本复合物元的建立。将 m 个居民点安置区备选方案 M 和理想方案 M_0（根据"越大越优"或"越小越优"原则确定）组合在一起,共同组成 $m+1$ 个方案 n 维复合物元,v_{mn} 表示第 m 个方案第 n 个特征的量值,则有

$$R_{(m+1)\times n} = \begin{bmatrix} & M_0 & M_1 & M_2 & \cdots & M_m \\ C_1 & v_{01} & v_{11} & v_{12} & \cdots & v_{m1} \\ C_2 & v_{02} & v_{12} & v_{22} & \cdots & v_{m2} \\ \vdots & \vdots & \vdots & \vdots & & \vdots \\ C_n & v_{0n} & v_{1n} & v_{2n} & & v_{mn} \end{bmatrix}$$

3）特征值的标准化。为解决特征值量纲不统一的问题,需要对样本复合物元中的特征值进行标准化。采用均值化处理方法

$$v'_{ji} = v_{ji} \bigg/ \left(\frac{1}{n}\sum_{j=1}^{m} v_{ji}\right)$$

4）灰色关联度物元的构造。为反映各个备选方案与理想方案间的关联程度,以标准化后的 c_{0i} 为母序列,c_{ij} 为子序列,得子序列与母序列（各备选方案与理想方案）间

的灰色关联系数：

$$r_{ij} = \frac{\min\limits_{m}\min\limits_{n}|c_{0j} - c_{ij}| + \lambda \max\limits_{m}\max\limits_{n}|c_{0j} - c_{ij}|}{|c_{0j} - c_{ij}| + \lambda \max\limits_{m}\max\limits_{n}|c_{0j} - c_{ij}|}$$

式中，λ 为分辨系数，一般取 0.5；$i=1, 2, \cdots, m$；$j=1, 2, \cdots, n$。由此可以得到 $m \times n$ 个 r 组成的灰色关联度物元矩阵 $R_{m \times n}$：

$$R_{m \times n} = \begin{bmatrix} & M_1 & M_2 & \cdots & M_m \\ C_1 & r_{11} & r_{21} & \cdots & r_{m1} \\ C_2 & r_{12} & r_{22} & \cdots & r_{m2} \\ \vdots & \vdots & \vdots & & \vdots \\ C_n & r_{1n} & r_{2n} & \cdots & r_{mn} \end{bmatrix}$$

5）灰色关联度的计算。为体现出 n 个特征在物元模型中不同作用的大小，构建权重向量 $W = (w_1, w_2, \cdots, w_n)^T$，通过灰色关联度物元矩阵与权重向量，计算得到各备选方案的灰色关联度：$K_j = \sum\limits_{i=1}^{n} r_{ji} \cdot w_i$，从而建立灰色关联度复合物元 $R_K =$

$$\begin{bmatrix} & M_1 & M_2 & \cdots & M_m \\ K_i & K_1 & K_2 & \cdots & K_m \end{bmatrix}。$$

6）方案优选。根据计算出的灰色关联度的大小，对备选方案进行排序，从中选出最佳方案。

（3）居民搬迁安置优选

以浦口区桥林街道福音社区为例，分析居民搬迁安置区优选问题。从总体上来说，农村居民安置点选择有 3 种模式：城市安置、城镇安置、农村安置，如图 5-15 所示。具体而言，福音社区农村居民安置地可以选择①浦口区城区安置；②桥林街道安置；③桥林福音家园农民集中居住区安置。

根据上述浦口区农村居民搬迁安置指标体系，利用浦口区土地利用现状图，在 ArcGIS 9.3 软件中提取农村居民点、建制镇、河流、道路等信息，通过 ArcGIS 空间分析、距离量算等功能，分别得到 3 个安置点距水源地距离、距建制镇距离、距道路距离、耕作半径、距搬迁地距离等指标数据，各指标因子数据见表 5-8。

1）样本复合物元的建立。根据表 5-8 中的数据，3 个居民点安置区备选方案和理想方案（"越大越优"或"越小越优"原则确定）共同组成样本复合物元：

$$R_{45} = \begin{bmatrix} & M_0 & M_1 & M_2 & M_3 \\ C_1 & 200 & 200 & 700 & 1600 \\ C_2 & 2\,500 & 2\,500 & 16\,000 & 21\,000 \\ C_3 & 300 & 300 & 1220 & 4\,200 \\ C_4 & 1000 & 20\,000 & 6\,000 & 1000 \\ C_5 & 1400 & 18\,000 & 4\,700 & 1400 \end{bmatrix}$$

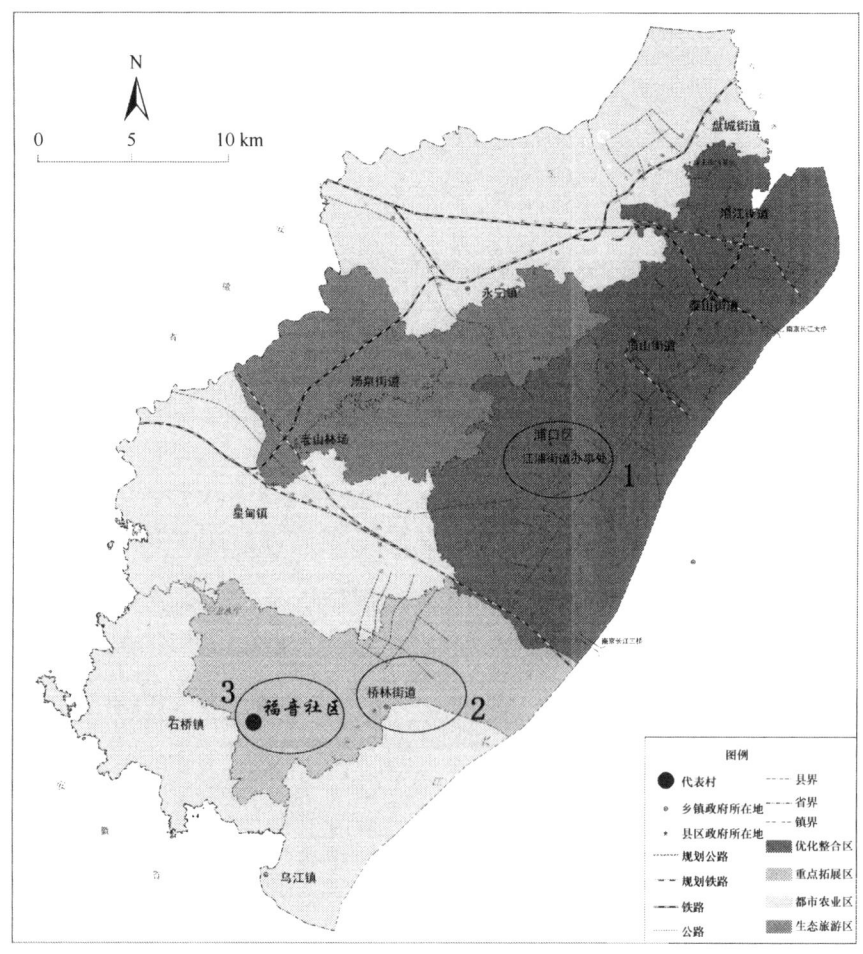

图 5-15 浦口区桥林街道福音社区安置区

表 5-8 浦口区农村居民搬迁安置指标值

目标层	指标层	浦口区	桥林街道	福音社区
居民搬迁安置	距水源地距离（m）	200	700	1 600
	距建制镇距离（m）	2 500	16 000	21 000
	距道路距离（m）	300	1 220	4 200
	耕作半径（m）	20 000	6 000	1 000
	距搬迁地距离（m）	18 000	4 700	1 400

2）特征值的标准化。根据均值化处理方法得到标准样本复合物元：

$$R_{45} = \begin{bmatrix} & M_0 & M_1 & M_2 & M_3 \\ C_1 & 0.2963 & 0.2963 & 1.0370 & 2.3704 \\ C_2 & 0.2381 & 0.2381 & 1.5238 & 2.0000 \\ C_3 & 0.1993 & 0.1993 & 0.8106 & 2.7907 \\ C_4 & 0.1429 & 2.8571 & 0.8571 & 0.1429 \\ C_5 & 0.2196 & 2.8235 & 0.7373 & 0.2196 \end{bmatrix}$$

3）灰色关联度物元的构造。由灰色关联系数计算方法，得到灰色关联度物元矩阵：

$$R_{45} = \begin{bmatrix} & M_1 & M_2 & M_3 \\ C_1 & 1.0000 & 0.6469 & 0.3955 \\ C_2 & 1.0000 & 0.5135 & 0.4351 \\ C_3 & 1.0000 & 0.6894 & 0.3437 \\ C_4 & 0.3333 & 0.6552 & 1.0000 \\ C_5 & 0.3426 & 0.7239 & 1.0000 \end{bmatrix}$$

4）灰色关联度的计算。采用层次分析法（AHP），综合土地管理、土地规划、土地评价等相关领域专家咨询意见，确立了浦口区农村居民搬迁安置指标判断矩阵，并根据层次分析法的计算步骤，得到各指标的权重，并通过一致性检验，见表5-9。

表5-9 浦口区农村居民搬迁安置指标判断矩阵及权重

指标	距水源地距离	距建制镇距离	距道路距离	耕作半径	距搬迁地距离	权重
距水源地距离	1	1/2	1/3	1/3	1/3	0.077
距建制镇距离	2	1	1/2	1/3	1/3	0.110
距道路距离	3	2	1	1/2	1/3	0.170
耕作半径	3	3	2	1	1/2	0.265
距搬迁地距离	3	3	3	2	1	0.379

注：CR=0.862<1.12。

从表5-9中可以看出，各指标权重向量为 $W=(0.077, 0.110, 0.170, 0.265, 0.379)$，因此可以得到灰色关联度复合物元 $R_K = \begin{bmatrix} & M_1 & M_2 & M_3 \\ K_3 & 0.6139 & 0.7368 & 0.8219 \end{bmatrix}$。

5）方案优选。从灰色关联度复合物元中可以看出，3种居民搬迁安置备选方案的灰色关联度分别为 0.6139，0.7368，0.8219，说明桥林福音家园农民集中居住区安置方式更为合理，为最佳优选方案。由于考虑到浦口区农民浓重的恋土情结和农业生产的便利性，距离搬迁地距离和耕地半径是居民点搬迁安置区选择的主要影响因素，这两个主要影响因素的权重也分别高达0.379、0.265（表5-9），而福音家园农民集中居住区距离原搬迁地仅为1400m，农民耕作距离也仅为1000m，搬迁居民的生产生活较为便利，搬迁成本相对较低，传统的农村生活习惯有一定的延续，因而更符合浦口区农民搬迁安置的特点，在浦口区居民搬迁安置模式中应优先采用就近农民集中居住的安置方式。

第6章 基于土地精明利用的城乡统筹调控模拟

6.1 不用功能区城乡土地精明利用测度

以浦口区农户城乡统筹意愿调查样本点所在街道（镇）（江浦街道、桥林街道、永宁镇、乌江镇）为不同功能区研究单元，①优化整合区：江浦街道；②重点拓展区：桥林街道；③都市农业区：乌江镇；④生态旅游区：永宁镇，分别根据城乡土地精明利用测度方法，评价这4个不同功能区的土地精明利用水平。

6.1.1 土地利用数量

2004~2008年4个街道（镇）城乡统筹土地精明利用数量测度指标数据见表6-1。从建设用地扩展系数来看，4个街道（镇）大部分年份建设用地扩展系数较大，超出了1.12的国际临界标准，但部分年份的系数较小，其至为0或负数，这主要是由建设用地未增加或人口出现负增长造成的。江浦街道作为浦口中心城区，经济发展对土地的需求更大，但2005年、2007年江浦建设用地扩展系数较小，说明江浦在社会经济发展的同时更加注重对建设用地总量的控制，更加注重内涵式发展；桥林街道作为浦口区重点拓展区域，对新增建设用地的需求也很旺盛，土地利用扩展数量较大，各年的建设用地扩展系数较高，都超过了1.12的临界值；乌江镇与永宁镇作为浦口区都市农业功能区，经济发展基础相对薄弱，经济发展迫切，对建设用地的扩展也较为粗放，因而部分年份的建设用地扩展系数偏大。各街道（镇）耕地减少量与新增建设用地比值也较大，大部分年份的比值都超过了0.3，但也有部分年份耕地数量增加，新增建设用地数量为0，导致

表6-1 各街道（镇）土地利用数量测度

街道（镇）	指标	2004年	2005年	2006年	2007年	2008年
江浦街道	建设用地扩展系数	8.25	0.43	2.41	0.28	2.18
	耕地减少量与新增建设用地比值	0.32	-0.62	0.59	0.69	0.80
桥林街道	建设用地扩展系数	12.99	4.33	1.68	4.79	9.71
	耕地减少量与新增建设用地比值	0.33	0.25	0.09	-0.31	0.31
乌江镇	建设用地扩展系数	371.17	0.00	2.53	0.00	3.66
	耕地减少量与新增建设用地比值	0.20	—	3.54	—	2.33
永宁镇	建设用地扩展系数	53.60	-0.09	3.45	0.99	21.25
	耕地减少量与新增建设用地比值	0.41	0.42	0.24	0.14	-0.03

部分比值为负值。江浦、桥林等经济发展水平程度较高或重点建设区域的比值高于乌江、永宁等经济基础较薄弱的区域,但乌江、永宁部分年份的比值变化幅度较大,说明这些地区土地利用水平不均衡。总体来看,浦口各街道(镇)对建设用地的扩展较大,建设用地占用耕地的比例较高,土地节约集约利用水平较低,土地精明利用程度有待于进一步提高。

6.1.2 土地利用形态

1999 年、2002 年、2008 年浦口区 4 个街道(镇)城乡统筹土地精明利用形态测度指标数据见表 6-2 和图 6-1。从表 6-2 和图 6-1 中可以看出,4 个街道(镇)耕地形状指数、建设用地形状指数、耕地分形维数、建设用地分形维数、建设用地破碎度指数都逐渐降低,耕地破碎度指数逐渐上升。随着近几年浦口区加大土地开发复垦整理力度,实施城乡增减挂钩和"万顷良田"工程,农用地更加集中集聚,农村土地流转数量逐渐增多,通过农地整治,田成方、路成行,农地斑块数量增加,斑块形状趋于规则,因而耕地形状指数、耕地分形维数逐渐变大,耕地破碎度指数则逐渐变小;同时,农村土地整治加大了对农村居民点整治的力度,农村居民点数量减少,农村建设用地更加集中集聚,此外闲散的低效用地的整治也被有效盘活,农村建设用地的整治使得建设用地形状指数、分形维数、破碎度指数都逐渐变小。因而,从各街道(镇)土地利用形态的整体趋势

表 6-2 各街道(镇)土地利用形态测度

街道(镇)	指标	1999 年	2002 年	2008 年
江浦街道	耕地形状指数	66.39	60.92	62.23
	建设用地形状指数	68.38	54.71	53.64
	耕地分形维数	1.54	1.52	1.49
	建设用地分形维数	1.53	1.47	1.46
	耕地破碎度指数	0.23	0.27	0.25
	建设用地破碎度指数	1.05	0.43	0.26
桥林街道	耕地形状指数	57.81	76.85	74.04
	建设用地形状指数	67.86	63.75	67.44
	耕地分形维数	1.57	1.57	1.54
	建设用地分形维数	1.52	1.48	1.51
	耕地破碎度指数	0.04	0.16	0.19
	建设用地破碎度指数	2.25	0.49	0.47
乌江镇	耕地形状指数	44.90	50.81	46.91
	建设用地形状指数	49.19	38.53	36.90
	耕地分形维数	1.58	1.59	1.53
	建设用地分形维数	1.56	1.47	1.50
	耕地破碎度指数	0.10	0.24	0.35
	建设用地破碎度指数	0.92	0.47	0.30
永宁镇	耕地形状指数	60.79	62.96	66.06
	建设用地形状指数	71.05	48.43	59.59
	耕地分形维数	1.56	1.57	1.57
	建设用地分形维数	1.56	1.47	1.51
	耕地破碎度指数	0.27	0.32	0.53
	建设用地破碎度指数	1.72	0.68	0.86

来看，浦口区各街道（镇）土地集中化程度、土地精明利用程度逐渐增强。但是从各土地利用形态指数的绝对数值来看，如各街道（镇）耕地、建设用地的分形维数都高于1.45，还远远大于正方形分维数为1的临界值，因而土地集聚程度、土地集约化利用水平、土地精明利用水平还有很大的提升空间。

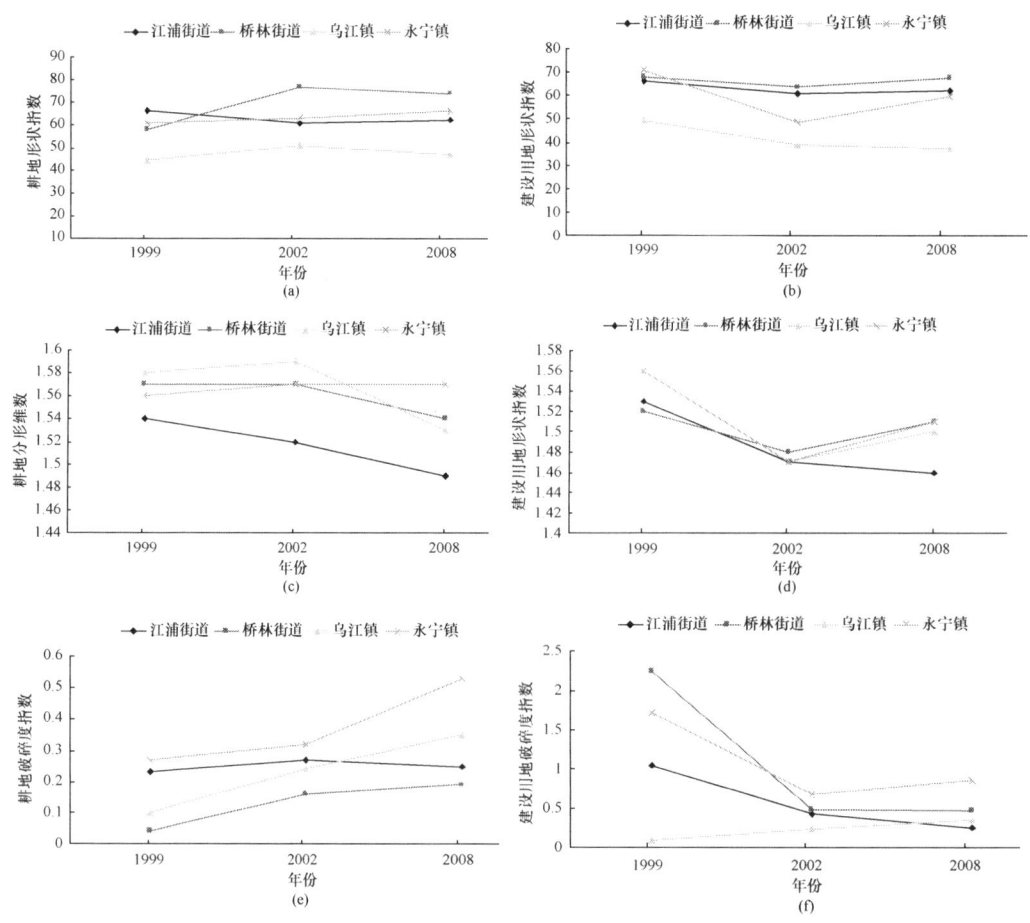

图6-1　各街道（镇）土地利用形态测度

6.1.3　土地利用效益

从表6-3和图6-2中可以看出，浦口区各街道（镇）建设用地地均GDP逐年增加，但建设用地人口密度、地均生态服务价值却逐渐下降，说明建设用地集聚程度大于人口的集聚程度，虽然农村居民点数量减少，农村建设用地集中集聚，地均产出逐年增加，但经济快速发展对土地的需求仍然很大，建设用地总量仍然在增加，从而导致建设用地人口密度的下降，人口利用强度逐渐变弱。与此同时，虽然土地复垦整理增加了耕地数量和面积，但新增建设用地的扩展不同程度地占用了大量耕地，耕地的绝对数量持续下降，建设用地数量持续增加，因而地均生态服务价值持续下降，土地的生态服务功能整体下降，土地精明利用的程度还相对较低。

表 6-3 各街道（镇）土地利用效益测度

街道（镇）	指标	2004年	2005年	2006年	2007年	2008年
江浦街道	建设用地人口密度（人/km²）	2633.09	2665.45	2523.94	2609.96	2486.43
	建设用地地均GDP（亿元/km²）	0.31	0.36	0.42	0.51	0.61
	地均生态服务价值（元/km²）	186.05	185.23	180.93	180.18	176.02
桥林街道	建设用地人口密度（人/km²）	1683.53	1658.73	1648.73	1629.96	1567.91
	建设用地地均GDP（亿元/km²）	0.22	0.28	0.37	0.44	0.45
	地均生态服务价值（元/km²）	143.22	127.24	143.08	142.92	144.14
乌江镇	建设用地人口密度（人/km²）	1703.69	1714.40	1704.59	1742.34	1692.15
	建设用地地均GDP（亿元/km²）	0.23	0.32	0.41	0.50	0.59
	地均生态服务价值（元/km²）	207.10	207.10	207.75	207.88	198.52
永宁镇	建设用地人口密度（人/km²）	2172.64	2037.84	1991.37	1992.26	1825.39
	建设用地地均GDP（亿元/km²）	0.23	0.28	0.33	0.38	0.40
	地均生态服务价值（元/km²）	175.26	175.16	174.42	173.34	168.69

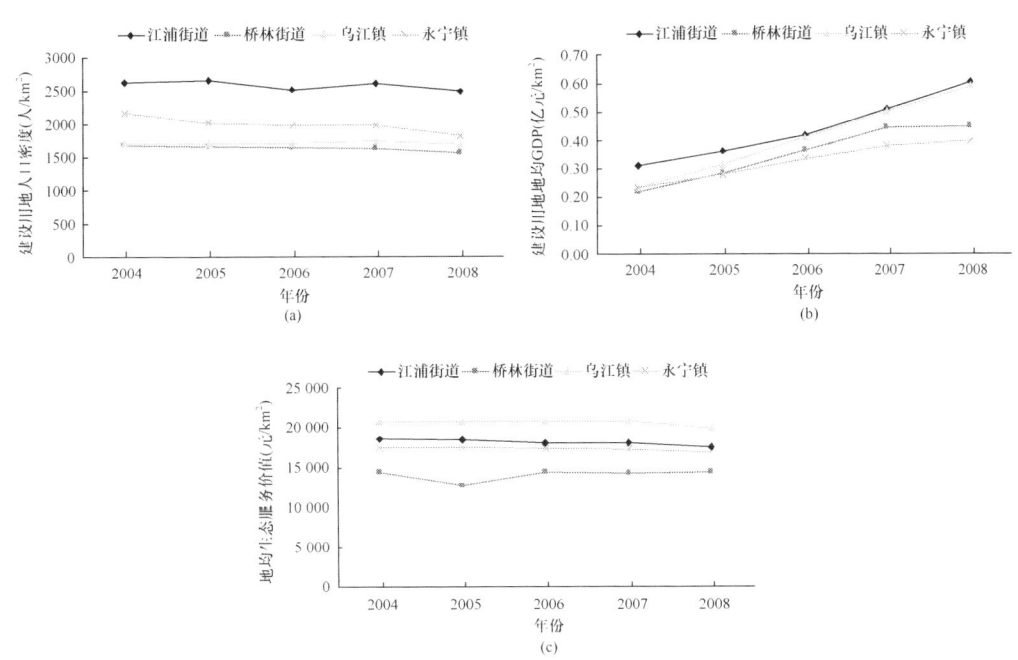

图 6-2 各街道（镇）土地利用效益测度

从前面的分析可以看出，实现包括生活殷实、生产繁荣、福利共享、生态优美在内的城乡统筹目标，土地精明利用（农地整治、村镇改造、要素配置）是调控城乡发展界面要素（农户城乡统筹意愿、城乡统筹现实、城乡统筹政策）的重要工具。由于影响城乡统筹发展的因素较多，相互作用机制较为复杂，为进一步研究土地精明利用调控城乡发展界面要素实现城乡统筹发展的规律与效果，本书的研究主要将人工神经网络模型作为调控模拟的技术方法，通过城乡统筹调控模拟，了解土地精明利用调控城乡发展的规律与效果，从而为土地精明利用提供理论基础与科学依据。

6.2 基于土地精明利用的城乡统筹调控模拟方法

6.2.1 城乡统筹调控指标与目标

从前面的分析可以看出，影响城乡统筹发展的界面要素既有主观因素，又有客观因素。其主要包括农户意愿、政府政策、城乡现实三方面的因素，其中农户意愿是城乡统筹发展自下而上的内在动力，政府政策是城乡统筹发展自上而下的驱动力，城乡现实是实现城乡统筹发展的基础平台。由于政府政策因素具有不确定性，而本书的研究提出以土地精明利用作为城乡统筹发展的主要调控工具，通过土地政策的实施，调整土地利用方式与结构，进而实现城乡统筹目标，因而将影响城乡统筹发展的界面因素归纳为农户城乡统筹意愿、城乡土地利用现实、城乡社会经济发展现状三大要素。根据整体性、客观性、典型性、地域性、定量化、可操作性等原则，建立浦口区城乡统筹调控指标体系见表6-4。

表6-4 浦口区城乡统筹调控指标体系

系统层	准则层	指标层
农户城乡统筹意愿	现状满意度	1 收入满意度 2 居住条件满意度 3 养老担心程度 4 不想种田比重 5 种田收益满意度
	城乡统筹意愿	6 土地流转愿意度 7 土地规模经营愿意度 8 城市户口愿意度 9 城市生活喜爱度 10 城市工作愿意度
城乡土地利用现实	土地利用数量	11 耕地面积比重 12 城镇及工矿用地比重 13 建设用地扩展系数 14 耕地减少量与新增建设用地比值
	土地利用形态	15 耕地形状指数 16 建设用地形状指数 17 耕地分形维数 18 建设用地分形维数 19 耕地破碎度指数 20 建设用地破碎度指数
城乡社会经济发展现状	农村发展现状	21 农村人口比重 22 人均耕地面积（hm^2/人） 23 乡镇企业个数 24 人均住房面积（m^2/人）
	城镇发展现状	25 城镇节点重要度 26 城乡工农业产值比 27 城镇人口比重 28 城镇地均GDP（万元/km^2） 29 城镇二产增长率 30 城镇三产增长率

1) 农户城乡统筹意愿：包括农户对现状生活生产的满意程度、城乡统筹意愿两个方面，其中现状满意度分别选择收入满意度、居住条件满意度、养老担心程度、不想种田比重、种田收益满意度 5 个指标；城乡统筹意愿由土地流转愿意度、土地规模经营愿意度、城市户口愿意度、城市生活喜爱度、城市工作愿意度 5 个指标来表示。

2) 城乡土地利用现实：涵盖土地利用数量和土地利用形态两个方面，其中土地利用数量主要由耕地面积比重、城镇及工矿用地比重、建设用地扩展系数、耕地减少量与新增建设用地比值 4 个指标组成；土地利用形态主要由耕地形状指数、建设用地形状指数、耕地分形维数、建设用地分形维数、耕地破碎度指数、建设用地破碎度指数 6 个指标来表征。

3) 城乡社会经济发展现状：由农村发展现状和城镇发展现状两方面组成，其中农村发展现状由农村人口比重、人均耕地面积、乡镇企业个数、人均住房面积 4 个指标来表示；城镇发展现状由城镇节点重要度、城乡工农业产值比、城镇人口比重、城镇地均 GDP、城镇二产增长率、城镇三产增长率 6 个指标来体现。

城乡统筹发展的关键在于农村，因而实现城乡统筹发展的关键在于达到生活殷实、生产繁荣、福利共享、生态优美是城乡统筹目标。分别选择农民人均年收入、农村总产值、农村低保收入标准、单位面积生态服务价值 4 个指标作为浦口区城乡统筹调控目标，见表 6-5。

表 6-5 浦口区城乡统筹调控目标

目标层	指标层
生活殷实	1 农民人均年收入（元）
生产繁荣	2 农村总产值（万元）
福利共享	3 农村低保收入标准（元/月）
生态优美	4 单位面积生态服务价值（元/hm²）

6.2.2 指标数据获取与简化

根据表 6-4 和表 6-5 建立的指标体系，分别以浦口区 6 个调研村为研究单元，通过调研数据、土地利用变更调查数据、浦口区统计年鉴直接获取或间接计算得到了浦口区城乡统筹调控指标和调控目标数据，见表 6-6～表 6-9。其中，农户城乡统筹意愿各指标数据通过第三部分浦口区农户城乡统筹意愿问卷调查分析计算得到；城乡土地利用现实指标数据中的耕地面积比重、城镇及工矿用地比重通过浦口区土地利用变更数据直接计算得到，其他各指标数据直接采用土地精明利用测度中各指标数据；城乡社会经济发展现状中的农村发展现状数据直接通过城乡统筹实际调查得到，城镇发展现状采用土地功能分区中各指标数据；城乡统筹调控目标中的单位面积生态服务价值指标通过土地精明利用测度中的公式计算得到，其余指标数据通过城乡统筹实际调查直接获取。

表6-6 浦口区农户城乡统筹意愿指标数据（%）

村（社区）名	1	2	3	4	5	6	7	8	9	10
茶棚村	15.63	37.50	62.50	50.00	12.50	50.00	71.88	34.38	25.00	43.75
福音社区	31.71	58.54	58.54	29.27	29.27	70.73	73.17	51.22	39.02	63.41
侯冲村	55.17	62.07	51.72	34.48	46.43	58.62	82.14	31.03	37.93	44.83
双庙村	28.89	48.89	62.22	51.11	8.89	62.22	75.56	48.89	35.56	55.56
五里村	10.00	50.00	60.00	100.00	0.00	30.00	100.00	30.00	35.00	45.00
张圩村	41.18	44.12	61.76	64.71	17.65	79.41	85.29	67.65	79.41	70.59

表6-7 浦口区城乡土地利用现实指标数据

村（社区）名	11/%	12/%	13	14	15	16	17	18	19	20
茶棚村	42.31	22.57	3.66	2.33	46.91	36.9	1.53	1.5	0.35	0.30
福音社区	46.38	27.27	9.71	0.31	74.04	67.44	1.54	1.51	0.19	0.47
侯冲村	30.30	13.60	21.25	−0.03	66.06	59.59	1.57	1.51	0.53	0.86
双庙村	49.60	13.13	9.71	0.31	74.04	67.44	1.54	1.51	0.19	0.47
五里村	13.30	52.85	2.18	0.80	62.23	53.64	1.49	1.46	0.25	0.26
张圩村	25.82	9.98	21.25	−0.03	66.06	59.59	1.57	1.51	0.53	0.86

表6-8 浦口区城乡社会经济发展现状指标数据

村（社区）名	21（%）	22（hm²/人）	23（人）	24（m²/人）	25	26	27（%）	28（万元/km²）	29（%）	30（%）
茶棚村	24.67	0.09	17	42	0.57	9.045	23.18	1301.51	28.20	23.89
福音社区	43.98	0.05	10	50	1.35	7.768	87.17	1189.25	24.51	26.30
侯冲村	53.57	0.13	4	40	0.93	2.284	34.31	811.54	27.00	18.30
双庙村	100.00	0.15	0	50	1.35	7.768	87.17	1189.25	24.51	26.30
五里村	0.00	0.05	18	50	2.13	11.017	100.00	2167.31	21.20	46.40
张圩村	100.00	0.17	0	35	0.93	2.284	34.31	811.54	27.00	18.30

表6-9 浦口区城乡统筹调控目标指标数据

村（社区）名	1 农民人均年收入（元）	2 农村总产值（万元）	3 低保收入（元/月）	4 单位面积生态服务价值（元/hm²）
茶棚村	10 750	2 671	10 748	9 614.71
福音社区	5 000	1 000	2 500	9 539.11
侯冲村	11 000	3 986	7 118	16 614.67
双庙村	5 000	800	4 132	11 191.95
五里村	12 858	28 900	100 908	8 083.17
张圩村	9 000	400	2 500	19 718.20

由于城乡统筹调控因子较多，为消除各指标之间相关性的影响，提高模型运算的准确性，对所选指标进行 Pearson 相关分析，删除相关程度较高的因子（相关系数达到 0.8）。通过相关性分析结果，删除影响程度较高的因子，简化表 6-4 中的浦口区城乡统筹调控指标体系，得到浦口区城乡统筹主要调控指标（表 6-10）。

表 6-10 浦口区城乡统筹主要调控指标

系统层	准则层	指标层
农户城乡统筹意愿	现状满意度	1 收入满意度 2 养老担心程度
	城乡统筹意愿	3 土地流转愿意度 4 土地规模经营愿意度 5 城市生活喜爱度
城乡土地利用现实	土地利用数量	6 城镇及工矿用地比重
	土地利用形态	7 耕地形状指数 8 建设用地分形维数 9 耕地破碎度指数
城乡社会经济发展现状	农村发展现状	10 农村人口比重
	城镇发展现状	11 城镇节点重要度 12 城镇二产增长率

6.2.3 BP 神经网络设计

（1）输入数据与输出数据预处理

输入数据与输出数据量纲的不统一将会影响人工神经网络的训练速率，因此需要对输入输出数据进行归一化处理，采用百分比标准化法，将输入与输出数据（表 6-6~表 6-9）转化为（0，1）之间的"越大越好型"无量纲可比较数值，采用如下公式：$X = x_i / C_i$（正指标）；$X = 1 - (x_i / C_i)$（负指标），式中，X 为归一化值；x_i 为指标原始值；C_i 为指标参考值。其中，处于（0，1）的指标，参考值取 1；其他指标的参考值则取所有值上限的 10 的整数次幂。浦口区城乡统筹主要调控指标、调控目标标准化数据见表 6-11 和表 6-12。

表 6-11 浦口区城乡统筹主要调控指标数据标准化

村（社区）名	1	2	3	4	5	6	7	8	9	10	11	12
茶棚村	0.156	0.625	0.500	0.719	0.250	0.226	0.469	0.750	0.350	0.247	0.057	0.282
福音社区	0.317	0.585	0.707	0.732	0.390	0.273	0.740	0.755	0.190	0.440	0.135	0.245
侯冲村	0.552	0.517	0.586	0.821	0.379	0.136	0.661	0.755	0.530	0.536	0.093	0.270
双庙村	0.289	0.622	0.622	0.756	0.356	0.131	0.740	0.755	0.190	1.000	0.135	0.245
五里村	0.100	0.600	0.300	1.000	0.350	0.528	0.622	0.730	0.250	0.000	0.213	0.212
张圩村	0.412	0.618	0.794	0.853	0.794	0.100	0.661	0.755	0.530	1.000	0.093	0.270

表 6-12 浦口区城乡统筹调控目标指标数据标准化

村（社区）名	1 农民人均年收入	2 农村总产值	3 农村低保收入标准	4 单位面积生态服务价值
茶棚村	0.108	0.027	0.200	0.096
福音社区	0.050	0.010	0.180	0.095
侯冲村	0.110	0.040	0.180	0.166
双庙村	0.050	0.008	0.180	0.112
五里村	0.129	0.289	0.220	0.081
张圩村	0.090	0.004	0.180	0.197

（2）训练样本与检验样本的确定

为增加样本数量，提高网络训练的精度，将所有 6 个样本数据（茶棚村、福音社区、侯冲村、双庙村、五里村、张圩村）分别除以 1/2 和 1/3，得到 18 个样本数据，其中茶棚村、福音社区、侯冲村 3 个原始样本数据作为检验样本，其余 15 个样本数据作为网络的训练样本。

（3）BP 神经网络结构的确定

一般来说，BP 神经网络的结构主要由输入层、隐含层和输出层组成。其中，隐含层数目的多少会影响到网络的性能，增加隐含层的数目会增强 BP 神经网络的非线性映射能力，但隐含层数目达到一定数量后，会降低网络的性能。而一个隐含层的 BP 神经网络可以满足任意输入层到输出层间的映射，因此本书的研究采用包括输入层、一个隐含层、输出层在内的 3 层 BP 神经网络结构。

BP 网络输入层与输出层的神经元个数主要根据浦口区城乡统筹调控指标与调控目标因子数目确定，即输入层的神经元个数为 12（收入满意度、养老担心程度、土地流转愿意度、土地规模经营愿意度、城市生活喜爱度、城镇及工矿用地比重、耕地形状指数、建设用地分形维数、耕地破碎度指数、农村人口比重、城镇节点重要度、城镇二产增长率），输出层的神经元个数为 4（农民人均年收入、农村总产值、低保收入、单位面积生态服务价值）。

（4）隐含层神经元的确定

隐含层神经元数目的多少将会影响网络训练的精度，随着隐含层神经元数目的增多，神经网络的训练精度将会提高，但当隐含层神经元数目达到一定数值后，网络训练的精度又会有所降低。目前，关于隐含层神经元数目的确定还没有定量化的表达式，所以经常采用经验公式确定隐含层神经元的数目：$j = \sqrt{n+m} + \alpha$　$\alpha \in [1,10]$（j 为隐含层节点数；n 为输入层节点数；m 为输出层节点数；α 为常数），根据经验公式，本研究 BP 神经网络隐含层神经元节点数为 5~14，经过反复实验比较，当隐含层神经元为 9 时，网络对函数的逼近效果较好，这样网络结构确定为 12-9-4。

（5）学习速率的确定

神经网络的学习速率表征了网络循环过程中权值的修正量。学习速率较大时，权值的修正量就较大，网络学习的速率就较快，但有时可能产生振荡，影响系统的稳定性；学习速率较小时，其学习时间较长，收敛速率较慢，但可以保证系统的稳定性。因此，一般情况下，选择 0.01~0.7 较小的学习速率，以保证系统的稳定性，本研究的学习速率选为 0.1。

（6）传递函数与网络训练参数的确定

隐含层的传递函数采用 S 型激活函数"tansig"；由于输出层的输出值限定在[0，1]，因此输出层的传递函数选用激活函数"logsig"；使用 Levenberg-Marquardt 反向传播算法"trainlm"函数来训练网络；最大训练次数为 1000；学习误差设置为 0.000 001。

6.2.4　BP 神经网络模型的训练与检验

设计好的 BP 神经网络通过 MATLAB7.5.0 软件来实现，其具体实现步骤如下：首先,列出输入向量(P)和目标向量(T),然后通过函数"newff"建立一个可训练的前馈网络,并通过训练函数"trainlm"对输入向量与其对应的目标向量进行反复学习训练,建立起两者之间的非线性映射关系,神经网络模型会自动计算出目标向量的模拟值,当模拟值与实际值误差达到设置学习误差时,网络停止训练;然后,将检验样本输入向量(P_test)代入到网络模型中,通过"sim"函数进行仿真,得到检验样本的仿真值,并与检验样本实际值(X)进行比较,如果仿真值与实际值误差较小,网络模型便可用于预测。

当网络训练到第 41 步后,网络的误差平方和达到期望误差,网络模型停止训练,网络模型的收敛效果较好(图 6-3)。

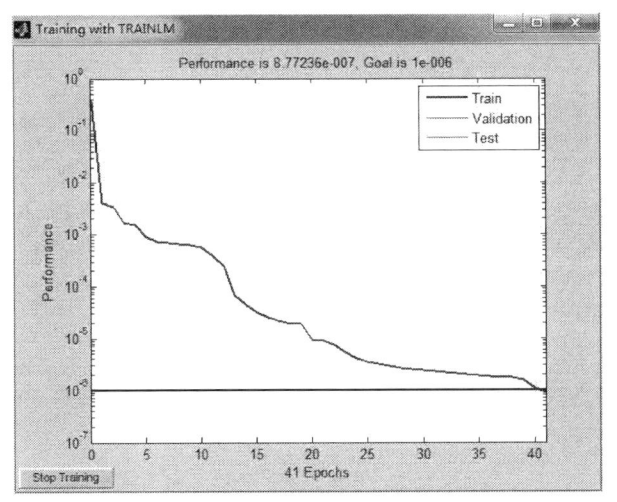

图 6-3 神经网络训练误差变化曲线

为检验训练模型的网络性能,输入检验样本进行仿真模拟,检验网络模型的模拟效果,检验结果如图 6-4 所示。

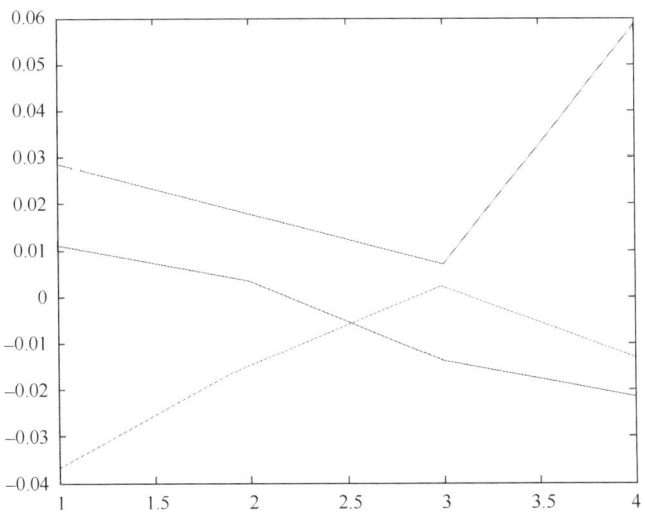

图 6-4 仿真值与实际值误差比较曲线

从图 6-4 中可以看出，检验样本的仿真值与实际值之间的误差范围为–4%~+6%，最大误差也仅在 5.8%左右，误差较小，网络模型可以用于预测。

6.3 基于土地精明利用的城乡统筹调控模拟结果分析

根据训练好的网络模型，分别调整网络输入向量（城乡统筹主要调控指标）的数值，模拟得到不同情景下神经网络的仿真值，研究不同城乡统筹调控指标对调控目标的影响规律。本研究以茶棚村为例，在保持其他调控指标值不变的情形下，分别对单一调控指标按 1%、2%、5%、8%、10%、12%、15%、18%、20%依次递增，模拟不同情景下城乡统筹调控目标的变化规律，具体模拟结果如下。

6.3.1 农户城乡统筹意愿

农户城乡统筹意愿各主要影响因素（收入满意度、养老担心程度、土地流转愿意度、土地规模经营愿意度、城市生活喜爱度）对城乡统筹实现目标的影响规律如图 6-5 所示。

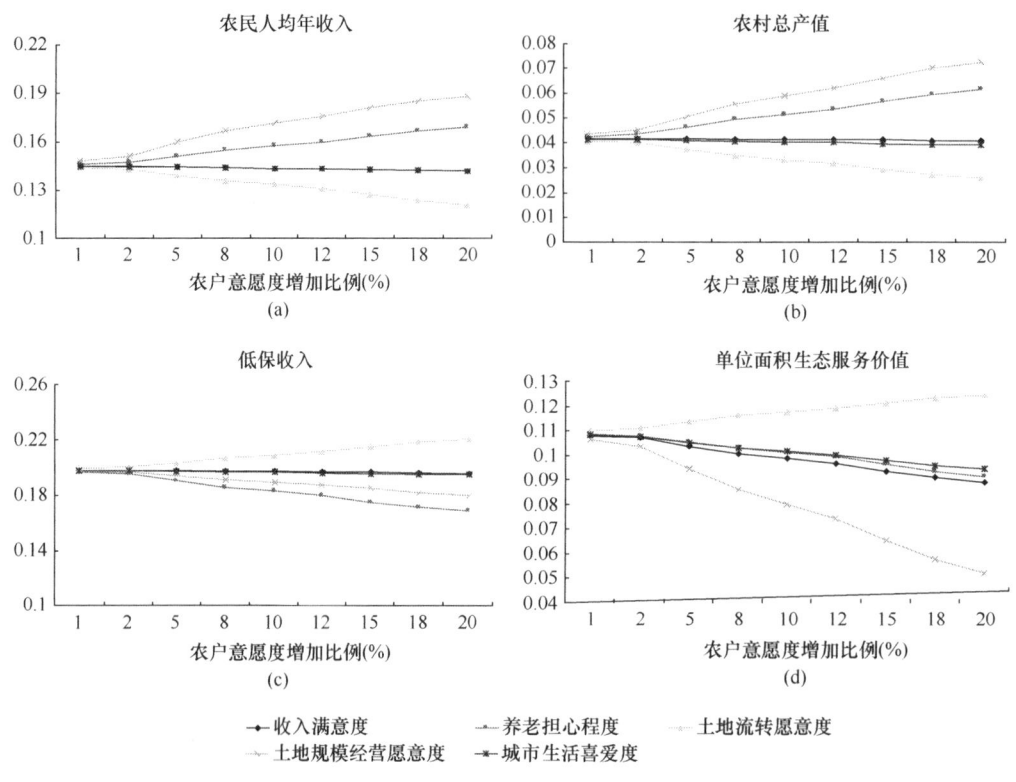

图 6-5 农户城乡统筹意愿对城乡统筹目标的影响

1）农民人均年收入：影响农民年收入的主要农户意愿影响因素为土地规模经营愿意度和养老担心程度，说明一方面农户对现状的满意程度与农民人均年收入之间有着密切的联系，农民对自身现状越不满意，越有利于推动城乡统筹发展进程，进而提高农民人均年收入；另一方面，农户土地规模经营的意愿程度越高，越有利于农地的规模集中，其促进农业产业化发展，进而促进农民人均年收入大幅度提高。

2）农村总产值：土地规模经营愿意度和养老担心程度对农村总产值的提高有很大影响，农户土地规模经营愿意度越高，越有利于农地的规模集中，其促进农业产业化发展，进而促进农村总产值的大幅度提高；农村社会福利的提高在很大程度上取决于农村集体经济发展的水平，养老担心程度影响农村总产值，说明农村经济的快速发展对于促进统筹发展、提高社会福利条件、增强农民对农村福利的满足感尤为重要。

3）低保收入：从图6-5中可以看出，影响低保收入的主要因素为土地流转愿意度。土地流转愿意度对促进土地规模经营、提升农村经济总量有着很强的推动作用，而只有农村经济水平的快速提升，集体经济收入才能反哺农村社会福利事业，提高农民福利待遇，因而土地流转愿意度间接影响低保收入。

4）单位面积生态服务价值：影响单位面积生态服务价值的主要因素为土地流转愿意度。由于土地流转将会增强土地规模经营，而土地规模经营将会大规模开展农地整治，改善农村生态环境与居住环境，因而农户土地流转意愿越强，单位面积生态服务价值越高。

5）农民城乡统筹意愿：从图6-5中还可以看出，总体而言，当农户城乡统筹意愿整体提高时，低保收入和单位面积生态服务价值呈明显增加趋势，而与农民人均年收入和农村总产值两个城乡统筹目标呈负相关关系，说明农户在实现城乡统筹发展过程中更加关注福利待遇和生态环境的实现，特别是城乡福利水平之间的差距影响着他们的城乡统筹意愿。

6.3.2 城乡土地利用现实

图6-6显示了城乡土地利用现实各主要影响因素（城镇及工矿用地比重、耕地形状指数、建设用地分形维数、耕地破碎度指数）对城乡统筹实现目标的影响规律。

1）农民人均年收入：影响农民人均年收入的城乡土地利用现实的主要因素有耕地破碎度指数、建设用地分形维数。耕地破碎度指数和建设用地分形维数的减少，在一定程度上反映出农地整治后耕地的集中集聚，土地规模集中，走农业产业化道路后，农民人均年收入将会有所提高，所以耕地破碎度指数和建设用地分形维数与农民人均年收入呈正相关关系。

2）农村总产值：耕地形状指数、建设用地分形维数与农村总产值呈负相关。耕地形状指数和建设用地分形维数下降，耕地与建设用地形状都趋于规则，说明农用地的规模集聚，建设用地节约集约利用，农村发展走规模化、集约化发展道路，在一定程度上都会促进农村总产值的提高，但由于开展农地整治、整治低效建设用地都需要较大的成本投入，因此从图6-6中可以看出，这两个因素对农村总产值的影响不是很显著。

3）低保收入：在所有4个城乡土地利用现实影响因素中，只有耕地形状指数与低保收入呈正相关关系，通过村庄整治、农地复垦，减少建设用地比重，促进土地的规模集中，促进集体经济的快速发展，间接提高农村社会福利的水平，有效改善农户的福利待遇。

4）单位面积生态服务价值：开展农地整治、村镇改造，在促进土地规模集中的同时，有效地改善了农民居住环境和农村生态环境，因而耕地破碎度指数、建设用地分形维数的下降，将会导致单位面积生态服务价值的提高，两者呈正相关关系。

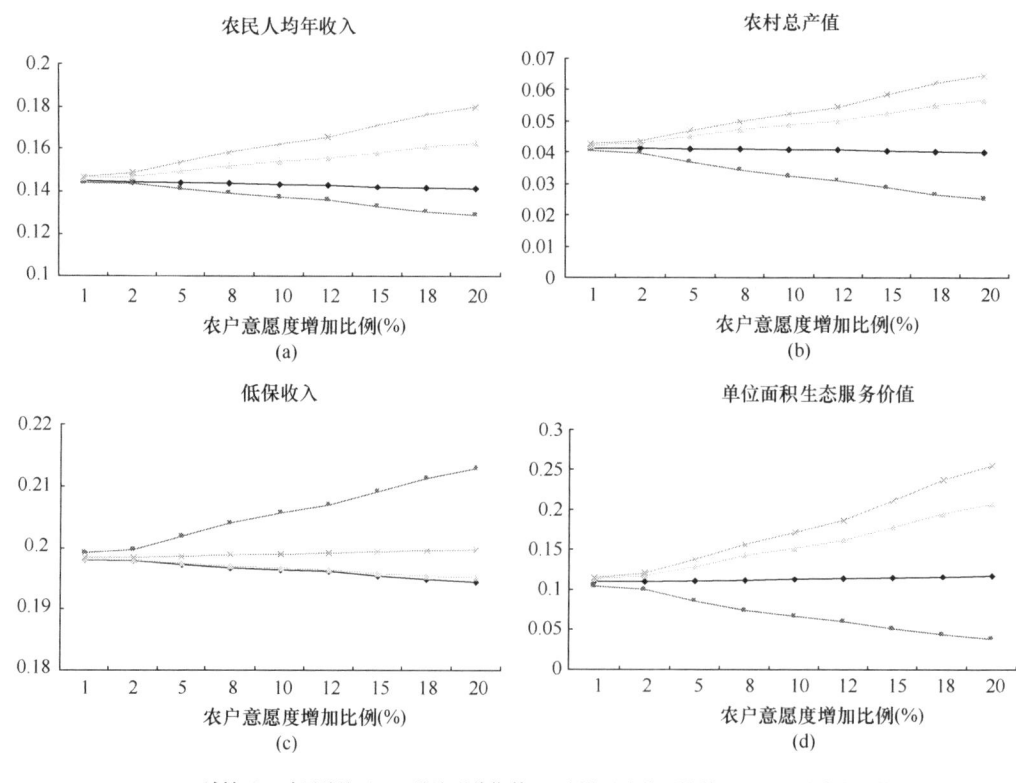

图 6-6 城乡土地利用现实对城乡统筹目标的影响

5）城乡土地利用现实：从整体城乡土地利用现实指标来看（图 6-6），由于开展土地整治、村镇改造需要相当的资本投入，而单纯的土地规模集聚，没有相关产业的支撑发展，并不会带来农村经济的快速发展，相反，单一开展土地整治，促进土地的规模集聚，不考虑农户城乡统筹意愿与农村相关产业的发展，可能并不会促进城乡统筹发展，因而城乡土地利用现实与农村总产值呈负相关关系；从图 6-6 中也可以看出，农用地、建设用地的规模集中，引导农民统一居住，在一定程度上会促进农民收入水平的提高，农民由农村居民转为城镇居民，福利待遇也会有所提高，特别是开展农村居民点整治，将会极大地改善村落环境，提高农村生态环境质量，因而城乡土地利用现实与农民人均年收入、低保收入和单位面积生态服务价值呈一定的正相关关系。

6.3.3 城乡社会经济发展现状

城乡社会经济发展现状各主要影响因素（农村人口比重、城镇节点重要度、城镇二产增长率）对城乡统筹实现目标的影响规律如图 6-7 所示。

1）农民人均年收入：从图 6-7 中可以看出，农业人口比重与农民人均年收入呈正相关关系。农业人口比重过大是实现城乡统筹发展的一个主要限制性因素，因而农村大量剩余劳动力向非农产业的快速转移、农业人口比重的下降，将会极大地促进农村生产水平的提高，相应地，农民人均年收入也会上升。

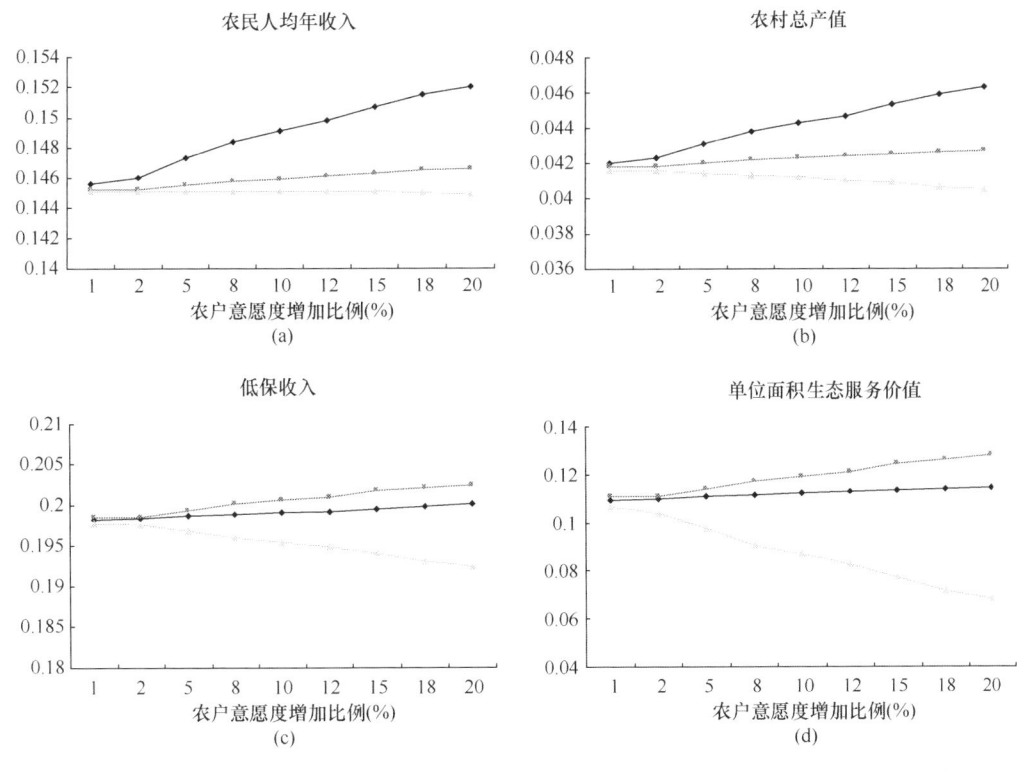

图 6-7 城乡社会经济发展现状对城乡统筹目标的影响

2）农村总产值：和农业人口比重与农民人均年收入的关系相似，农业人口比重的下降也会造成农村总产值的显著上升。这主要是由于农业人口比重过大是农村发展的障碍性因素，而农业人口比重一旦下降，向非农产业转移，农村发展卸下农业人口比重过大的包袱，将会快速发展，相应地，农村总产值也会快速增长。

3）低保收入：从图 6-7 中可以看出，农业人口比重、城镇节点重要度与低保收入呈正相关关系。这主要是由于城乡社会经济的快速发展、城镇节点重要度的提高、农业人口比重的下降，将会促进农村集体经济的发展，提高农村社会福利水平，农民低保收入将会大幅度提高。

4）单位面积生态服务价值：和城乡社会经济发展现状影响因素与低保收入的关系相似，农业人口比重、城镇节点重要度与单位面积生态服务价值呈正相关关系（图 6-7），城镇节点重要度的提高、农业人口比重的下降、农村大量剩余劳动力向非农产业的快速转移，将会促进农村土地流转及规模化经营，进而改善农村生态环境质量，提高农村土地生态服务价值。

5）城乡社会经济发展现状：从图 6-7 中可以看出，总体而言，城乡经济社会发展现状整体指标的提高，会导致农民人均年收入和农村总产值的提高，引起低保收入和单位面积生态服务价值的上升。这说明城乡社会经济的快速发展对于提高农民收入和农村生产效率、增强集体经济实力、改善农村生产条件有着显著的效果。

6.3.4 城乡统筹综合调控

从城乡统筹综合调控对城乡统筹目标的影响规律（图 6-8）中可以看出，考虑城乡统筹综合调控时，农民人均年收入、农村总产值两个城乡统筹目标都平稳上升，而低保收入、单位面积生态服务价值两个指标呈下降趋势。这说明城乡统筹发展是一项系统工程，若实现生活殷实、生产繁荣、福利共享、生态优美的城乡统筹目标，必须综合考虑影响城乡统筹发展的影响因素，通过土地精明利用工具（农地整治、村镇改造、要素配置），综合调控城乡统筹发展界面要素，增强农户城乡统筹发展意愿，促进土地规模集中，合理高效利用农用地，提高建设用地节约集约利用水平，大力发展二三产业，优化产业结构，改善城乡基础设施，注重生态环境保护，才能达到城乡统筹的目标。但城乡经济社会的快速发展会对生态环境产生一定程度的影响，农村经济总量的提升对农村社会福利的反哺效应还有待于进一步增强。因而，在城乡经济社会快速发展促进城乡统筹发展的过程中，应避免土地粗放式经营的增长模式，走内涵式集约化发展道路，注重生态环境的保护，增强经济发展总量对农村社会福利的反哺、支撑力度。

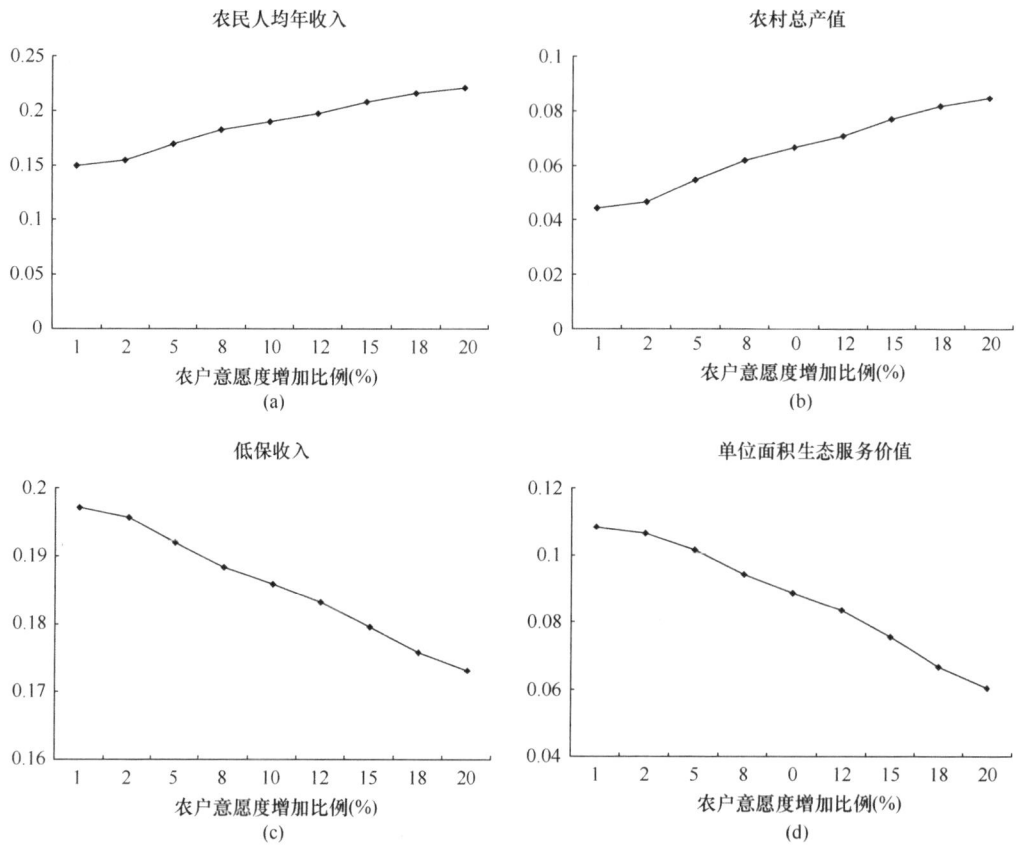

图 6-8 城乡统筹综合调控对城乡统筹目标的影响

第 7 章 结论与建议

7.1 主 要 结 论

在对土地精明利用调控城乡统筹界面要素进行理论分析的基础上,通过实证研究城乡统筹界面要素的三个影响要素:城乡现实、农户意愿、政府政策,并进行基于土地精明利用的城乡统筹调控模拟,得出了以下主要结论。

7.1.1 土地精明利用是浦口区城乡统筹发展的必然选择

影响城乡统筹界面的主要因素为城乡现实、农户意愿、政府政策,其中城乡现实是城乡统筹发展的基础平台,农户意愿是城乡统筹发展自下而上的内在动力,政府政策是城乡统筹发展自上而下的外部引力。以土地为桥梁与纽带,利用"农地整治、村镇改造、要素配置" 3 个土地精明工具,通过土地利用数量、结构与利用方式的调整与优化,消除城乡界面之间要素流动的障碍,促进土地、劳动力等要素在城乡之间双向流动,达到增强农村经济活力、保障城市经济发展、缩小城乡差距的目的,最终实现包括"生活殷实、生产繁荣、福利共享、生态优美"在内的城乡统筹发展目标。

7.1.2 土地功能分区是搭建浦口区城乡统筹发展基础平台的重要手段

城乡社会经济发展突变分析表明,当前研究区还处在量变积累的过程,还没有达到突变的阶段,城乡之间处于统筹阶段。从各项社会经济指标来看,研究区已进入工业化中期阶段,城乡之间处于良性互动阶段,具备了城乡统筹发展的前提与条件。从土地数量控制、土地形态紧凑、土地利用效益 3 个方面测度研究区土地精明利用水平,1999年、2002 年、2008 年的土地利用精明度分别为 38.05、49.51、62.44,研究区土地精明程度呈逐年上升趋势,但仍有待于进一步提高。依据资源环境–开发强度–发展潜力组合特征,研究区可划分为优化整合区、重点拓展区、都市农业区、生态旅游区 4 个土地利用功能区,通过引导区域内现有城镇体系及产业布局的调整与优化,为城乡地域系统内的劳动力、土地、资本等各种要素流动提供有效载体。

7.1.3 浦口区农户城乡统筹意愿强烈,但恋土情结依然浓重

从研究区农户意愿调查与分析结果来看,大部分农户对现状满意度较低,城乡统筹意愿较强烈,但同时恋土情结又影响着农户城乡统筹意愿。通过二分类逻辑回归 Logit

模型分析农户城乡统筹意愿的影响因素，影响农地整治意愿的因素主要为农户文化水平、种田意愿、人均年收入；影响村镇改造意愿的因素主要为农户文化水平、家庭生活设施满意度、人均年收入；影响要素配置意愿的因素主要为农户种田意愿、城乡生活喜好、人均耕地面积。利用 BP 神经网络模型研究不同功能区农户意愿对城乡统筹实现目标的影响规律，搬迁意愿度、社会保险满意度是影响优化整合区城乡统筹发展的主要因素；土地规模化经营愿意度、养老担心程度、搬迁意愿度是影响重点拓展区城乡统筹发展的主要因素；养老担心程度、土地规模化经营愿意度、搬迁意愿度是影响都市农业区和生态旅游区城乡统筹发展的主要因素。

7.1.4 土地精明利用模式是引导浦口区城乡统筹发展的有效途径

在土地利用功能分区结果的指导下，不同区域可结合典型农村地域特色，重点以"农地整治、村镇改造、要素配置"3 个土地精明利用工具为手段，分别选择工业企业带动型、村改居城市发展型、飞地经济跨越型、乡村旅游激发型、特色农业开发型、跨村整合捆绑型 6 种土地精明利用的地域类型与运作模式。同时，针对土地精明利用工具的不同实现方式，应采取差别化的方式，具体而言，①"拆村并居"方式：从保障农民权益的角度，采用"两制并存"的方式较为理想；②居民点整理方式：通过 GIS 结合突变级数法，居民点整理的先后次序为整村搬迁方式>空心村整治方式>中心村建设方式；③搬迁安置方式：通过 GIS 结合灰色物元分析，在居民搬迁安置方式中应优先采用就近农民集中居住的安置方式。

7.1.5 土地精明利用运作体系是调控浦口区城乡统筹发展的有力工具

在对城乡地域系统进行分析的基础上，应用突变理论对城乡统筹界面进行了理论分析，并借鉴城市精明增长理论，提出土地精明利用调控城乡统筹界面要素，实现城乡统筹发展的思想。基于上述思想，在深入分析研究区城乡基础现实和调查农户意愿的基础上，进行不同地域类型下区域土地精明利用运作模式的构建与不同工具下区域土地精明利用实现方式的设计，围绕"理论分析-实证研究"和"客观因素-主观因素-政策因素"两条主线，利用"农地整治、村镇改造、要素配置"3 个工具，提出了基于"现实+意愿+政策"的土地精明利用运作体系，通过"分区引导-意愿驱动-模式选择-差别化工具"推动区域城乡统筹发展。

7.1.6 土地精明利用调控城乡统筹发展是一项系统工程

根据 BP 神经网络不同情景下城乡统筹调控模拟结果，当农户城乡统筹意愿整体提高时，低保收入和单位面积生态服务价值呈明显增加趋势，而与农民人均年收入和农村总产值两个城乡统筹目标呈负相关关系；城乡土地利用现实与农民人均年收入、低保收入、单位面积生态服务价值呈一定的正相关关系，与农村总产值呈负相关关系；城乡社会经济发展现状整体指标的提高，会导致农民人均年收入和农村总产值的提高，同时会引起低保收入和单位面积生态服务价值的上升。考虑城乡统筹综合调控时，城乡统筹的目标（农民人均年收入、农村总产值、低保收入、单位面积生态服务价值）都平稳上升。这说明城乡统筹发展是一项系统工程，是实现生活殷实、生产繁荣、福利共享、生态优美的城乡统筹目标，必须综合考虑影响城乡统筹发展的影响因素。

7.2 存在的问题

本书在以下方面还存在不足。

1) 城市精明增长理论是针对美国城市蔓延问题而提出的一种促进城市发展的策略。城乡统筹发展是针对我国城乡发展不平衡和"三农"问题而提出的促进城乡协调发展的目标。尽管精明增长理论的思想和城乡统筹发展的内涵相类似，但是两者提出的背景、涉及的国家体制、研究范畴等方面不尽相同，本书只是借鉴城市精明增长理论，提出通过土地精明利用工具调控城乡统筹界面要素，最终实现城乡统筹发展的研究思路，城市精明增长思想体现相对不足，因而如何在城乡统筹发展中更好地体现城市精明增长理论的思想和内涵、精明增长理论如何从城市延伸到城乡、如何实现精明增长的定量化，这都需要在今后的研究中进一步加以完善。

2) 农户意愿是影响城乡统筹界面的主观因素，根据不同区域特征，分别选取了6个代表村，研究优化整合区、重点拓展区、都市农业区、生态旅游区内农户意愿对城乡统筹发展的影响，受时间、交通、财力、精力等各种条件所限，所选代表村较少，获取的问卷样本也相对较少。此外，农户意愿数据获取主要采用集中问卷调查、入户问卷调查、个人访谈、小型座谈会等方式，由于受农民文化水平、知识接受能力、问卷设计等各种原因的限制，特别是新生代农民外出务工较多，被调查农户以中老年居多，调查结果可能在一定程度上未能反映农户的真实意愿。在农户意愿调研中，如能考虑不同区域差异、城乡统筹现状、农村经济发展水平，加大问卷样本采集数量，并建立固定农户采集点，错开农民外出务工时间段，定期或不定期进行调研，分析结果更能真实反映农户的城乡统筹意愿。

3) "农地整治、村镇改造、要素配置"是实现城乡统筹发展的3个土地精明利用工具。针对不同工具的实现方式，重点分析了"拆村并居模式、居民点整理模式、搬迁安置模式"等土地精明利用的具体实现方式，但对于农地规模经营的适宜面积、农地质量提升措施、农村土地承载农业人口数量、农村剩余劳动力转移数量、集中居住方式、农地流转模式等其他涉及土地精明利用的问题尚未做深入考虑。

7.3 下一步研究工作

本书将在以下方面做进一步深入研究。

1) 由于只是应用突变理论对城乡统筹界面进行了定性分析，为了更好地利用突变理论对城乡统筹界面进行研究，有必要在进行大量野外调研与室内分析的基础上，重点分析城乡现实、农户意愿、政府政策对城乡统筹发展的影响机制与机理，识别影响这三大城乡统筹界面要素的关键因子，建立城乡统筹界面驱动模型，在此基础上，运用突变理论进行城乡统筹界面过程分析，进一步探讨城乡统筹发展的实现机理。

2）结合城乡统筹发展实践，借鉴城市精明增长理论，初步提出了基于"现实+意愿+政策"的土地精明利用运作体系，为更好地服务城乡统筹发展，需进一步挖掘城市精明增长理论的内涵与外延，丰富与完善该体系，集成各组成模块，细化各模块的具体措施与步骤，并建立定量化土地精明利用调控模型，分析土地精明利用对城乡统筹发展的影响及调控效果。

7.4 主要创新点

本书在以下方面具有特色与创新。

1）应用突变理论对城乡统筹界面进行了系统研究，并分析了土地精明利用调控城乡统筹界面要素的机制机理。

2）基于城乡现实与农户意愿分析，借鉴城市精明增长理论，利用"农地整治、村镇改造、要素配置"3个工具，提出了基于"现实+意愿+政策"的土地精明利用运作体系，通过"分区引导–意愿驱动–模式选择–差别化工具"推动区域城乡统筹发展。

7.5 措施与建议

7.5.1 尊重农民意愿，有序推进城乡统筹发展

在统筹城乡发展过程中，必须尊重农民的城乡统筹意愿，坚持以人为本，实施人性化政策。虽然浦口区农民的城乡统筹意愿强烈，但由于恋土情结，土地的社会保障功能已大于土地的生产功能，因而部分农民对城乡统筹后的生活保障表示了担忧，如果违背农民意愿，强拆强建、大肆侵占农村集体土地，将会引发诸多土地问题和社会问题。城乡建设用地增减挂钩、土地整治、村镇改造等各项土地政策的实施，都必须尊重农民的意愿，保障农民的基本权益，只有这样，才能得到农民的拥护，才能有序推进城乡统筹发展。

（1）提高农户主体素质，激发农户城乡统筹意愿

从农户城乡统筹意愿的影响因素分析结果来看，农户文化程度是影响农地整治、村镇改造的主要因素，农户的文化水平越高，农户的农地整治意愿就会越强，农户越倾向于进行村镇改造。因而，应通过多种教育培训方式或形式，提高农户主体文化素质，增强农户城乡统筹意愿，从长远来看，应进一步加大农村基础教育力度，增加农村基础教育公共投资，引导优质教育资源从城市流向农村，完善农村职业教育体系；从短期来看，应整合区内教育资源，建立成教中心和劳动就业培训中心，利用电视、网络等先进教学手段，加强农村实用技术培训和农民职业技能培训，提高农户文化水平和整体素质，增强农户的认知程度和接受能力，刺激农户农地整治意愿和村镇改造意愿，从而激发农户的城乡统筹意愿。

(2) 考虑农户意愿地域差异，增强农户城乡统筹意愿

从不同功能区农户意愿对城乡统筹实现目标的影响规律来看，不同功能区内农户意愿有所差异，对城乡统筹实现的影响也不尽相同。因而，针对不同功能区地域特点和农户意愿差异，应实行差别化的土地精明利用模式，具体而言，优化整合区应在"拆村并居"中重点维护搬迁农户的利益，统筹考虑搬迁安置及安置后的生活保障问题，维护农户的合法利益；重点拓展区应考虑土地规模经营、农村建设用地空间置换、农民统一居住后的生产生活及社会保障问题，统筹解决好城乡建设用地增减挂钩中的农村居民点整理问题；都市农业区、生态旅游区受经济实力和区位条件的影响，应重点考虑农户的恋土情结、土地综合整治对农户的影响，在农户的搬迁安置过程中应尊重农户意愿，维护农户生产生活的延续性，以此增强农户的农地整治意愿、村镇改造意愿和要素配置意愿。

7.5.2 完善农村土地集体所有制，稳固推进城乡统筹发展

(1) 坚持农村土地集体所有权不变

当前新农村建设，城乡统筹发展过程中，特别是"村改居"建设过程中，各地出台了一系列政策，其中包括有关集体土地转为国有土地的政策，但由此也因土地问题引发了一些社会问题。在浦口区农户城乡统筹意愿调查的过程中也发现，部分农村集体土地转为国有土地后，失地农民虽获得了一定的土地补偿费用，但由于失去土地后，他们失去了生活技能，因而他们的生活得不到保障，他们也表达了保持农村土地集体所有的意愿。随着经济社会的快速发展，经济全球化浪潮的到来，工业化进程的不断加快，新一代中国农民逐步摆脱了传统的农村生活方式，外出务工寻求新的生活方式，降低了对土地的依赖，然而新型生活方式在带给农民工经济收入提高的同时并不能提供任何的社会福利和养老保障，新一代农民工虽然离开了农业，但农村土地仍然是他们的保障与依靠。作为社会中的弱势群体，农民一旦失去了土地，失去了土地的保障，他们就将变得更加弱势。因而，在城乡统筹发展过程中，应坚持农村土地集体所有制不变，为农民的基本生活权益提供制度保障。

(2) 长期稳定农村土地承包经营制

改革开放以来建立的土地承包经营制度极大地激发了农民的劳动生产积极性，提高了土地生产力水平，改善了农民生活水平，促进了农村经济的快速发展，解决了农民的温饱问题。因而，土地承包经营制度对农业乃至国民经济发展的贡献是巨大的，从浦口区农户调研的结果来看，大部分农民对现行农村土地承包经营制度感到满意，并希望该制度长期稳定下来。总体来看，土地承包经营制度仍发挥着巨大作用，现行的农地承包经营制度在提高土地投入产出水平、提高劳动生产率、壮大集体经济实力、提高农民家庭富裕程度等方面仍起着重要的促进作用。土地是农村最基本的生产资料，是农民最基本的生活保障，长期稳定和完善土地承包经营制度，依法维护农民对承包土地的各项权利，不仅是农村社会稳定和发展的基础，同时也是保障国家粮食安全的基石。

（3）农村集体土地产权明晰化

随着我国社会主义市场经济向纵深发展，越来越需要生产要素，特别是土地要素的市场化。目前，我国城市土地市场发育程度较高，其在推动城市经济高速发展方面发挥着重要作用，而在广大农村，由于农民承包地和宅基地属集体所有，"集体产权"模糊不清，因而不能进入市场交易。这种单一的国有土地市场制度已严重限制了经济的快速发展，并暴露了一系列问题，进一步加剧了城乡之间的经济失衡。在现行的土地家庭承包经营制中，土地所有权与使用权分离，其中土地所有权归集体所有，土地承包经营权归农户家庭所有。这使得集体土地所有权主体不明晰，严重侵害了农民的利益，同时农民承包的土地权利不完整，其中农民的承包经营权最主要缺乏物权，不能抵押，农民对商业性用地征用缺乏拒绝权，从而造成耕地资源的大量流失，土地征用后造成部分农民，特别是城市边缘的农民失去土地，使得这部分农民失去了赖以生存的基础与保障，失去了生存之本。因此，亟需对农地产权重新界定，使模糊虚拟的农地"集体产权"明晰化，明确农地的行为主体、责任主体和利益主体，建立农村土地市场，实现城乡经济在要素市场上的均衡化配置。

（4）重建农地集体公有制，大力推行土地股份合作制

当前，随着市场经济改革的不断深化，以土地集体所有制为基础的家庭联产承包责任的局限性也日益突出。家庭经营规模小，不利于土地的规模经营，土地利用效益低下；由于分散经营，抵御自然灾害的能力较低；农地承担社会保障功能已明显强于土地的生产功能。从浦口区农村的调研情况来看，小规模的土地经营，不利于土地的规模化经营，限制了农业生产和集体经济的发展，影响了农民生活水平的提升。因而，应重建农村土地集体公有制，大力推行土地股份合作制。在坚持土地承包经营制基本原则不变的前提下，成立土地股份合作公司，农户以土地承包权入股，股份公司对入股土地实行统一规划、开发和经营，农民获得股份收益，真正建立以农民为主体的股份合作组织和公有性质的集体组织。土地股份合作制进一步明确了农户的土地承包权和使用权，并使之价值化，有利于土地承包经营制度的稳定与完善；土地股份合作制在明确土地集体所有权的基础上，建立了土地产权制度，进一步明晰了土地产权关系，股份合作制组织集中掌管土地的所有权、支配权和处置权，作为集体所有者之一的农户享有土地的使用权、监督权和收益权，原有土地的产权依然归农户所有，从而调动了农户和集体的积极性；此外，土地股份合作制有利于土地流转机制的建立和土地的规模经营，分散了农户的生产风险。

（5）农村集体建设用地市场化

目前，城市居民商品房交易市场已相当发育，城市居民拥有完整的住宅产权，可以买卖、转让、抵押、继承，而由于农村土地的集体所有制性质，农民的住房不办理房产证，不能流通、抵押。农民住宅产权的严重缺失，阻碍了城市化和工业化进程，"新型农民"难以市民化，严重影响了城乡统筹发展。因此，应该赋予农民住房完整的产权，实现农民与市民在住宅产权上的平等地位，由此建立城乡统一的土地市场。农村集体建

设用地"入市"将优化配置土地资源要素,一方面,将解决建设用地需求量过大的瓶颈,有效保护耕地资源;另一方面,将激活农村闲置建设用地,增加农民财产收入。原有国家征用集体土地制度,集体和农民得到的利益较少,造成级差地租分享不公,而农村集体建设用地市场化,赋予了农民完整的产权,集体和农民的合法权益得到了保障,使得农民真正分享土地交易带来的收益,体现了对农民利益的尊重。此外,农村集体建设用地"入市"将直接推动新农村建设、村庄整治、中心镇改造建设的步伐,促进城乡统筹发展。

7.5.3 增强土地调控功能,积极助推城乡统筹发展

(1) 划定土地功能分区,为城乡统筹发展搭建基础平台

城乡经济社会发展是浦口区统筹城乡发展的基础,其中优化产业布局、促进产业发展又是城乡经济社会发展的关键,因此应通过土地功能区划引导产业布局的调整与优化,依据浦口区资源环境禀赋、现有发展基础、未来发展潜力,重点将浦口区划分为优化整合区、重点拓展区、都市农业区、生态旅游区4个土地功能区,其中优化整合区(江浦街道、沿江街道、泰山街道、顶山街道)应发挥中心城区作用,推动区内产业升级,实现高新技术产业的快速发展;重点拓展区(桥林街道)应进一步承接中心城区的产业转移,大力发展金属制品业、新材料产业、电子电器产业;都市农业区(盘城街道、永宁镇、星甸镇、石桥镇、乌江镇)应因地制宜、分层次、分类型发展特色蔬菜、苗木花卉、畜禽、特种水产等农业产业;生态旅游区(汤泉街道)应以老山国家级森林公园为依托,以温泉休闲、花木花卉为特色,建设国家级旅游度假区和旅游型新型城镇。以土地功能区划引导产业布局,促进城乡经济社会快速发展,从而为城乡统筹发展搭建良好的基础平台。

(2) 针对不同地域类型,实施差别化土地精明利用运作模式

针对浦口区不同的典型的农村地域特色,重点以农地整治、村镇改造、要素配置3个土地精明利用调控工具为手段,实施工业企业带动型、村改居城市发展型、飞地经济跨越型、乡村旅游激发型、特色农业开发型、跨村整合捆绑型等差别化区域土地精明利用运作模式,其中工业企业带动型重点在于以工业企业为依托,整合土地、劳动力、资金、技术等要素,通过工业企业的发展壮大,带动农村社会经济的全面发展;村改居城市发展型重点在于进行开发式改造,使村庄融入城市,使农民变为真正意义上的市民,建设新型社区;飞地经济跨越型应积极采用"飞地"经济模式,承接发达地区产业转移,接受发达地区的经济辐射,推进新农村建设,实现城乡统筹发展;乡村旅游激发型应调整农业种植结构,培育乡村旅游资源,大力发展以农家乐、观光园等形式的乡村旅游,推动第一、第三产业的有效结合;特色农业开发型关键在于依托区内农业特色优势,围绕一个特色农产品,实行农业规模化、专业化、产业化;跨村整合捆绑型重点在于对经济落后的村庄与经济实力较强的村庄实施捆绑,跨村整合两村的土地资源,优势互补,共同实现城乡协调发展。

(3) 针对不同实现工具，实施差别化土地精明利用方式

对于农地整治、村镇改造、要素配置3个土地精明利用调控工具，可通过"拆村并居"、居民点整理、搬迁安置等方式实现，具体而言，"拆村并居"方式，应采取"两制并存"方式，农民保留一定的生产经营性土地，有效保护农民的基本生活保障；部分集体土地转制为国有土地，保障城镇社会经济发展。居民点整理方式，根据区域差异，应采取差别化方式，首先针对受自然环境限制严重的农村居民点或自然村优先采取整村搬迁方式；其次，闲置、空闲农村建设用地较多的空心村主要采取空心村整治方式；最后，农村居民点较多、村民居住分散的大自然村主要采取中心村建设方式。搬迁安置方式，考虑到浦口区农民浓重的恋土情结、农业生产的便利性、传统农村生活习惯的延续性，在浦口区城乡建设用地增减挂钩及土地整治居民搬迁安置方式中应优先采用就近农民集中居住的安置方式。

7.5.4 完善土地法律法规，依法推进城乡统筹发展

（1）完善征地补偿法律制度

在城乡统筹发展过程中，由于土地二元所有制结构的存在，集体土地被征为国有土地的现象时有发生，由此引发的土地问题也相当突出，在浦口区城乡统筹调研过程中，农户对征地补偿标准过低、征地补偿标准不透明等问题的意见较大。现行的《土地管理法》《土地管理法实施条例》等相关土地法律法规虽然对征地补偿的范围和标准做了相关规定，但从目前的实施效果来看，征地补偿制度还远远不能保障农民的合法权益。例如，《土地管理法》第47条只规定了征收集体耕地的补偿范围，对征收集体建设用地、未利用地如何补偿未进行规定；此外，由于土地是农民的基本生活保障，现行社会保障制度尚未健全，征地补偿费用偏低，失地农民一旦用完补偿金后，他们就失去了基本的生存能力。因此，若健全征地补偿制度法律体系，首先要拓宽土地补偿范围，除现行规定的土地补偿外，像土地所有权补偿费、土地承包经营权补偿费、土地福利费等也应纳入征地补偿范围内。其次，要提高征地补偿标准，补偿标准要体现社会发展要求，综合考虑土地供需、区位条件、经济发展状况和当地农民生活水平等相关因素。最后，要建立多元补偿机制，采取征地补偿费入股、保险补偿等方式，保障农民享有土地增值收益。

（2）建立农地流转法律法规

实现城乡统筹发展，必须重建农地集体公有制，明晰农村集体土地产权，推动农村集体建设用地"入市"，大力推行土地股份合作制，加快土地流转，其中农地如何折价定股、采取何种方式、农民权益如何保障等问题都以法律法规的形式进行细化，否则农民的权益将得不到保障，一旦出现土地纠纷等问题，农民将束手无策，也将阻碍土地产权制度改革、城乡统筹发展的实现。因此，应修订《土地管理法》等相关法律法规中有关土地流转方面的条款，尽快制定和出台农村土地流转法律法规，界定集体土地权利，明确农地流转方式、确定补偿和收益标准，维护农民土地权益，使农村土地流转尽快纳入法制化轨道。

(3) 健全农村社会保障制度法律体系

浦口区农户城乡统筹意愿调查结果显示，绝大部分农民对现行农村社会保障制度不满，他们表达了改变农村较低的社会保障的强烈愿望，希望与城镇居民享受同等待遇，享受良好的社会福利。目前，在广大农村，社会保障程度较低，很大程度上是农村社会保障立法滞后，同时新型农民工外出务工也享受不到社会保障。因此，应完善农村社会保障的法律体系，促进农村社会保障事业的健康发展。首先，要完善农村最低生活保障制度、农村医疗保险制度、农村养老保险制度等法规建设；其次，要针对各地具体情况制定好具体的地方性保障法规；最后，要建立农民工社会保障制度法律法规，如农民工工伤保险制度、医疗保障制度、社会救助制度、养老保险制度等，实现农民工从传统的土地保障过渡到现代的社会保障。

7.5.5 发挥政府在城乡统筹发展中的主导作用

当前，我国尚未真正建立起社会主义市场经济，市场机制还不够完善，市场化水平还相对较低，特别是城乡市场发育差异较大。因此，这就决定了在城乡统筹发展过程中市场还处于辅助地位，尚不能起主导作用，政府在城乡统筹发展过程中将起主导地位。

(1) 发挥城乡统筹规划作用

在城乡统筹过程中，政府应首先做好城乡统筹发展规划，引导统筹城乡发展科学有序进行，通过统筹规划，有效配置城乡资源、优化城乡空间与产业布局，发挥城乡统筹规划在城乡统筹过程中的引领作用，有效避免大规模整治、大规模拆迁、大规模搬迁等现象，采取宏观调控和政策引导，加快农村工业化和城镇化进程，改善农村基础设施，提高农民生活水平，缩小城乡差距，实现城乡统筹发展。

(2) 发挥城乡统一劳动力市场建设作用

当前，农村人口比重过大，已严重制约了城乡统筹进程，从浦口区农村调研结果来看，大部分农村农业人口比重过大，已束缚了农村经济的快速发展，造成了农民增收困难。实现城乡统筹发展，关键在于农村剩余劳动力的快速转移，然而目前城乡二元户籍管理制度造成了城乡居民待遇不公，限制了农村剩余劳动力向非农产业的转移，严重影响了城乡统筹发展进程。因此，应逐步取消城乡二元户籍管理制度，实行统一城乡户籍管理制度，使广大农村居民与城市居民享受同等的社会地位与发展机会，建设城乡统一的劳动力大市场，逐步形成农村剩余劳动力自由迁移和自由竞争就业的良性机制。

(3) 发挥农村土地市场建设作用

土地流转是统筹城乡发展的关键与突破口。相比城市土地市场而言，我国农村土地市场建设相当滞后，因而政府应积极培育与发展农村土地流转市场，并为其发展提供必要的组织保障。专门设立权威统一的农村土地流转服务机构，负责农村土地流转市场的建设、指导、服务、监督、协调，加强农村土地流转政策与法律法规的宣传，鼓励和扶持土地流转中介服务机构和经纪人队伍建设，健全土地流转市场的操作规范，完善土地流转市场的准入制度和退出机制，确保土地流转市场健康有序发展。

（4）发挥农村社会保障制度建设作用

在城乡统筹发展过程中，要切实解决好农民的社会保障问题，政府在这一方面应发挥积极的作用。首先，应建立和完善适合当地情况的农村低保、养老、医疗等社会保障地方性法规；其次，要重点做好各种社会保障制度的落实工作，做到"有法必依"，提高各项法规的执行力，切实保障农民的权益；最后，应切实保障农民工的权益，落实和完善农民工生活保障制度，逐步剥离农村土地的社会保障功能。

参 考 文 献

Doyle D G, 陈贞. 2002. 美国的密集化和中产阶级化发展——"精明增长"纲领与旧城倡议者的结合. 国外城市规划, (3): 2-9.
安增军, 林昌辉. 2008. 可持续"飞地经济"的基本共赢条件与战略思路——基于地方政府视角. 华东经济管理, 22(12): 42-46.
鲍海君, 冯科, 吴次芳. 2009. 从精明增长的视角看浙江省城镇空间扩展的理性选择. 中国人口·资源与环境, 19(1): 53-58.
卞正富. 1999. 矿区土地复垦界面要素的演替规律及其调控研究. 中国土地科学, 13(2): 6-11.
曹广喜, 夏建伟, 冯跃. 2007. 区域金融发展与城乡收入差距关系的经验分析——以江苏省为例. 经济地理, 27(5): 726-729.
陈斌, 廖和平, 王玲燕, 等. 2009. 土地利用规划管理体制建设的城乡比较——以重庆市为例. 华中农业大学学报(社会科学版), (6): 61-66.
陈红霞, 李国平. 2009. 北京市城乡居民收入差距变化及影响因素分析. 地理科学, 29(6): 794-801.
陈利顶, 傅伯杰. 1996. 黄河三角洲地区人类活动对景观结构的影响分析——以山东东营市为例. 生态学报, 16(4): 337-344.
陈书卿, 刁承泰, 常丹青. 2009. 统筹城乡发展视角下的重庆市土地资源承载力及农民市民化研究. 农业现代化研究, 30(5): 547-551.
陈双. 2006. 美国促进建设用地集约利用政策之启示. 湖北大学学报(哲学社会科学版), 33(6): 742-745.
陈玮. 2010. 榆林市优化城乡建设用地结构及布局研究. 西安: 长安大学硕士学位论文.
陈玉福, 王业侨, 姚德明. 2007. 海南城乡土地利用差异及其优化策略探讨. 资源科学, 29(6): 133-137.
陈玉福, 孙虎, 刘彦随. 2010. 中国典型农区空心村综合整治模式. 地理学报, 65(6): 727-735.
陈云峰, 孙殿义, 陆根法. 2006. 突变级数法在生态适宜度评价中的应用. 生态学报, 26(8): 2587-2593.
杜军, 廖和平, 唐娜, 等. 2010. 基于统筹城乡发展的土地资源优化配置研究——以重庆市长寿区为例. 西南大学学报(自然科学版), 32(10): 153-158.
杜文星, 黄贤金. 2005. 区域农户农地流转意愿差异及其驱动力研究——以上海市、南京市、泰州市、扬州市农户调查为例. 资源科学, 27(6): 90-94.
段丽. 2006. 城市边缘区"村改居"社区改造案例研究. 杭州: 浙江大学硕士学位论文.
段学军, 陈雯. 2005. 省域空间开发功能区划方法探讨. 长江流域资源与环境, 14(5): 540-545.
房艳刚, 刘继生. 2005. 东北地区城乡结构的演变机理与统筹发展. 人文地理, (4): 51-55.
飞思科技产品研发中心. 2005. 神经网络理论与MATLAB7实现. 北京: 电子工业出版社.
冯科, 吴次芳, 韦仕川, 等. 2008. 城市增长边界的理论探讨与应用. 经济地理, 28(3): 425-429.
冯玉国, 王渭明. 2009. 深基坑支护方案灰色物元分析优化模型及其应用. 岩土力学, 30(8): 2467-2470.
付光辉, 刘友兆, 吴冠岑. 2008. 论城乡统筹发展背景下城乡统一土地市场构建. 中国土地科学, 22(2): 36-41.
付海英, 郝晋珉, 安萍莉, 等. 2007. 基于精明增长的城市空间发展方向分析——以山东省泰安市为例. 资源科学, 29(1): 63-69.
付海英. 2007. 基于精明增长理论的城乡用地规划研究. 北京: 中国农业大学博士学位论文.
高更和. 2007. 中国中部农区农户经济活动区位研究. 开封: 河南大学博士学位论文.
高洁, 阎星, 李霞. 2009. 统筹城乡发展与农村土地产权制度改革研究. 农村经济, (12): 42-44.
高明秀. 2008. 土地整理与新农村建设耦合关系及其模式创新研究. 泰安: 山东农业大学博士学位论文.
苟小江. 2008. 基于Smart Growth理念的"城中村"改造研究——以西安市为例. 西安: 长安大学硕士学

位论文.

谷晓坤, 陈百明, 代兵. 2007. 经济发达区农村居民点整理驱动力与模式——以浙江省嵊州市为例. 自然资源学报, 22(5): 701-708.

关小克, 张凤荣, 赵婷婷, 等. 2010. 北京市农村居民点整理分区及整理模式探讨. 地域研究与开发, 29(3): 114-118.

郭健. 2004. 突变理论在复杂系统脆性理论研究中的应用. 哈尔滨: 哈尔滨工程大学博士学位论文.

何格. 2009. 统筹城乡土地利用: 模式与绩效. 中国农学通报, 25(21): 367-370.

何金平, 李珍照. 1997. 基于突变理论的大坝安全动态模糊综合分析与评判. 系统工程, 15(5): 39-43.

洪增林, 薛惠锋. 2007. 城中村集体土地流转模式及其收益测算研究. 陕西师范大学学报(自然科学版), 35(4): 107-110.

胡存智. 2009. 构建城乡土地自由流动的政策工具——以换地权益书保障土地要素返流的探索. 中国土地科学, 23(12): 4-9.

黄伯勇. 2007. 城乡统筹发展实现路径探讨. 农村经济, (6): 82-83.

黄国胜, 李同升, 王武科, 等. 2009. 基于城乡一体化发展模式的新农村建设探讨. 人文地理, (4): 16-19.

黄河, 刘晓鹰, 袁卉. 2009. 渝东北次增长极及其城乡统筹最优路径研究. 广西民族大学学报(哲学社会科学版), (6): 91-93.

黄辉玲, 罗文斌, 吴次芳, 等. 2010. 基于物元分析的土地生态安全评价. 农业工程学报, 26(3): 316-322.

黄伟雄. 2002. 珠江三角洲城乡一体化发展模式与格局的探讨. 经济地理, 22(3): 335-338.

江福秀. 2008. 基于土地利用安全的城乡用地优化配置研究. 北京: 中国地质大学博士学位论文.

姜太碧. 2005. 统筹城乡协调发展的内涵和动力. 农村经济, (6): 13-15.

蒋芳, 刘盛和, 袁弘. 2007. 城市增长管理的政策工具及其效果评价. 城市规划学刊, (1): 33-38.

金晓云, 冯科. 2008. 城市理性增长研究综述. 城市问题, (2): 84-89.

孔祥敏. 2004. 城乡统筹发展: 障碍及对策. 长白学刊, (6): 65-69.

黎苑楚, 徐东, 赵一鸣. 2010. 统筹城乡发展的新内涵. 科技进步与对策, 27(10): 23-25.

李兵弟. 2004. 关于城乡统筹发展方面的认识与思考. 城市规划, 28(6): 9-19.

李冬冬, 陈龙乾, 赵科科. 2008. 精明增长理论对我国土地集约利用的启示. 山西建筑, 34(8): 26-27.

李建建. 2004. 统筹城乡发展, 建立城乡统一的劳动力市场. 福建师范大学学报(哲学社会科学版), (4): 30-34.

李景刚, 欧名豪, 张全景, 等. 2005. 城市理性发展理念对中国土地利用规划的启示. 中国土地科学, 19(4): 56-60.

李启宇. 2010. 基于城乡统筹的农地承包经营权制度创新研究. 雅安: 四川农业大学博士学位论文.

李珊珊. 2007. 基于精明增长理论的城市土地集约化利用策略研究. 武汉: 华中科技大学硕士学位论文.

李王鸣, 潘蓉. 2006 精明增长对浙江省城镇空间发展的启示. 经济地理, 26(2): 230-232.

李小丽, 梁进社, 张同升. 2003. 中国乡村居民收入差距的省区间比较分析. 人文地理, 18(2): 20-23.

李晓云, 张安录, 高进云, 等. 2007. 农户农地城市流转意愿及其影响因素分析——以武汉市城乡交错区农户为例. 长江流域资源与环境, 16(4): 471-475.

李雪梅, 张志斌. 2008. 基于"精明增长"的城市空间扩展——以兰州市为例. 干旱区资源与环境, 22(11): 108-113.

李彦军. 2009. 精明增长与城市发展: 基于城市生命周期的视角. 中国地质大学学报(社会科学版), 9(1): 68-73.

梁鹤年. 2005. 精明增长. 城市规划, 29(10): 65-69.

凌复华. 1987. 突变理论及其应用. 上海: 上海交通大学出版社.

刘晨阳, 周彤及, 傅鸿源. 2005. 重庆都市区城乡一体化发展模式分析. 长江流域资源与环境, 14(6):

684-688.

刘成玉, 任大廷, 万龙. 2010. 内驱式城乡统筹:概念与机制构. 经济理论与经济管理, (10): 27-33.

刘冬华. 2007. 面向土地低消耗的城市精明增长研究——以上海为例. 上海:同济大学博士学位论文.

刘洪彪, 甘辉. 2006. 创建"精明城市":合理利用地下空间——以重庆市为例. 城市问题, (9): 46-50.

刘克华. 2010. 基于精明增长的城市用地扩展调控研究——以泉州中心城区为例. 南京:南京大学博士学位论文.

刘梦云, 安韶山, 常庆瑞, 等. 2005. 宁南山区不同土地利用方式土壤质量评价方法研究. 水土保持研究, 12(3): 41-43.

刘向南, 许丹艳. 2010. 城乡统筹发展背景下的集体建设用地规划管理研究. 城市发展研究, 17(9): 85-89.

刘雪. 2007. 城乡用地结构优化配置初探——以重庆江津区为例. 重庆:西南大学硕士学位论文.

刘彦随, 卢艳霞. 2007. 中国沿海地区城乡发展态势与土地利用优化研究. 重庆建筑大学学报, 29(3): 4-7.

柳思维, 晏国祥, 唐红涛. 2007. 国外统筹城乡发展理论研究述评. 财经理论与实践, 28(6): 111-114.

龙花楼. 2012a. 中国乡村转型发展与土地利用. 北京:科学出版社.

龙花楼. 2012b. 论土地利用转型与乡村转型发展. 地理科学进展, 31(2): 131-138.

龙花楼. 2013. 论土地整治与乡村空间重构. 地理学报, 68(8): 1019-1028.

陆铭. 2010. 建设用地指标可交易:城乡和区域统筹发展的突破口. 国际经济评论, (2): 137-149.

吕月珍. 2009. 农户参与城乡建设用地增减挂钩意愿的实证——基于浙江省嘉善、缙云两地农户调查. 杭州:浙江大学硕士学位论文.

罗雅丽, 李同升. 2005. 制度因素在我国城乡一体化发展过程中的作用分析. 人文地理, (4): 47-50.

雒占福. 2009. 基于精明增长的城市空间扩展研究——以兰州市为例. 兰州:西北师范大学博士学位论文.

麻海峰. 2010. 基于 Smart Growth 的开发区土地集约利用评价研究. 西安:长安大学硕士学位论文.

马强, 徐循初. 2004. "精明增长"策略与我国的城市空间扩展. 城市规划汇刊, (3): 16-22.

马远军, 张小林, 李凤全, 等. 2006a. 我国城乡关系研究动向及其地理视野. 地理与地理信息科学, 22(3): 78-84.

马远军, 张小林, 梁丹, 等. 2006b. 国外城乡关系研究动向及其启示. 经济问题探索, (1): 45-50.

马远军. 2006. 城乡统筹发展中的村镇建设:国外经验与中国走向. 特区经济, (5): 41-43.

买晓森. 2008. 城乡建设用地增减挂钩的经济分析——以重庆市沙坪坝区为例. 重庆:西南大学硕士学位论文.

倪维秋, 俞滨洋. 2010. 基于城乡统筹的城乡统一建设用地市场构建. 商业研究, (10): 87-90.

彭静, 许鲜苗. 2009. 欠发达地区统筹城乡发展路径探讨——基于重庆市的调研. 中南民族大学学报(人文社会科学版), 29(5): 130-134.

彭越, 樊宏. 2004. 突变理论在山地生态环境脆弱性分析评价中的应用初探. 西南民族大学学报(自然科学版), 30(5): 633-637.

彭真善. 2009. 中国东、中、西部地区城乡收入差距比较分析. 经济地理, 29(7): 1087-1091.

任奎, 周生路, 张红富, 等. 2008. 基于精明增长理念的区域土地利用结构优化配置——以江苏宜兴市为例. 资源科学, 30(6): 912-918.

任雪. 2009. 土地资源约束下区域精明发展研究. 南京:南京大学博士学位论文.

申伟. 2009. 基于精明增长的区域土地利用结构优化配置研究——以山东省济宁市为例. 济南:山东师范大学硕士学位论文.

史志富, 张安, 刘海燕, 等. 2006. 基于突变理论与模糊集的复杂系统多准则决策. 系统工程与电子技术, 28(7): 1010-1013.
宋福忠, 许鲜苗, 赵洪彬. 2010. 重庆市相对贫困地区统筹城乡发展困难与措施研究. 重庆大学学报(社会科学版), 16(5): 18-24.
苏俏云. 2002. 走向知识经济时代的新型城乡关系. 人文地理, 17(2): 78-81.
孙虎, 刘彦随. 2009. 统筹城乡土地利用与产业发展的典型模式探讨——以乌审旗嘎鲁图镇为例. 经济地理, 29(6): 972-976.
孙华, 赵晶, 屈庆增. 2010. 基于生态环境保护的发达地区土地资源调控研究. 中国人口·资源与环境, 20(3): 51-54.
孙林, 李岳云. 2004. 南京城乡统筹发展及其与其他城市的比较. 农业现代化研究, 25(4): 258-261.
孙小群, 杨庆媛, 杜慧敏, 等. 2009. "精明增长"在城市土地利用中的应用——以重庆市"1小时经济圈"为例. 西南大学学报(自然科学版), 31(4): 154-158.
谭忠诚. 2006. 城市理性增长与土地利用规划控制——以徐州市为例. 南京: 南京农业大学硕士学位论文.
唐相龙. 2009. "精明增长"研究综述. 城市问题, (8): 98-102.
田新文, 曹攀峰. 2007. 影响城乡统筹发展的因素分析. 黄冈师范学院学报, 27(4): 44-46.
王昌全. 2005. 成都平原城市化土壤重(类)金属演变及其环境效应研究. 重庆: 西南农业大学博士学位论文.
王朝晖. 2000. "精明累进"的概念及其讨论. 国外城市规划, (3): 33-35.
王俊玲. 2008. 基于存量土地利用的城市理性增长研究. 郑州: 河南农业大学硕士学位论文.
王开泳, 陈田, 袁宏, 等. 2007. 大都市边缘区城乡一体化协调发展战略研究——以成都市双流县为例. 地理科学进展, 26(1): 106-113.
王梦麒. 2009. 基于城乡统筹背景的我国农村土地流转机制研究. 重庆: 重庆大学硕士学位论文.
王胜武. 2008. 济南市建设用地城乡研究. 济南: 山东师范大学硕士学位论文.
王万茂, 王群, 李俊梅. 2002. 城乡土地资源利用的合理规划研究. 资源科学, 24(1): 30-34
王治新. 2005. 精明增长的城市交通与土地利用规划模式. 西安: 西安建筑科技大学硕士学位论文.
吴建楠, 姚士谋, 曹有挥, 等. 2010. 长江三角洲城市群城乡统筹发展的空间差别化研究. 长江流域资源与环境, 19(Z1): 21-26.
吴开亚, 李如忠, 陈晓剑, 等. 2003. 区域生态环境评价的灰色关联投影模型. 长江流域资源与环境, 12(5): 473-478.
吴先华, 王志燕, 雷刚. 2010. 城乡统筹发展水平评价——以山东省为例. 经济地理, 30(4): 596-601.
吴永生. 2005. 江苏省城乡统筹的空间格局及其形成机制研究. 南京: 南京师范大学硕士学位论文.
吴永生, 高珊, 杨晨. 2007. 江苏省城乡统筹空间格局动态研究. 地域研究与开发, 26(4): 36-40.
武慧. 2009. 城乡统筹发展的土地资源优化配置研究——以重庆市为例. 重庆: 西南大学硕士学位论文.
夏传文, 刘亦文. 2010. 城乡收入差距的金融结构影响实证分析. 经济地理, 30(5): 795-800.
夏冠军. 2010. 实际汇率、进出口贸易和我国城乡收入差距——基于结构VAR模型的动态分析. 经济地理, 30(4): 602-607.
夏周青. 2010. 农村城镇化与社区建设: 统筹城乡发展的两大路径. 理论学刊, (6): 72-75.
肖笃宁, 李小玉, 宋冬梅. 2005. 石羊河尾闾绿洲的景观变化与生态恢复对策. 生态学报, 25(10): 2478-2483.
谢高地, 鲁春霞, 冷允法, 等. 2003. 青藏高原生态资产的价值评估. 自然资源学报, 18(2): 189-196.
修春亮, 许大明, 祝翔凌. 2004. 东北地区城乡一体化进程评估. 地理科学, 24(3): 320-325.
徐承红, 杨婷婷, 陈航. 2010. 农村剩余劳动力转移与统筹城乡——以四川为例. 云南财经大学学报, (4): 121-126.

徐绍史. 2009. 深入开展农村土地整治搭建新农村建设和城乡统筹发展新平台. 国土资源通讯, (8): 6-7.
徐勇. 2010. 中国发展道路: 从"以农立国"到"统筹城乡发展". 华中师范大学学报(人文社会科学版), 49(4): 1-6.
宣迅. 2005. 城乡统筹论. 成都: 西南财经大学博士学位论文.
阎红. 2006. 农村建设用地整理与挂钩管理研究——以江苏省南通市为例. 南京: 南京农业大学硕士学位论文.
杨国安, 徐勇. 2010. 中国西部城乡收入差距与城镇化的关系检验——以青海省为例. 地理科学进展, 29(8): 961-967.
杨庆媛, 田永中, 王朝科, 等. 2004. 西南丘陵山地区农村居民点土地整理模式——以重庆渝北区为例. 地理研究, 23(4): 469-478.
杨山, 陈升. 2009. 基于遥感分析的无锡市城乡过渡地域嬗变研究. 地理学报, 64(10): 1221-1230.
姚士谋, 房国坤, Nipper J. 2004. 中德经济发达地区城乡一体化模式比较——以长江三角洲与莱茵河下游地区为例. 人文地理, 19(2): 25-29.
尹奇, 吴次芳. 2005. 理性增长——美国城市增长的新理念. 中国矿业大学学报(社会科学版), (3): 73-76.
于亚滨, 潘玮. 2006. 哈尔滨市城乡土地优化利用规划研究. 城市规划, 30(Z): 108-111.
袁敏. 2009. 城乡统筹背景下的村级土地利用规划研究——以重庆市北碚区静观镇4村为例. 重庆: 西南大学硕士学位论文.
曾福生, 吴雄周, 刘辉. 2010. 论我国目前城乡统筹发展的实现形式——城镇化和新农村建设协调发展. 农业现代化研究, 31(1): 19-23.
曾磊, 雷军, 鲁奇. 2002. 我国城乡关联度评价指标体系构建及区域比较分析. 地理研究, 21(6): 763-771.
战金艳, 鲁奇. 2003. 中国基础设施与城乡一体化的关系发展. 地理学报, 58(4): 611-619.
张富刚, 刘彦随. 2008. 中国区域农村发展动力机制及其发展模式. 地理学报, 63(2): 115-122.
张国. 2004. 统筹城乡发展、破解"三农"问题的思路与对策探讨. 福建师范大学学报(哲学社会科学版), (4): 42-48.
张果, 任平, 周介铭, 等. 2006. 城乡一体化发展的动力机制研究——以成都市为例. 地域研究与开发, 25(6): 33-36.
张静, 魏春雨. 2007. 基于理性增长理念的新城镇开发研究. 湖南大学学报(社会科学版), 21(3): 77-80.
张静. 2010. 城乡建设用地增减挂钩研究——以四川省乐山市为例. 重庆: 西南大学硕士学位论文.
张黎. 2008. 重庆市推进城乡统筹发展的土地整理模式研究. 重庆: 西南大学硕士学位论文.
张丽芳. 2010. 城乡统筹背景下的农村宅基地使用权流转研究——以重庆永川区为例. 重庆: 重庆大学硕士学位论文.
张明, 丁成日, Cervero B. 2005. 土地使用与交通的整合: 新城市主义和理性增长. 城市发展研究, 12(4): 46-52.
张雯. 2001. 美国的"精明增长"发展计划. 现代城市研究, (5): 19-22.
张衍毓, 刘彦随, 王业侨. 2009. 统筹城乡视角下村庄整治建设的模式与途径——以三亚市为例. 地理科学进展, 28(6): 977-983.
张衍毓, 刘彦随. 2010. 大城市边缘区统筹城乡土地利用战略探讨——以天津市东丽区为例. 中国土地科学, 24(2): 3-8.
张占录. 2000. 城乡相互作用的动力学机制与城乡生态经济要素流. 城市发展研究, (6): 51-56.
张占录, 张远索. 2010. 基于现状调查的城市郊区农村居民点整理模式. 地理研究, 29(5): 891-898.
张振杰, 杨山, 孙敏. 2007. 城乡耦合地域系统相互作用模型建构及应用——以南京为例. 人文地理, (4): 90-94.

赵国玲, 杨钢桥. 2009. 农户宅基地流转意愿的影响因素分析——基于湖北二县市的农户调查研究. 长江流域资源与环境, 18(12): 1121-1124.

赵晓慧, 严力蛟. 2006. 生态敏感性的灰色关联投影评价模型及其应用. 浙江大学学报(农业与生命科学版), 32(3): 341-345.

赵雲泰. 2009. 重庆市长寿区农村居民点整理潜力及模式探讨. 重庆: 西南大学硕士学位论文.

郑荣宝, 刘毅华, 董玉祥, 等. 2009. 基于主体功能区划的广州市土地资源安全评价. 地理学报, 64(6): 654-664.

郑伟元. 2008. 统筹城乡土地利用的初步研究. 中国土地科学, 22(6): 4-10.

钟春艳, 李保明, 王敬华. 2007. 城乡差距与统筹城乡发展途径. 经济地理, 27(6): 936-938.

钟太洋, 黄贤金, 孔苹. 2005. 农地产权与农户土地租赁意愿研究. 中国土地科学, 19(1): 49-55.

周潮, 刘科伟, 马宏贤. 2010. 县域城乡统筹发展研究初探. 现代城市研究, (9): 70-74.

周容义, 黎忠文, 牛会永. 2006. 基于突变理论的油库火灾爆炸分析与模糊动态评价. 中国安全科学学报, 16(6): 97-101.

周少甫, 亓寿伟, 卢忠宝. 2010. 地区差异、城市化与城乡收入差距. 中国人口·资源与环境, 20(8): 115-120.

周小平, 黄蕾, 谷晓坤, 等. 2010. 城乡建设用地增减挂钩规划方法及实证. 中国人口·资源与环境, 20(10): 79-85.

朱红根, 翁贞林, 康兰媛. 2010. 农户参与农田水利建设意愿影响因素的理论与实证分析——基于江西省619户种粮大户的微观调查数据. 自然资源学报, 25(4): 539-546.

朱磊. 2000. 城乡一体化理论及规划实践——以浙江省温岭市为例. 经济地理, 20(3): 44-48.

朱琳. 2010. 城乡建设用地增减挂钩政策研究. 重庆: 西南大学硕士学位论文.

朱雪欣, 王红梅, 袁秀杰, 等. 2009. 广东省佛冈县城乡居民点空间格局优化研究. 中国土地科学, 23(8): 51-57.

诸大建, 刘冬华. 2006. 管理城市成长: 精明增长理论及对中国的启示. 同济大学学报(社会科学版), 17(4): 22-28.

Adams G, Gerard D. 2000. Smart growth and transportation: Opportunities and challenges for Austin. ITE Journal-Institute of Transportation Engineers, 70(11): 30-34.

Behan K, Maoh H, Kanaroglou P. 2008. Smart growth strategies, transportation and urban sprawl: Simulated futures for Hamilton, Ontario. Canadian Geographer-Geographe Canadien, 52(3): 291-308.

Bell K P, Irwin E G. 2002. Spatially explicit micro-level modelling of land use change at the rural-urban interface. Agricultural Economics, 27(3): 217-232.

Bhatta B, Saraswati S, Bandyopadhyay D. 2010. Urban sprawl measurement from remote sensing data. Applied Geography, 30(4): 731-740.

Bochner B S. 2000. Smart growth tools for transportation. ITE Journal-Institute of Transportation Engineers, 70(11): 26-29.

Branas C C, Nance M L, Elliott M R, et al. 2004. Urban-rural shifts in intentional firearm death: Different causes, same results. American Journal of Public Health, 94(10): 1750-1755.

Brown M A, Southworth F. 2008. Mitigating climate change through green buildings and smart growth. Environment and Planning A, 40(3): 653-675.

Brueckner J K, Largey A G. 2008. Social interaction and urban sprawl. Journal of Urban Economics, 64(1): 18-34.

Chant S. 1998. Households, gender and rural-urban migration: Reflections on linkages and considerations for policy. Environment and Urbanization, 10(1): 5-21.

Currit N, Easterling W E. 2009. Globalization and population drivers of rural-urban land-use change in Chihuahua, Mexico. Land Use Policy, 26(3): 535-544.

Daniels T, Lapping M. 2005. Land preservation: An essential ingredient in smart growth. Journal of Planning

Literature, 19(3): 316-329.

Daniels T. 2001. Smart Growth: A new American approach to regional planning. Planning Practice and Research, 16(3-4): 271-279.

Deng F F, Huang Y Q. 2004. Uneven land reform and urban sprawl in China: The case of Beijing. Progress in Planning, 61: 294-306.

Doygun H. 2009. Effects of urban sprawl on agricultural land: A case study of KahramanmaraAY, Turkey. Environmental Monitoring and Assessment, 158(1-4): 471-478.

Edwards M M, Haines A. 2007. Evaluating smart growth-Implications for small communities. Journal of Planning Education and Research, 27(1): 49-64.

Fang S F, Gertner G Z, Sun Z L, et al. 2005. The impact of interactions in spatial simulation of the dynamics of urban sprawl. Landscape and Urban Planning, 73(4): 294-306.

Filion P, McSpurren K. 2007. Smart growth and development reality: The difficult co-ordination of land use and transport objectives. Urban Studies, 44(3): 501-523.

Filion P. 2009. The mixed success of nodes as a smart growth planning policy. Environment and Planning B: Planning and Design, 36(3): 505-521.

Fleischer A, Tsur Y. 2009. The amenity value of agricultural landscape and rural-urban land allocation. Journal of Agricultural Economics, 60(1): 132-153.

Frenkel A, Ashkenazi M. 2008. Measuring urban sprawl: How can we deal with it? Environment and Planning B: Planning and Design, 35(1): 56-79.

Frenkel A. 2004. The potential effect of national growth-management policy on urban sprawl and the depletion of open spaces and farmland. Land Use Policy, 21(4): 357-369.

Gabriel S A, Faria J A, Moglen G E. 2006. A multiobjective optimization approach to smart growth in land development. Socio-Economic Planning Sciences, 40(3): 212-248.

Galster G, Hanson R, Ratcliffe M R, et al. 2001. Wrestling sprawl to the ground: Defining and measuring an elusive concept. Housing Policy Debate, 12(4): 681-717.

Geller A L. 2003. Smart growth: A prescription for livable cities. American Journal of Public Health, 93(9): 1410-1415.

Greenberg M, Lowrie K, Mayer H, et al. 2001. Brownfield redevelopment as a smart growth option in the United States. The Environmentalist, 21(2): 129-143.

Haase D, Nuissl H. 2007. Does urban sprawl drive changes in the water balance and policy? The case of Leipzig (Germany) 1870-2003. Landscape and Urban Planning, 80(1-2): 1-13.

Handy S. 2005. Smart growth and the transportation-land use connection: What does the research tell us? International Regional Science Review, 28(2): 146-167.

Hasse J E, Lathrop R G. 2003. Land resource impact indicators of urban sprawl. Applied Geography, 23(2-3): 159-175.

Huang B, Zhang L, Wu B. 2009. Spatiotemporal analysis of rural-urban land conversion. International Journal of Geographical Information Science, 23(3): 379-398.

Jiang F, Liu S H, Yuan H, et al. 2007. Measuring urban sprawl in Beijing with geo-spatial indices. Journal of Geographical Sciences, 17(4): 469-478.

Johnson M P. 2001. Environmental impacts of urban sprawl: A survey of the literature and proposed research agenda. Environment and Planning A, 33(4): 717-735.

Jun M J. 2008. Are Portland's smart growth policies related to reduced automobile dependence? Journal of Planning Education and Research, 28(1): 100-107.

Kahn M E. 2001. Does sprawl reduce the black/white housing consumption gap? Housing Policy Debate, 12(1): 77-86.

Kelly P F. 1998. The politics of urban-rural relations: Land use conversion in the Philippines. Environment and Urbanization, 10(1): 35-54.

King K M, Thomlinson E, Sanguins J, et al. 2006. Men and women managing coronary artery disease risk:

Urban-rural contrasts. Social Science & Medicine, 62(5): 1091-1102.
Krueger R, Gibbs D. 2008. 'Third wave' sustainability? Smart growth and regional development in the USA. Regional Studies, 42(9): 1263-1274.
Lin G C S. 2001. Evolving spatial form of urban-rural interaction in the Pearl River Delta, China. Professional Geographer, 53(1): 56-70.
Lindstrom D P. 2003. Rural-urban migration and reproductive behavior in Guatemala. Population Research and Policy Review, 22(4): 351-372.
Liu J H, Bennett K J, Harun N, et al. 2008. Urban-rural differences in overweight status and physical inactivity among US children aged 10-17 years. Journal of Rural Health, 24(4): 407-415.
Long H L, Wu X Q, Wang W J, et al. 2008. Analysis of urban-rural land-use change during 1995-2006 and its policy dimensional driving forces in Chongqing, China. Sensors, 8(2): 681-699.
Lopez R, Hynes H P. 2003. Sprawl in the 1990s: Measurement, distribution, and trends. Urban Affairs Review, 38(3): 325-355.
Lucas R E. 2004. Life earnings and rural-urban migration. Journal of Political Economy, 112(1): S29-S59.
Macpherson A K, To T M, Parkin P C, et al. 2004. Urban/rural variation in children's bicycle-related injuries. Accident Analysis and Prevention, 36(4): 649-654.
Miller J S, Hoel L A. 2002. The "smart growth" debate: Best practices for urban transportation planning. Socio-Economic Planning Sciences, 36(1): 1-24.
Moglen G E, Gabriel S A, Faria J A. 2003. A framework for quantitative smart growth in land development. Journal of the American Water Resources Association, 39(4): 947-959.
Mullan K, Grosjean P, Kontoleon A. 2011. Land tenure arrangements and rural-urban migration in China. World Development, 39(1): 123-133.
Nguyen D. 2010. Evidence of the impacts of urban sprawl on social capital. Environment and Planning B: Planning and Design, 37(4): 610-627.
O'Toole R. 2004. A Portlander's view of smart growth. The Review of Austrian Economics, 17(2-3): 203-212.
Odhiambo J A, Ng'ang'a L W, Mungai M W, et al. 1998. Urban-rural differences in questionnaire-derived markers of asthma in Kenyan school children. European Respiratory Journal, 12(5): 1105-1112.
Paykel E S, Abbott R, Jenkins R, et al. 2000. Urban-rural mental health differences in Great Britain: Findings from the National Morbidity Survey. Psychological Medicine, 30(2): 269-280.
Pendall R. 1999. Do land-use controls cause sprawl? Environment and Planning B: Planning and Design, 26(4): 555-571.
Preuss I, Vemuri A W. 2004. "Smart growth" and dynamic modeling: Implications for quality of life in Montgomery County, Maryland. Ecological Modelling, 171(4): 415-432.
Renkow M, Hoover D. 2000. Commuting, migration, and rural-urban population dynamics. Journal of Regional Science, 40(2): 261-287.
Rigg J. 1998. Rural-urban interactions, agriculture and wealth: A southeast Asian perspective. Progress in Human Geography, 22(4): 497-522.
Shen Q, Zhang F. 2007. Land-use changes in a pro-smart-growth state: Maryland, USA. Environment and Planning A, 39(6): 1457-1477.
Stephenson R, Matthews Z, McDonald J W. 2003. The impact of rural-urban migration on under-two mortality in India. Journal of Biosocial Science, 35(1): 15-31.
Stone B, Mednick A C, Holloway T, et al. 2009. Mobile source CO_2 mitigation through smart growth development and vehicle fleet hybridization. Environmental Science & Technology, 43(6): 1704-1710.
Stone B. 2008. Urban sprawl and air quality in large US cities. Journal of Environmental Management, 86(4): 688-698.
Su W Z, Gu C L, Yang G S, et al. 2010. Measuring the impact of urban sprawl on natural landscape pattern of the Western Taihu Lake watershed, China. Landscape and Urban Planning, 95(1-2): 61-67.

Talen E, Knaap G. 2003. Legalizing smart growth-an empirical study of land use regulation in Illinois. Journal of Planning Education and Research, 22(4): 345-359.

Terzi F, Bolen F. 2009. Urban sprawl measurement of Istanbul. European Planning Studies, 17(10): 1559-1570.

Tu J, Xia Z G, Clarke K C, et al. 2007. Impact of urban sprawl on water quality in eastern Massachusetts, USA. Environmental Management, 40(2): 183-200.

Underwood J G, Francis J, Gerber L R. 2011. Incorporating biodiversity conservation and recreational wildlife values into smart growth land use planning. Landscape and Urban Planning, 100(1-2): 136-143.

Wassmer R W. 2008. Causes of urban sprawl in the United States: Auto reliance as compared to natural evolution, flight from blight, and local revenue reliance. Journal of Policy Analysis and Management, 27(3): 536-555.

Zhang K H, Song S F. 2003. Rural-urban migration and urbanization in China: Evidence from time-series and cross-section analyses. China Economic Review, 14(4): 386-400.

Zhang X L, Chen J, Tan M Z, et al. 2007. Assessing the impact of urban sprawl on soil resources of Nanjing city using satellite images and digital soil databases. Catena, 69(1): 16-30.